Anne & John Paulk

Umkehr der Liebe

Der Weg eines Mannes und einer Frau
aus der Homosexualität

Anne & John Paulk

Umkehr der Liebe

Der Weg eines Mannes und einer Frau
aus der Homosexualität

Schulte & Gerth

Die amerikanische Originalausgabe erschien im Verlag
Tyndale House Publishers, Wheaton, Illinois
unter dem Titel „Love Won Out".
© 1999 by Anne & John Paulk
© der deutschen Ausgabe 2000 Gerth Medien GmbH, Asslar
Aus dem Amerikanischen übersetzt von Eva Weyandt.

Die Namen der meisten Personen und Details ihrer Identität
wurden zur Wahrung ihrer Privatsphäre verändert.
Ansonsten wurden jedoch die einzelnen Begebenheiten
so genau wie möglich geschildert.

Best.-Nr. 815 674
ISBN 3-89437-674-0
1. Auflage 2000
Umschlaggestaltung: Michael Wenserit
Umschlagfoto: Owen Carey
Hochzeitsfoto der Paulks: Michael Loeb
Satz: Die Feder GmbH, Wetzlar
Druck und Verarbeitung: Ebner Ulm
Printed in Germany

Inhalt

Vorwort

Dies ist die Geschichte zweier Menschen, die noch vor wenigen Jahren homosexuell empfunden haben und nun miteinander verheiratet sind und eine Familie gegründet haben. Es fällt leicht zu behaupten, dass es solche Geschichten nur in Amerika gibt und vor allen Dingen, dass sie ein absoluter Einzelfall ist.

Doch Annes und Johns Geschichte ist keineswegs ein Einzelfall, auch wenn sie sicher in ihrer Gesamtheit auf andere nicht übertragbar ist. Was sie erzählen, können auch viele andere, wenn auch in anderen Worten und in anderer Gewichtung, über ihr Leben berichten. Und jede dieser Geschichten trägt denselben Titel: Homosexualität – Veränderung ist möglich!

Wer Annes und Johns Geschichte liest, sollte sich jedoch zunächst vor Augen führen, was Homosexualität eigentlich ist. Denn nur so wird verständlich, warum Empfindungen gegenüber dem gleichen Geschlecht veränderbar sind. Homosexualität, so macht es uns die Geschichte der Paulks deutlich, ist ein Konflikt, der bezüglich des eigenen Mann- beziehungsweise Frauseins empfunden wird. Dieser Konflikt verhindert dann auch, dass homosexuell empfindende Menschen nicht mit Selbstbewusstsein sagen können: „Ich bin eine Frau oder ein Mann und ich bin froh darüber." Vielmehr werden solche Aussagen von Selbstmitleid, Selbsthass oder dem Wunsch, ein anderer Mensch zu sein, überlagert. Auch Anne und John haben lange Zeit mit diesem Konflikt gekämpft, wobei ihre Homosexualität dabei nichts anderes war als ein Lösungsversuch.

So können wir von John erfahren, dass er den brennenden Wunsch nach einem echten Freund verspürt hat, in dessen Umarmung er die fehlende eigene innere Stärke zu finden hoffte. Und von Anne lesen wir, wie sie durch ihre gefühlsmäßige Abhängigkeit von anderen Frauen meinte, ihrem eigenen Frausein näher kommen zu können.

Letztlich ist der homosexuell empfindende Mensch jemand auf der Suche nach der Erfüllung seiner Bedürfnisse, auf der Suche nach Akzeptanz als Mann und Frau, nach bedingungsloser Annahme, Liebe und Geborgenheit – und das zumeist seit vielen Jahren. So wuchs John in einer Scheidungsfamilie auf, seine Mutter war kontrollierend, seinen Vater hat er als schwach und distanziert erlebt, der mit seiner Art nicht viel anfangen konnte. Für Anne war es ein am eigenen Leib erlebter Missbrauch und ein von ihrer Mutter gelebtes Frausein, mit dem sie sich nicht identifizieren konnte, und das sie unfähig machte, ihr eigenes Geschlecht anzunehmen. Menschen, die bereits in einem frühen Stadium ihres Heranwachsens solche Erfahrungen gemacht haben, haben es schwer, bestätigende Stimmen für ihr Mann- oder Frausein für sich selbst zu akzeptieren. Schon früh spürten Anne und John, dass sie irgendwie anders waren als die anderen Mädchen und Jungen. Viele Betroffene berichten mir in der Beratung ähnliche Gefühle und sagen, dass die Botschaft „anders zu sein" oder „nicht verstanden zu werden" zu ihrem ständigen Begleiter geworden sei. Daraus folgte schließlich eine Entfremdung von der Gruppe der Gleichaltrigen und ein Ausschluss vom Identitätslernen in der Freundesclique. Wer aber weder im Elternhaus noch in der Gruppe der gleichgeschlechtlich Gleichaltrigen eine Bestätigung seiner Identität erfährt, schaut irgendwann in ein schwarzes Loch und hat nur noch eine Sehnsucht: Das Loch muss gefüllt oder der empfundene Mangel muss gestillt werden.

Homosexualität ist also kein primär sexuelles Problem. Homosexualität ist vielmehr der Versuch, das, was einem an seinem Selbstempfinden als Mann oder Frau fehlt, durch die Bewunderung und die Abhängigkeit von einem anderen Menschen des gleichen Geschlechts gestillt zu bekommen. Die Sexualität und Erotisierung des gleichgeschlechtlichen Gegenübers unterstützt dann diese Sehnsucht, wodurch das eigene Bedürfnis den Raum der Phantasie und Illusion betritt. Die Filme und Gedankenfluten, die in diesen „Räumen" abgespielt werden, besagen dann auch: „Ich bin angenommen, von einem Mann!", „Ich bin eine akzeptierte und schöne Frau!", „Ich habe den Körper oder den Erfolg oder die Beziehungen derer, die ich bewundere!" So verwandelt die Illusion das Gefühl des nicht Dazugehörens und gaukelt einem vor, dass man all das empfängt, was man sich ersehnt.

Diese These wird übrigens auch von den Sexualwissenschaften gestützt. Dort spricht man, entgegen der Schwulenbewegung, nicht von einer anlagebedingten, nichtveränderbaren sexuellen Orientierung. Die Sexualwissenschaften sagen vielmehr, dass in den sexuellen Problemen von Menschen nicht sexuelle lebensgeschichtliche Motive bearbeitet werden. Die Sexualität ist nach Auffassung dieser Wissenschaftler viel plastischer und formbarer als dies so manche wahrhaben wollen. Formbarkeit und Plastizität beinhalten aber wiederum nichts anderes als die Möglichkeit einer Veränderung. Veränderung wird jedoch dort erschwert, wo ein Mensch sich auf eine bestimmte Form der Sexualität festlegt und damit sagt, dass seine sexuelle Orientierung unveränderbar sei.

Der Ausweg aus der Homosexualität gelingt also nur, wenn der Mensch lernt, sein Bedürfnis nach Akzeptanz, Liebe und Zugehörigkeit, ja die Frage nach Identität so zu beantworten, dass die Kraft einer eigenen Identität in ihm wächst. Für Annes und Johns Leben wurde dieser Prozess durch zwei Dinge möglich: Ihre Beziehung zu Gott und die Beziehung zu Menschen, bei denen sie Raum fanden, über ihre Bedürftigkeit zu sprechen und zu erleben, dass ihr Hunger nach Annahme und Akzeptanz gestillt wurde.

Wer das Buch aufmerksam liest, spürt, dass hier nicht zwei Menschen sprechen, für die Gott die moralische Verbotsinstanz ihrer Homosexualität war. Vielmehr erkennen Anne und John in Gott den Vater, dessen Wort ihnen dort Orientierung gibt, wo sie aufgrund ihrer Vergangenheit keine Wegweisung erhalten oder wo durch die homosexuelle Verwirrung die Bedeutung ihres Mann- und Frauseins verlorengegangen ist.

Nicht wenige, die zu mir in die Beratung kommen, sehen in Gott denjenigen, der ihnen ihre Bedürftigkeit verbietet oder von dem sie erwarten, dass er das Problem der Homosexualität durch das vollmächtige Gebet eines anderen lösen soll. Anne und John machen uns aber deutlich, dass es nicht die einseitige Erwartung an Gott ist, die aus der Homosexualität hilft, sondern die Beziehung zu ihm. Gott bietet uns, wie ein Vater und eine Mutter, eine dialogische Beziehung an, in der er uns Identität und Selbstwert, Annahme und Liebe, Kraft und Hoffnung zuspricht. Diesen Zuspruch freilich können wir nur erfahren, wenn wir im Dialog mit ihm sind und wenn wir merken, dass unserem Suchen in Christus heute schon ein Raum geöffnet ist, in dem sich in realen Beziehungen eine reale Bestätigung des Mann- und Frauseins ereignen kann.

Das Heil, so lehrt uns die Bibel, ist immer schon da. Und dieses Heil besteht aus mehr als ein wenig „Sündenabwaschung". Heil meint vielmehr, dass der Vater der Barmherzigkeit seinen Sohn deshalb hat sterben lassen, damit wir ihm gegenüber in unserer Person wieder zu einer ebenbildlichen Persönlichkeit hergestellt werden. Vom Kreuz her sind wir als Söhne und Töchter Gottes angesprochen, also auch als Männer und Frauen. Und vom Kreuz her ist es auch keine Frage, wann wir einen Zugang zu diesem Reichtum haben, denn vom Kreuz her ist uns gesagt: „Heute!"

Anne und John haben in ihrem Leben wohl dieses Heute verstanden und erkannt, dass Gottes Heil keine Illusion ist, sondern ein reales Gesicht hat. Das Gesicht der Gemeinde Jesu, das Gesicht der Brüder und Schwestern, das Gesicht, der Väter, Mütter, Freunde und Freundinnen, die einem in der Gemeinde begegnen.

So ist Veränderung von Homosexualität möglich, wenn wir in eine dialogische Beziehung mit Gott eintreten, in der ein Vater seinem Kind begegnet. In dieser Beziehung haben Anne und John gelernt, dass es im Raum der Gemeinde nicht zu einer Wiederholung alter, verwundeter, nicht bestätigender, illusionärer Beziehungen kommen muss. Vielmehr haben sie durch die Gemeinschaft mit anderen Christen und letztlich auch durch die Beziehung zueinander, die sie heute in ihrer Partnerschaft erleben, eine Erfüllung ihrer Bedürftigkeit erfahren.

Ehe sie nun in die Geschichte von Anne und John eintauchen, noch so viel: Annes und Johns Geschichte ist allein die Geschichte von Anne und John. Aus den über 400 Geschichten über Homosexualität, die ich in der Beratung und in unserer „Wüstenstrom"-Arbeit erlebt habe – inklusive meiner eigenen – weiß ich: Jede Geschichte liest sich anders. Daher ist auch jeder Lösungsweg anders. Freilich gehört in den Veränderungsprozess immer die Auseinandersetzung mit der eigenen Vergangenheit, die Erfüllung meiner Bedürfnisse und das Erleben von veränderten Beziehungen, die nicht mehr unter dem Stichwort der Abhängigkeit, sondern unter dem Stichwort des „Sattseindürfens" stehen. Und trotzdem: Sollten Sie zu den Menschen gehören, die unter ihrer Homosexualität leiden, so werden Sie Ihren eigenen Prozess haben und Sie werden Ihre eigene Geschichte der Veränderung schreiben. Wichtig bei all dem ist: Erleben Sie sie in der Beziehung mit dem Vater im Himmel und durch konkrete Beziehungen innerhalb seiner Gemeinde.

Markus Hoffmann,
Gründer und Leiter der Seelsorgeinitiative „Wüstenstrom"

Einführung:
Eine unglaubliche Geschichte

An einem wunderschönen Sonntagmorgen im Frühling ging ich (Anne) von unserer Gemeinde zu unserem Auto. Der Gottesdienst war sehr schön und Mut machend gewesen und ich blieb stehen, um noch eine Broschüre mitzunehmen, während John und Timmy bereits vorausgingen. Als ich ihnen eine Minute später zum Parkplatz folgte, atmete ich tief die frische Frühlingsluft ein. Ich war froh, am Leben zu sein, und dankbar für unser neues Heim, unsere neue Gemeinde und unser neues Leben in Colorado Springs.

Da kam Sheryl, eine neue Freundin, auf mich zu. „Anne!", rief sie. „Da bist du ja! Wie schön, dich zu sehen!" Sie lief mir in der für sie so charakteristischen Weise entgegen. „Gilt unsere Verabredung für morgen zum Mittagessen noch?"

Wir waren knapp einen Monat zuvor nach Colorado Springs gezogen und John und mir war es sehr wichtig, mit neuen Leuten in Kontakt zu kommen. Sheryl hatte ich bei der wöchentlich stattfindenden Frauenbibelstunde kennen gelernt. Wir hatten uns vorgenommen, für unsere beiden aktiven Zweijährigen einen Babysitter zu besorgen und am Montag in einem wunderschönen kleinen Restaurant gemeinsam zu Mittag zu essen.

„Oh Sheryl, es tut mir so Leid", erwiderte ich. „Ich hätte dich heute Nachmittag noch angerufen, wenn ich dich nicht im Gottesdienst getroffen hätte. Ich bin sehr enttäuscht und wünschte wirklich, ich müsste nicht absagen, aber John und ich haben gerade heute Morgen einen Anruf bekommen. Morgen Vormittag um elf Uhr findet ein Interview mit uns statt, das mehrere Stunden dauern wird."

„Ein Interview?", fragte sie. „Wirklich? Warum werden John und du denn interviewt?"

Ich bemerkte Sheryls verwirrten Gesichtsausdruck und mir wurde klar, dass sie, wenn ich die Sache nicht erklärte, denken würde, ich hätte keine Lust, mit ihr zum Mittagessen zu gehen. Aber das war nicht so. Auf der anderen Seite hatte ich aber auch keine Zeit, ihr die ganze Geschichte zu erzählen.

„Weshalb werdet ihr denn interviewt?", beharrte sie.

Ich atmete tief durch. „Oh, das ist eine sehr lange Geschichte." Ich hielt inne und überlegte, wo ich anfangen sollte. „Es geht um unser Leben und unsere Entscheidung, Christus zu folgen. Ich werde dir alles erzählen, wenn wir zusammen zu Mittag essen."

„Wirklich? Das ist ja erstaunlich. Aber wo wird euer Interview denn zu finden sein? Kann ich es lesen oder mir ansehen?"

„Ja, das kannst du. Es ist eine Titelgeschichte für *Newsweek* (eines der größten Nachrichtenmagazine der USA) und wird irgendwann in diesem Sommer erscheinen."

„In *Newsweek*?" Sheryl riss erstaunt die Augen auf. „Aber das ist ja eine große Zeitschrift! Warum um alles in der Welt führt *Newsweek* mit euch ein Interview für einen Leitartikel?"

Ich lachte. „Wie ich schon sagte, das ist eine lange Geschichte. Aber für den Augenblick gebe ich dir eine kurze Zusammenfassung. Weißt du, mit der Hilfe Jesu haben John und ich es geschafft, unsere Homosexualität zu überwinden. Wir haben uns ineinander verliebt und schließlich geheiratet. Vor kurzem erst erschien ein Artikel über mein Leben in der *New York Times* und jetzt laufen unsere Telefondrähte heiß mit Anfragen für Interviews."

Sheryl blickte mich fassungslos an. „Anne, ich hatte keine Ahnung davon! Ich wusste nicht einmal, dass es überhaupt möglich ist, Homosexualität zu überwinden!"

„Aber das ist es – John und ich haben es mit Gottes Hilfe erlebt. Doch viele Medienvertreter wollen einfach nicht glauben, dass Menschen wie John und ich existieren. Auf jeden Fall ist es wichtig für uns, unsere Geschichte bekannt zu machen. Darum muss ich leider unser Mittagessen absagen. Wir könnten doch einen neuen

Termin vereinbaren. Es tut mir wirklich Leid, Sheryl. Ich hoffe, du verstehst das."

Sheryl umarmte mich und lächelte mich an. „Natürlich verstehe ich das. Aber, wow, Anne, was für eine unglaubliche Geschichte! Ich kann es kaum erwarten, alles darüber zu hören!"

Nachdenklich ging ich über den Parkplatz. Ich freute mich an der frischen Brise und dem strahlenden Sonnenschein. „Eines Tages werden wir ein Buch über unser Leben schreiben müssen", sagte ich zu John, als ich zu ihm und Timmy in den Wagen stieg.

John nickte. „Ich weiß", erwiderte er. „Das habe ich auch schon gedacht."

„Wie würden wir es nennen?", fragte ich, während meine Gedanken mit dem Buchcover und dem Buchtitel beschäftigt waren.

John schwieg eine Weile, bevor er erwiderte: „Weißt du, ich würde es gern *Umkehr der Liebe* nennen, weil Gottes Liebe allen Widrigkeiten zum Trotz einen Weg zur Umkehr gefunden hat."

„*Umkehr der Liebe*", wiederholte ich. „Du hast Recht, John. Genau das haben wir erlebt, nicht wahr?"

„Ja, durch Gottes Gnade haben wir das erlebt. Und darum geht es auch in unserer Geschichte."

Kinderspiele

Anne

Seit einigen Jahren sind John und ich nun gemeinsam im Fernsehen aufgetreten, fotografiert und interviewt worden. Aber selbst bevor wir uns kennen gelernt haben und lange bevor unsere Ehe zum Gegenstand von Neugierde und Kontroversen wurde, verlief unser Leben in vieler Hinsicht parallel: Wir wurden beide im Jahr 1963 geboren, beendeten im Juni 1981 die Highschool und ließen uns während unseres Studiums auf homosexuelle Beziehungen ein.

In einigen Bereichen waren unsere Erfahrungen einzigartig, in anderen wieder beinahe identisch. Wir beide wurden Christen, während wir noch in unserer Homosexualität verstrickt waren. Ende der achtziger Jahre lernten wir uns dann bei einer Konferenz von *Exodus International* kennen. John wohnte bereits seit einem Jahr in der Lebensgemeinschaft *Love in Action* (Liebe in Aktion – eine therapeutische Einrichtung, die Menschen dabei hilft, den Lebensstil der Homosexualität zu verlassen), als wir einander vorgestellt wurden.

Aber ich greife unserer Geschichte vor. Ich möchte lieber ganz vorne anfangen.

Ich wurde in Lewiston, Idaho, als jüngstes Kind meiner Eltern geboren. Meine Schwester war sechs Jahre älter als ich und meine beiden Brüder bereits im Teenageralter, als ich zur Welt kam. Meine Eltern und Geschwister freuten sich sehr über meine Ankunft. Und zumindest oberflächlich betrachtet war unsere Familie vollkommen normal.

Johns Ankunft war weniger „passend". 1962 studierten seine Eltern beide noch am College und waren noch nicht miteinander verheiratet. Doch nachdem seine Mutter festgestellt hatte, dass sie schwanger war, heirateten sie. John wurde in Springfield, Illinois, geboren.

Bis zu meinem vierten Lebensjahr war ich ein ganz normales Kind. Ich spielte mit Puppen, versuchte hübsch auszusehen und wollte ein richtiges kleines Mädchen sein. Ich trug süße Kleidchen und nahm Ballettstunden. Ich erinnere mich noch gut daran, meine Freundin um ihr rosafarbenes Ballettröckchen beneidet zu haben. Ich war ein fröhliches Kind, das wie die meisten Mädchen meines Alters mit Barbiepuppen spielte.

Eine der wenigen unglücklichen Erfahrungen, an die ich mich aus meiner Kindheit erinnere, stehen im Zusammenhang mit meinen Bemühungen, das nächtliche Bettnässen abzustellen. Damals konnte ich kaum älter als drei Jahre gewesen sein und ich erinnere mich, dass ich in einer Nacht sehr stolz auf mich ins Bad schlich und zur Toilette ging. Als ich dann aber wieder in mein Bett stieg, stand auf einmal mein Vater in der Schlafzimmertür.

„Was soll der Lärm?", fragte er.

Ich hatte schreckliche Angst. „Was für ein Lärm, Papa?", fragte ich.

„Du hast die Toilette gespült und mich damit aufgeweckt!", brummte er. „Weißt du denn nicht, dass ich morgen zur Arbeit gehen muss? Ich brauche meinen Schlaf!"

„Es tut mir so Leid, Papa", sagte ich und begann zu weinen. „Ich habe doch nur versucht, nicht das Bett nass zu machen."

„Mach das nicht noch einmal", warnte er mich. Dann drehte er sich um und ging davon. Beschämt und voller Schuldgefühle blieb ich zurück.

Leider war dieser Zwischenfall nicht das Schlimmste, das mir in meiner Kindheit zustoßen würde. John und ich machten beide einige unangenehme und betrübliche Erfahrungen, die uns schließlich in dieselbe Richtung führten.

John

Darrell war groß und dünn und hatte einen blonden Haarschopf. Er war etwa vierzehn Jahre alt und ich war vier, als er in unsere Wohnung kam, um auf mich aufzupassen, während meine Eltern zum Abendessen ausgingen. Ich erinnere mich noch immer ziemlich gut an ihn.

Darrell und ich verstanden uns zuerst recht gut. Wir hörten uns Musik an und tanzten im Wohnzimmer herum. Wie Kinder es so machen, tobten wir bald auf dem Bett herum und waren etwas wilder, als es meinen Eltern recht gewesen wäre. Doch auf einmal hielt Darrell inne und sagte: „Willst du etwas Schönes sehen?"

Natürlich antwortete ich: „Ja, ja! Was denn?"

Doch anstatt mir einen Gegenstand zu zeigen, öffnete Darrell den Reißverschluss seiner Hose und entblößte sich vor mir. Ich erinnere mich noch, wie ich ihn anstarrte und mich fragte: *Warum zeigt er mir das?*

Er machte dann ein kleines Spiel daraus und forderte mich dazu auf, mich ihm auch zu zeigen. Er war sexuell erregt und obwohl er mich nicht berührte, war es das erste Mal, dass ich einen nackten Mann sah. Mein Vater war dagegen immer sehr zurückhaltend und ich kann mich nicht daran erinnern, jemals mit ihm geduscht oder gebadet zu haben.

Darrell war an diesem Abend keineswegs zurückhaltend und ich war irgendwie fasziniert. Sein Verhalten erschreckte mich nicht und ekelte mich auch nicht an. Vielmehr war ich mehr oder weniger gefesselt von dem, was er tat.

„Also, John", befahl mir Darrell, nachdem er sich wieder angezogen hatte und gehen wollte, „dass du es nur nicht wagst, deinen Eltern oder sonst jemandem von unserem kleinen Spiel zu erzählen. Verstanden?"

Ich nickte stumm, wie betäubt von der Erfahrung. Ich mochte Darrell und wollte nicht, dass er - oder ich - in Schwierigkeiten kamen. Darum habe ich nie einer Menschenseele davon erzählt.

Ich kann mich nicht erinnern, ob Darrell jemals noch einmal zum Babysitten gekommen ist, aber die Erinnerung an ihn und diese ungewollte Konfrontation mit der männlichen Sexualität waren von da an fest in meinen Gedanken verankert. Im Laufe der folgenden Tage und Wochen schlich sich immer wieder das Bild von Darrells nacktem Körper in meine Gedankenwelt ein. Er war damals bereits ein voll entwickelter Teenager gewesen und seine Männlichkeit zog meine Fantasie an wie ein Magnet. Ich war aufgeregt, dass dieser Junge ein so ungewöhnliches Interesse an mir gezeigt hatte, und fasziniert von dem, was ich gesehen hatte.

Zu fast demselben Zeitpunkt wurde auch Anne ebenfalls durch einen vierzehnjährigen Jungen mit der männlichen Sexualität konfrontiert.

Anne

„Wird es denn jemals noch mal aufhören zu regnen?", fragte ich an jenem schicksalhaften Nachmittag meine Schwester.

Es war ein grauer, trüber Tag und alle Kinder in unserer Nachbarschaft waren gelangweilt und unruhig. Wir waren auf der Suche nach etwas Ablenkung zu einem Nachbarjungen gegangen. Damals war ich etwa vier Jahre alt. Gemeinsam hatten wir mit einem Tennisball gespielt, der dann irgendwann unter das Bett des etwa vierzehnjährigen Jungen gerollt war. Sein Bett war nicht gemacht und als ich darunter nach dem Ball suchte, bemerkte ich etwas, das unter seiner Matratze hervorsah. Neugierig, wie ich war, zog ich es heraus und starrte es mit angehaltenem Atem an. In meinen Händen befand sich eine Zeitschrift mit Bildern von nackten Frauen, die auf schockierende Weise vor den Kameras posierten.

Der Junge hatte mehrere Zeitschriften dort versteckt und es gelang mir, zwei oder drei von ihnen anzusehen, bevor ich meine Schwester rufen hörte: „Anne! Wo bist du?" Voller Panik stopfte ich die Zeitschriften wieder unter die Matratze und floh aus dem Raum.

In den folgenden Tagen dachte ich viel über diese Fotos nach. Ich war nicht sicher, ob es richtig war, dass dieser Junge sich solche Zeitschriften ansah. Ich dachte sogar daran, meine Eltern zu fragen: „Ist das in Ordnung, dass er sich solche Fotos ansieht?"

Zu schade, dass ich diese Frage nie gestellt habe. Stattdessen begannen die Schwester des Jungen und ich, uns diese Fotos anzusehen.

Eines Tages sagte ich zu ihm: „Bist du sicher, dass du dir solche Sachen ansehen solltest? Und wie kommt es, dass du keine Fotos von Jungen hast?"

Vermutlich hatte ich ihm damit die Gelegenheit gegeben zu sagen: „Wenn dich das interessiert, dann zeige ich dir etwas ..."

Bei dem, was dann folgte, kam es zwar nicht zum Geschlechtsverkehr, aber während der Junge und ich eine Art Versteckspiel mit einer Taschenlampe spielten, achtete er darauf, dass die Lampe seine Genitalien berührte. Ich erinnere mich, dass ich mich gefragt hatte, warum er den Gegenstand immer wieder an denselben Platz legte, wo ich ihn unweigerlich finden musste. Lange vor ihm begann mich dieses Spiel zu langweilen. Ich verstand nichts von sexueller Erregung und hatte keine Ahnung, dass er mich zu seinen Zwecken missbrauchte.

Obwohl ich sicher war, dass der junge Mann nur sich selbst stimulieren wollte, lag es bestimmt auch in seiner Absicht, mich davon abzuhalten, über seine pornografischen Zeitschriften zu sprechen. Wie auch immer, unmittelbar nach diesem Zwischenfall fühlte ich mich beschmutzt und beschämt.

Der Junge warnte mich: „Dass du es ja niemandem erzählst! Wir werden große Schwierigkeiten bekommen, wenn du es doch tust!"

Und natürlich glaubte ich ihm.

Meine Lippen waren versiegelt. Ich begriff nicht, was gerade passiert war, allerdings verstand ich irgendwo tief in meinem Herzen, dass das, was wir getan hatten, nicht richtig gewesen war. Ich fühlte mich verletzlich, unbeschützt und ausgesetzt und ich hatte niemanden, dem ich erklären konnte, was gerade mit mir passiert war. Ich fühlte mich so, wie sich Adam und Eva im Garten Eden gefühlt haben mussten – nackt und furchtsam.

Warum habe ich es nicht meinen Eltern erzählt? Wenn ich so zurückdenke, weiß ich, dass sie mit den besten Absichten für uns Kinder gesorgt haben und dass sie an sich selbst und an uns die höchsten Maßstäbe anlegten. Aber sie schienen auch die Erwartung zu haben, dass alles innerhalb unserer Familie vollkommen war, ohne die Möglichkeit eines Fehlverhaltens. Ich glaube nicht, dass sie eine Vorstellung davon hatten, was Zerbrochenheit oder moralische Unvollkommenheit war. Vielleicht erschienen sie uns deshalb so unnahbar, so vollkommen unfähig, sich mit „schlechten Dingen" auseinander zu setzen.

Ich sehe meine Mutter mit ihrem braunen, glänzenden und ordentlich frisierten Haar und ihrem schlanken, durchtrainierten Körper noch vor mir. Sie war immer in Bewegung, immer beschäftigt mit Putzen, Kochen und der Kindererziehung. Und die größte Anforderung in ihrem Leben war die Erziehung von zwei ganz und gar nicht vollkommenen Teenagersöhnen.

Mein Vater war schlank, sportlich und gut aussehend. In vieler Hinsicht wirkten wir auf andere sicher wie eine Bilderbuchfamilie. Mein Vater war von seiner Arbeit immer sehr in Anspruch genommen und zu Hause dann entsprechend erschöpft. Und auch ihm machte das Verhalten seiner Söhne schwer zu schaffen. Doch einen gewissen Trost fand er bei seinem Hobby, dem Golfspielen. Vater kümmerte sich eigentlich nicht besonders viel um uns, außer dass er mit uns Sport trieb, die normalen Haushaltspflichten erledigte und von Zeit zu Zeit unser Verhalten korrigierte. Darüber hinaus konnte er uns auf emotionaler Ebene leider kaum begegnen sondern war häufig innerlich abwesend. Er besaß die Fähigkeit, sich so sehr auf das Fernsehprogramm oder ein bestimmtes Haushaltsprojekt zu konzentrieren, dass er nicht einmal hörte, wenn man ihn mehrmals rief. Ich war immer erstaunt darüber, dass er andere Menschen vollkommen aus seinem Leben ausblenden konnte.

Wie dem auch sei – der Gedanke, meiner Mutter oder meinem Vater von einer Belästigung oder von Pornografie zu erzählen, war jedenfalls so abwegig, dass er mir gar nicht erst in den Sinn kam.

Anstatt darüber zu sprechen, verspürte ich in den Tagen und Wochen nach dieser Erfahrung mit dem Nachbarsjungen eher den Wunsch, mich zu verstecken. Es war ein seltsames Gefühl – noch nie hatte ich mich so verletzlich und unsicher gefühlt. Nachts hatte ich immer wiederkehrende Träume und seltsame Albträume. Und meine zehnjährige Schwester, die immer einen guten Rat zu Hand hatte, verkündete auch noch: „Wenn du denselben Traum mehr als dreimal träumst, wird er in Erfüllung gehen." Und schon bald war ich davon überzeugt, dass die Angst machenden Träume von Tigern, die in unsere Familie eindrangen und meine Eltern angriffen, tatsächlich in Erfüllung gehen würden. Schließlich hatte das meine große Schwester ja gesagt. Ich hatte damals mehr Angst, als mir selbst klar war.

Ich fühlte mich schrecklich macht- und schutzlos. Und das Gefühl, nichts tun zu können, um zu verhindern, dass ein solcher sexueller Übergriff noch einmal geschah, war entsetzlich. Mit irgendjemandem darüber zu sprechen wagte ich nicht. Stattdessen verschloss ich mich emotional und im Unterbewusstsein errichtete ich eine Menge Barrieren, um mich niemals wieder so unsicher zu fühlen.

Rückblickend denke ich, dass ich in meinem sensiblen Gemüt die Tatsache, dass ich ein Mädchen war, mit dem Akt der Belästigung gleichsetzte. Das erklärt dann auch, warum ich kurz darauf begann, meine weiblichen Eigenschaften abzulehnen. Mein Aussehen veränderte sich radikal und wurde zu dem Spiegelbild dessen, was in meinem Inneren geschah. Zum Beispiel weigerte ich mich auf einmal, Kleider zu tragen. Auch mein Verhalten veränderte sich dramatisch. Beinahe über Nacht lehnte ich alles ab, was mit Weiblichkeit zu tun hatte – Spiele, Puppen, einfach alles. Ich begann stattdessen, mit den Nachbarsjungen in meinem Alter Räuber und Gendarm und Cowboy und Indianer zu spielen.

Ein Mädchen zu sein machte mich verletzlich und schwach. Deshalb gefiel es mir auch nicht mehr, ein kleines Mädchen zu sein.

Und noch ein anderes unerwartetes Ereignis erschütterte meine Welt – mein geliebter Großvater starb. Als meine Mutter später noch einmal diese Jahre überdachte, sagte sie: „Oh ja, natürlich bemerkte ich die Veränderung an dir, aber ich dachte, es wäre deine Art der Trauer über den Verlust deines Großvaters."

Meine Mutter hatte Recht, aber nur teilweise. Ich hatte meinem Großvater sehr nahe gestanden. Meine Schwester und ich wetteiferten immer um das Vorrecht, neben ihm auf unserer Treppe sitzen zu dürfen. In seiner Nähe fühlten wir beide uns sicher und beschützt und ich weiß zweifelsfrei, dass er mich aufrichtig als sein „besonderes kleines Mädchen" liebte und bewunderte. Damit hatte er mich beständig in meiner Weiblichkeit bestärkt und jetzt war er nicht mehr da.

Zu etwa dieser Zeit forderte ich einen Nachbarjungen in einem anscheinend zusammenhanglosen Zwischenfall auf, seine Hose herunterzuziehen. Dieser Zwischenfall war kein Geheimnis, sondern er ereignete sich mitten auf dem Bürgersteig. Ich war damals einfach nur schrecklich neugierig, aber als seine Eltern hörten, wozu ich ihn aufgefordert hatte, durfte ich nicht mehr in seine Nähe kommen. Seine Eltern waren schockiert und schimpften schrecklich mit ihm. Und als die Geschichte herauskam, wurde ich mit Vorwürfen überschüttet.

John

„Wow!", staunte ich. „Sieh dir das an!"

„Was ist denn?", fragte mein Freund und seine Augen weiteten sich beim Anblick der ganzseitigen Fotografie einer nackten Frau.

Damals war ich fünf oder sechs Jahre alt und wie Anne und die meisten Kinder auf sexuellem Gebiet sehr neugierig. An diesem Tag, als ich mit meinem Freund am Flussufer herumstrolchte, hatte diese Zeitschrift meine Aufmerksamkeit erregt. Ich ging hinüber und nahm die bunte Zeitschrift hoch. Die Seiten flatterten im Wind.

„Wow!", rief mein Freund und riss mir die Zeitschrift aus den Händen. „Was meinst du, wem die wohl gehört?"

Wir sahen uns an, dann blickten wir uns nervös um, weil wir plötzlich Angst hatten, ertappt zu werden. „Keine Ahnung, aber lass uns hier verschwinden!", sagte ich atemlos und versteckte die Zeitschrift unter meinem Hemd. So schnell wir konnten, rannten wir nach Hause.

Nachdem wir uns in Sicherheit glaubten, hockten wir uns unter einige Büsche und sahen uns die Zeitschrift erneut an. Dort war harte Pornografie abgebildet. Die Fotos von den Frauen waren schockierend. Noch nie hatte ich Frauen in solchen Positionen gesehen und ihr Anblick erschreckte mich. Auf mich wirkte es so, als würden sie gefoltert. Doch obwohl ich Angst hatte und aufgebracht war, konnte ich meinen Blick nicht von diesen Bildern abwenden.

Diese erste Konfrontation mit Pornografie erwies sich in mehr als einer Hinsicht als eine niederschmetternde Erfahrung, denn sie ließ in mir eine ambivalente Haltung Frauen gegenüber entstehen. Meine Abhängigkeit von meiner Mutter war eine Tatsache in meinem Leben, doch die Ausnutzung des weiblichen Geschlechts, die ich in diesem Magazin gesehen hatte, beunruhigte mich auf einer tieferen Ebene. Die seltsame, anormale Darstellung von Frauen bewirkte in mir eine heftige Abneigung gegen die weibliche Sexualität. Außerdem pflanzte sie einen hässlichen Samen in mir – die Faszination von Pornografie.

Anne

Jesse war ein süßer kleiner Junge. Ich erinnere mich noch an sein schwarzes Haar und seine großen, dunklen Augen. Alle anderen Mädchen in unserer Kindergartengruppe hatten eine Vorliebe für ihn, aber mir schenkte er die meiste Aufmerksamkeit. Eines Tages beim Spielen klagte er: „Ich habe Kopfschmerzen."

Ich lächelte und erwiderte: „Mein Vater hat auch oft Kopfschmerzen. Ich weiß, was da zu tun ist." Daraufhin begann ich, Jesses Schultern zu massieren. Er ließ es nur zu gern geschehen, aber unsere Betreuer waren davon überhaupt nicht begeistert.

„Anne! Nimm sofort deine Hände von Jesse!", rief Miss Chambers. „So etwas macht man nicht!"

Mein Gesicht brannte vor Verlegenheit. Ich versuchte zu erklären: „Aber er hat gesagt, er hätte Kopfschmerzen und ..."

„Widersprich mir nicht, Anne!", unterbrach mich Miss Chambers. „Du kommst jetzt sofort her und setzt dich hierher!"

Aus einem Grund, den ich nie verstanden habe, waren meine beiden Kindergärtnerinnen schrecklich wütend auf mich. Sie taten so, als hätte ich etwas Schreckliches verbrochen, dabei hatte ich Jesse doch nur die Schultern massiert. Sie zerrten mich zur Seite, schimpften und bestraften mich.

Schlimmer noch, sie erzählten meinen Eltern davon.

An diesem Abend sah meine Mutter meinen Vater an, als wollte sie fragen: „Was sollen wir tun?" Sie hatte keine Ahnung, wie sie mit dieser Situation umgehen sollte.

Traurig beobachtete ich meinen Vater, sehnte mich danach, dass er mich in die Arme nahm und mir sagte, es sei nicht meine Schuld und alles würde wieder in Ordnung kommen. Aber er tat gar nichts. Er verließ stattdessen den Raum und in seiner typisch abwesenden Art stellte er das Fernsehgerät an.

Wieder einmal war ich tief beschämt. Wieder einmal hatte sich gezeigt, dass es gefährlich und demütigend war, ein kleines Mädchen zu ein, das Jungen mochte.

John

„Kinder", begann mein Vater, „ich muss euch etwas sagen. "

Ich war sieben Jahre alt und hatte den Tag mit meinem Vater und meiner Schwester im Park verbracht. Doch jetzt hatte sich mein Vater hingekniet und sah mir und Vicky ins Gesicht. Er versuchte uns etwas zu sagen. Ich war schockiert zu sehen, dass es ihm sehr schwer fiel, seine Emotionen unter Kontrolle zu behalten. Sein Gesicht war traurig. Er sprach mit brüchiger Stimme und es dauerte nicht lange, bis er so sehr weinte, dass er kaum noch ein Wort herausbrachte.

„Ich werde nicht mehr bei euch wohnen", fuhr er fort. „Eure Mutter und ich werden uns scheiden lassen."

Scheidung! Das Thema war mir nie zuvor in den Sinn gekommen. Doch plötzlich und ohne Vorwarnung wartete eine unbekannte Zukunft auf mich. Ich war erschreckt und traurig. Und als der Tag kam, an dem unser Vater uns tatsächlich verließ, konnte ich nicht aufhören zu weinen. Aber das war erst der Beginn von beunruhigenden Veränderungen in meiner kleinen Welt.

Es dauerte nicht lange, bis ein anderer Mann uns in unserer Wohnung besuchte. Manchmal fand ich seine Sachen im Schrank und manchmal hörte ich spät abends seltsame Geräusche aus dem Wohnzimmer.

Eines Abends, als ich lauschend in meinem Bett lag, begann mein Herz plötzlich laut und schnell zu klopfen. Irgendetwas stimmte da nicht! Was konnte ich tun? Zitternd vor Furcht nahm ich all meinen Mut zusammen und beschloss nachzusehen.

Als ich nach unten kam, fand ich meine Mutter und ihren Freund in einer intimen Umarmung auf der Couch vor. Doch noch bevor ich fragen konnte, was sie da taten, wurde Todd zornig. Er sprang auf und schrie: „Raus hier, du kleiner Bastard!", und jagte mich aus dem Wohnzimmer.

Verschreckt rannte ich in mein Bett zurück. Ich schluchzte und war erschüttert. Todd tat meiner Mutter weh – da war ich mir vollkommen sicher! Alles, was ich tun konnte, war, unter meine Decke zu kriechen und mir die Augen aus dem Kopf zu weinen, weil ich ihr nicht helfen konnte. Ich hasste Todd für das, was er mit ihr tat.

Am folgenden Morgen versuchte ich dann meiner Mutter zu erklären, was ich dachte. „Todd hat dir gestern Abend wehgetan", begann ich.

„Kümmere dich um deine Angelegenheiten, John", gab meine Mutter nur kurz angebunden zurück. Meine Besorgnis beeindruckte sie offensichtlich nicht.

Kurz darauf zog Todd bei uns ein.

Er wollte mein Kumpel werden, aber seit jenem Abend im Wohnzimmer hasste ich ihn. Niemals verzieh ich ihm, dass er meiner Mutter wehgetan hatte. Außerdem stammten er und meine Mutter aus unterschiedlichen Gesellschaftsschichten und ich hatte den Eindruck, dass er nicht gut genug für sie war und einfach nicht in unsere Familie passte. Ich gab ihm überhaupt keine Chance.

Gleichzeitig hatte ich das Gefühl, meine Mutter beschützen zu müssen, denn ich war ja immer noch davon überzeugt, dass Todd sie misshandelt hatte. Meine Aufgabe war es, diese wunderschöne Frau, die ich anbetete und in vielerlei Hinsicht imitierte, zu beschützen, auch wenn ihre gelegentlichen Wutausbrüche in mir die Frage aufkommen ließen, ob sie mich überhaupt liebte.

Das Leben zu Hause wurde mit Todds Einzug unvorhersehbar für mich, aber ich konnte wenigstens damit rechnen, an den Wochenenden mit meinem Vater zusammen zu sein. Wir unternahmen viele Dinge, die Spaß machten – wir gingen in den Park, ins Kino und so weiter. Aber wie sehr ich mich auch bemühte, nichts, was ich tat, schien ihm zu gefallen.

Eines Nachmittags waren mein Vater, meine Schwester und ich wieder einmal im Park. „Vicky und du, ihr könntet doch die Kletterstange hinaufklettern", schlug er vor. „Mal sehen, wer zuerst oben ist."

Vater wusste sehr gut, dass ich es nicht bis oben hin schaffen würde, aber er gab die Hoffnung nie auf, ich würde doch noch irgendwann sportliche Fertigkeiten entwickeln.

„Komm schon, John, du schaffst es!", rief er mir zu. „Leg nur eine Hand über die andere und schieb dich nach oben."

Ich hatte Angst. So gerne hätte ich meine Angst überwunden, darum streckte ich auch meine Arme aus, umklammerte die Stange so fest, dass meine Knöchel weiß hervortraten, und zog, so fest ich konnte. Doch meine Bemühungen waren von kurzer Dauer. Wie immer bekam ich Panik, sobald meine beiden Füße in der Luft hingen, und ich begann zu weinen.

„Ich ... ich kann nicht, Papa", schniefte ich.

Daraufhin wandte er sich von mir ab und ging zornig davon.

In seiner Wohnung lief es auch nicht besser. Unablässig verschüttete ich Milch auf den Tisch, ließ Essen auf den Boden fallen oder zerbrach ein Glas oder einen Teller. „John! Pass doch auf, was du machst!", rief er dann. Es war deutlich zu spüren, dass mein Vater enttäuscht von mir war.

Er vermittelte mir ständig das Gefühl, ungeschickt zu sein und seinen Ansprüchen nicht zu genügen. In seinen Augen war ich zu unkoordiniert, zu schwächlich und zu redselig. Egal, was ich versuchte, ihm zu sagen, er schien nie zuzuhören. Und je älter ich wurde, desto mehr distanzierte er sich von mir. Außerdem lobte mich mein Vater nur sehr selten und wenn ich in seiner Nähe war, fühlte ich mich immer zurückgewiesen und als Versager. Und trotzdem sehnte ich mich nach seiner Anerkennung.

Nachdem dann mein Vater wieder geheiratet hatte, versuchte ich, ihm auf die einzige Art, die ich kannte, näher zu kommen, indem ich eines Tages allen meinen Mut zusammennahm und ihn fragte, ob ich bei ihm und seiner neuen Frau Ellen wohnen könnte. Das war für mich als Neunjährigen keine leichte Frage und die Antwort, die ich bekam, war niederschmetternd.

„Nein, John, das würde einfach nicht funktionieren", erwiderte er offen und ohne auch nur über meine Frage nachzudenken. Und dann sagte er es noch einmal, damit ich es auch wirklich verstand: „Nein, ich glaube nicht, dass das eine gute Idee wäre."

Anne

Während John sich als kleiner Junge wertlos fühlte, wurde ich immer mehr zum Wildfang.

„Anne, sieh nur, was ich für dich gekauft habe!", sagte meine Mutter und zog das meiner Meinung nach hässlichste Kleid der Welt aus der Tüte.

„Ihh! Ich hasse Spitze, Mama", erwiderte ich dann. „Ich trage lieber Jeans und T-Shirts, keine Kleider. Und schon gar keine Kleider wie dieses."

Meine Mutter war eine attraktive Frau. Sie frisierte sich selbst zwar sehr sorgfältig und legte Make-up auf, aber sie brachte weder meiner Schwester Paula noch mir diese Fertigkeiten bei, noch half sie mir zu erkennen, was für Kleider mir standen und wie kleine Mädchen aussehen (oder nicht aussehen) sollten. Und natürlich hatte ich meine Gründe dafür, diesen „Mädchenkram" abzulehnen.

Ich war still und zurückhaltend, hatte Angst vor Versagen und als kleines Kind wollte ich mich nicht einmal mit meinen Onkeln und Tanten auf Englisch verständigen. Vielmehr sprach ich meine „Fantasiesprache". Ich wünschte mir wohl, diesen besonderen Erwachsenen zu gefallen, aber ich hatte Angst, irgendwelche Risiken einzugehen. Diese Eigenschaften trugen noch mehr dazu bei, mich nach der sexuellen Belästigung im Alter von vier Jahren in meinem Gefängnis des Schweigens einzumauern. Und sie waren auch der Grund dafür, dass ich mit den gesellschaftlichen Anforderungen der Schule Probleme hatte.

Da ich den Eindruck hatte, nicht zu den anderen Kindern zu gehören, nahm ich nur ungern an ihren Pausenaktivitäten teil. Ich fühlte mich bei ihren Spielen einfach unwillkommen und von ihren Gesprächen ausgeschlossen. Außerdem passierte es im Laufe der Zeit, dass sich mein Aussehen immer mehr veränderte und ich zunehmend männlich aussah. Ich hatte überhaupt keine Ähnlichkeit mehr mit dem kleinen Mädchen, das ich einst gewesen war. Ich sah zwar noch nicht wie ein Junge aus, aber ich näherte mich dem stetig an.

Zum einen war mein Haarschnitt eine Katastrophe und dann musste ich auch noch eine Brille tragen. Als Folge davon war ich verängstigt und unbeholfen. Während der Pause und des Mittagessens sehnte ich mich deshalb danach, bald in die Klasse zurückzukehren, obwohl ich den Unterricht eigentlich gar nicht mochte.

Schließlich freundete ich mich mit einer Drittklässlerin namens Carolyn an. Vielleicht fühlte sie sich ebenso ausgestoßen wie ich, aber zumindest hatte ich jetzt jemanden, mit dem ich die Pausen verbringen konnte. Nach einer Weile begannen wir uns dann außerhalb der Schule zu treffen, wodurch sich schließlich unsere Familien kennen lernten und eine Art Freundschaft schlossen. Dadurch hatten wir nun viel Gelegenheit, zusammen zu sein.

Eines Tages schlug Carolyn vor: „Hey Anne, wir wollen so tun, als wären wir der Freund der anderen!"

„Was meinst du damit?", fragte ich.

„Du weißt schon, du bist zum Beispiel Donny Osmond und ich bin deine Freundin."

Wir beide liebten Teenagerzeitschriften und bewunderten den Sänger Donny Osmond, eines unserer männlichen „Idole".

„Und was tun wir dann?", fragte ich. Diese Idee faszinierte mich.

Sie antwortete begeistert: „Wir können das tun, was Freund und Freundin tun. Du weißt schon, wir könnten Händchen halten, uns umarmen und küssen und noch andere Sachen."

Ich akzeptierte gerne meine männliche Rolle und stellte fest, dass es mir sogar richtigen Spaß machte. So zu tun, als sei ich ein Junge, war befriedigend, weil ich die Initiative ergreifen konnte, und im Grunde genommen hatte ich so die Kontrolle über unsere Beziehung.

Es dauerte dann auch nicht lange, bis Carolyn und ich im Rahmen des Spieles anfingen uns zu küssen. Das bedeutete für mich, dass ich auf ganz besondere Weise ihre Aufmerksamkeit hatte und ich fühlte mich sicher, warm und mit ihr intim. Ich freute mich darauf, sie immer öfter zu küssen. Wenn man nun rückblickend unser Spiel analysiert, stellt man fest, dass ich mich selbst ablehnte, indem ich so tat, als wäre ich ein anderer. Meine eigentlichen Bedürfnisse wurden dadurch dann auch in keiner Weise erfüllt, sondern meine Welt wurde in meiner Fantasie auf den Kopf gestellt. Aber damals war ich zu einer solchen Analyse natürlich nicht fähig; ich freute mich einfach an meinen neu gefundenen Gefühlen der Zuneigung und der Zugehörigkeit.

John

„Oh ja, ich bin sicher, dass Todd Ausgaben vom *Playboy* hat", sagte ich aufgeregt. Ich eilte in der Wohnung umher und suchte danach, obwohl ich keine Ahnung hatte, wonach ich eigentlich suchte.

Damals war ich etwa neun Jahre alt. Meine Mutter hatte Todd inzwischen geheiratet, er war also mein Stiefvater geworden. Die beiden Jungen, die auf Vicky und mich aufpassen sollten, hatten gefragt, ob Todd nicht den *Playboy* lesen würde. Damals wusste ich nicht, was für eine Zeitschrift der *Playboy* war, aber ich wollte sie beeindrucken.

Einer der Teenager schlug vor: „Wir wollen im Schlafzimmer deines Stiefvaters nachsehen." Also begannen wir Todds Schrank zu durchsuchen und schon bald fanden wir sehr viel mehr als den Playboy. Wir förderten ganze Stapel von harten pornografischen Zeitschriften zu Tage. Da ich bereits an Pornografie interessiert war, war dies für mich eine sensationelle Entdeckung.

Immer wieder fühlte ich mich zu dieser Art der Pornografie hingezogen. Damals hatte *Penthouse* gerade damit begonnen, Bilder von Frauen und Männern zusammen zu veröffentlichen. Und aus irgendeinem Grund fühlte ich mich besonders von den Szenen angezogen, bei denen Männer zu sehen waren. Wenn nur der Körper einer Frau zu sehen war, interessierte mich das nicht. Doch der nackte männliche Körper zog meinen Blick magisch an.

Anne

Wie John wurde auch ich irgendwann abhängig von Pornografie, obwohl es bei mir mein Bruder war, der einen Stapel von Pornoheften in seinem Zimmer hatte.

In gewisser Weise erscheint es seltsam, dass mich die Pornografie nicht abstieß, wenn man bedenkt, was mir mit vier Jahren zugestoßen war. Aber dieser Zwischenfall hatte offensichtlich den gegenteiligen Effekt, denn im Alter von acht oder neun Jahren, schlich ich mich wiederholt in das Zimmer meines Bruders, um die seltsamen Geschichten in diesen Zeitschriften zu lesen und mir die Fotos anzusehen. Ich wusste genau, wo er sie aufbewahrte und wie sie aussahen. Ich gewöhnte mir eine besondere Technik an, jeweils nur eine der Zeitschriften herauszuziehen und sie genau an die Stelle zurückzulegen, wo sie gelegen hatte, die Türen zu schließen, wie sie gewesen waren und ungesehen sein Zimmer zu verlassen. Niemand hat jemals erfahren, dass ich dort gewesen war.

Ich kann mich nicht daran erinnern, vom Ansehen der Frauen erregt worden zu sein, zumindest nicht zu Anfang. Ich war einfach fasziniert von dem nackten weiblichen Körper. Ich erinnere mich, mich selbst mit den Models verglichen und das Gefühl gehabt zu haben, einem Vergleich nicht standhalten zu können. Die Zeitschriften meines Bruders gehörten zwar in den Bereich der weichen Pornografie, aber ich wurde dennoch abhängig davon.

Im Jahre 1972 zog unsere Familie von Idaho nach Pennsylvania. Unser Haus dort war größer und geschmackvoller als alles, was wir vorher bewohnt hatten. Anmutige Bäume säumten die Straßen und als wir Mitte Juni dorthin zogen, blühten gerade überall die Rosen. Eine Rasenfläche ging in die nächste über und abends spielten wir draußen, bis die Glühwürmchen herumflogen und altmodische Straßenlaternen angingen und ihren warmen Schein auf gut gepflegte Gärten warfen.

Wir fanden, dass die Leute an der Ostküste reicher waren als in Idaho und dass sie sich viel mehr mit Kunst und Kultur beschäftigten. Auch die Bevölkerung war vielfältiger und gebildeter. Meine Familie schloss sich der presbyterianischen Gemeinde am Ort an und unser gemeinsames Leben war stabil. Allerdings wohnte mein älterer Bruder nun nicht mehr bei uns, sondern er trampte durch das ganze Land, wie viele Jugendliche es in den siebziger Jahren taten. Monat für Monat zogen mehr Kinder in unsere Nachbarschaft und einige davon wurden meine Freunde. Ich hatte nichts gegen diesen Neuanfang, abgesehen von einem kleinen Problem: Ich hatte Sehnsucht nach Carolyn.

John

Es war Todds tolle Idee, die meinen Hass auf ihn nur noch steigerte: Ich sollte in das Juniorteam der örtlichen Baseballmannschaft eintreten. Das Beste daran war, dass ich das Mannschaftstrikot tragen konnte, denn den größten Teil der Zeit war ich entweder gelangweilt oder verlegen.

Ich wurde immer ins rechte Spielfeld gestellt, wo die Stiefmütterchen wuchsen. Dort stand ich stundenlang herum und kein einziger Ball wurde jemals in meine Richtung geworfen. Immer wenn ich dort stand, betete ich inbrünstig: *Bitte, lieber Gott, gib, dass niemand den Ball zu mir schlägt, denn wenn das passiert, werde ich ihn niemals fangen können.*

Der bei weitem erschreckendste Aspekt des Juniorteams war jedoch, wenn ich mit dem Schlagen an der Reihe war. Die Menge schrie dann immer: „Hey, schlag doch, schlag doch", und ich schlug. Doch nie traf ich den Ball. Und dieses niemals endende Versagen war unglaublich demütigend für mich, vor allem, wenn ich von den Leuten auf den Zuschauerrängen „Mädchen", „Waschlappen" oder „Homo" genannt wurde.

Ich erinnere mich, anschließend zu Hause in den Spiegel gestarrt und mich gefragt zu haben: *Bist du wirklich ein Waschlappen? Sehe ich wirklich aus wie ein Mädchen?* Das kleine, traurige Gesicht, das mich aus dem Spiegel anstarrte, war verwirrt und tränenverschmiert. Ich hatte niemanden, der meine Fragen beantworten konnte. Todd war der Letzte, den ich um Rat gefragt hätte, und ich war ziemlich sicher, dass meine Mutter meine Verwirrung nicht richtig verstehen würde.

Vermutlich wäre alles anders gelaufen, wenn ich in die Arme meines Vaters hätte flüchten können, als ich abgelehnt wurde, wenn er mir geholfen hätte, mit dem Missbrauch fertig zu werden, und wenn er nach der Schule mit mir zum Ballspielen gegangen wäre. Vielleicht hätte sich mein Selbstbewusstsein als Junge viel normaler entwickelt und meine Sexualität wäre für mich nicht so verwirrend gewesen. Stattdessen war das Spielen im Juniorteam für mich die demütigendste Erfahrung, die ich je gemacht habe. Wenn Jungen Baseball spielen mussten, dann wollte ich kein Junge sein.

Anne

Laurie war ein Jahr jünger als ich und zog ein Jahr nach unserem Umzug nach Pennsylvania in ein Haus in unserer Straße. Ich war mittlerweile zehn und während sie als kleines Mädchen zufrieden und sicher wirkte, sah ich weiterhin sehr jungenhaft aus und verhielt mich dementsprechend. Doch irgendwie nahmen wir beide das Spiel des Küssens auf, das ich mit Carolyn gespielt hatte. Nur war es in diesem Fall weniger ein Rollenspiel, sondern mehr eine sinnliche Erfahrung. Laurie begann sogar, mich sexuell zu berühren. Bis dahin hatte ich keine Ahnung gehabt, was sich „da unten" abspielte.

Unsere Spielchen ließen Ekel in mir entstehen und ich war mir ziemlich sicher, dass wir nicht tun sollten, was wir taten. Und es kam, wie es kommen musste, Lauries Mutter ertappte uns auf frischer Tat. Wieder einmal war ich tief beschämt, vor allem, weil ihre Mutter mir die Schuld an dem Ganzen gab.

Lauries Mutter schickte mich sofort nach Hause und erzählte meiner Mutter erzürnt, was wir getan hatten. Als meine Mutter mich danach fragte, erklärte ich, dass es Lauries Idee gewesen sei und ich mich ziemlich komisch dabei gefühlt hätte. Zum Glück glaubte sie mir. Und da ich die Wahrheit gesagt hatte, war ihre Reaktion gut und gesund für mich gewesen. Ich habe mich immer gefragt, wo Laurie diese Art von Verhalten gelernt hatte. Ein älterer und erfahrenerer Mensch musste ihr das beigebracht haben.

Etwas später im selben Jahr zog meine Freundin Carolyn dann nach New York. Sie wohnte zwar ein gutes Stück von uns entfernt, doch da unsere beiden Familien miteinander befreundet waren, kamen wir dann und wann zusammen. Carolyn und ich nahmen sehr schnell unser kleines Kuss-Spiel wieder auf. Doch nun waren wir beide reifer geworden und ihr Interesse galt entschieden den Jungen. In unserem Fantasiespiel jedoch empfand sie immer noch

Zuneigung zu mir. Ich fühlte mich dabei als Frau von ihr angezogen, doch ihre Zuneigung basierte auf der Vorstellung, ich sei ein Junge. Es war eine traurige Form der Intimität und obwohl es unbefriedigend war, kamen wir doch nicht von diesem Spiel los.

In diesem Sommer fuhren wir mit der Familie an der Ostküste entlang. Wir kamen auf dieser Fahrt auch nach New York, wo wir unser erstes Theaterstück am Broadway sahen und eine Vorstellung der *Radio City Music Hall Rockettes* miterlebten.

Während wir viele Sehenswürdigkeiten besichtigten, merkte ich, dass die Leute mich nicht als Mädchen erkannten. Mein Äußeres, meine Haltung, Kleidung und meine Frisur vermittelten aus der Ferne den Eindruck, ich wäre ein Junge. Und ich fand das absolut demütigend.

Eines Tages kam ich aus der Toilette einer Tankstelle und vor der Tür wartete eine Frau darauf, dass sie an die Reihe kam. „Kannst du nicht lesen?", fragte sie. „Da steht ‚Damen'!"

Ich starrte sie an und protestierte: „Aber ich bin doch ein Mädchen!"

„Sicher!", höhnte sie und trat ihre Zigarette aus. „Du bist ein Mädchen und ich bin ein Junge. Das nächste Mal gehst du gefälligst auf die Herrentoilette, klar?"

Tränen brannten in meinen Augen und ich errötete vor Scham. Nie hatte ich bewusst beabsichtigt, wie ein Junge auszusehen; die Ablehnung meiner Weiblichkeit war eine unbewusste Entscheidung, die im Alter von vier oder fünf Jahren begonnen hat. Mein männliches Verhalten war nichts als eine Schutzvorrichtung für meine Gefühle – eine dicke, undurchdringliche Barriere, um mich selbst zu schützen. Und je älter ich wurde, desto stärker wurde meine Verwirrung bezüglich meines Geschlechts. Dabei verletzte mich meine körperliche Erscheinung jedoch weit mehr, als dass sie mir Schutz bot.

John

„John, entweder du hörst jetzt auf zu reden oder du gehst nach draußen, bis du denkst, du könntest still sein!", befahl mir meine Lehrerin.

„Ich habe nicht geredet!", protestierte ich. „Es war Joey."

Joey saß neben mir und war das ruhigste Kind der gesamten Schule. Er sprach nie, nicht einmal in der Pause. Alle wussten, dass er keinesfalls den Unterricht stören würde, darum brach die ganze Klasse in brüllendes Gelächter aus.

„Joey hat kein einziges Wort gesagt und das weißt du sehr genau, John", widersprach sie. „Glaub mir, ich kenne deine Stimme, wenn ich sie höre."

„Nein, Mrs. Claypool", beharrte ich, „Sie müssen Joey wirklich im Auge behalten. Er spricht mehr, als Sie glauben."

Mrs. Claypools Gesicht rötete sich vor Zorn. „John, verlass sofort diesen Klassenraum! Und wenn du noch ein einziges Wort sagst, gehst du geradewegs zum Direktor!"

Mittlerweile besuchte ich die vierte Klasse und hatte andauernd Ärger in der Schule. Ich redete, ohne dass ich an der Reihe war, und versuchte meine Klassenkameraden zum Lachen zu bringen; ich konnte nicht still sitzen und griff sogar einen Referendar verbal an, weil er Jude war. Diese Verhaltensweise ließ in meiner Klassenlehrerin die Überzeugung wachsen, ich könnte emotionale Probleme haben, weshalb sie mich zum Schulpsychologen schickte. Dieser wiederum verwies mich ans Kinderkrankenhaus, wo festgestellt wurde, dass ich unter einer Lesestörung (Dyslexie) litt, Konzentrationsstörungen hatte und wegen der familiären Umstellungen emotional sehr labil war. Um mich ruhig zu stellen, wurde mir deshalb *Ritalin* (ein Medikament, das man hyperaktiven Kindern gibt, um sie ruhig zu stellen) verabreicht.

Der Schultherapeut, ein großer und netter Mann, schien zunächst ein aufrichtiges Interesse an mir zu haben. Als er mich dann aber nach nur wenigen Sitzungen fortschickte, war ich am Boden zerstört.

„Bitte, verlassen Sie mich nicht!" Ich stellte mir vor, wie ich ihn mit diesen Worten anflehte. „Ich möchte, dass Sie mit mir nach Hause kommen und mein Vater sind!"

Mittlerweile war mir schmerzlich bewusst geworden, wie sehr ich mich von den anderen Jungen unterschied. Ein Junge auf meiner Schule mit Namen Trevor wurde zum Beispiel unablässig verspottet und geneckt, vor allem auf dem Sportplatz, weil er so weibliche Züge hatte. „Nellie!" riefen die Jungen ihm verächtlich nach. Und das war noch nicht das Schlimmste. Eines Tages wurde mir ganz übel, als mir bewusst wurde, wie ähnlich wir uns waren.

Unter meinen Schulkameraden fühlte ich mich als Außenseiter, der vom Rand einen Blick in ihre Welt warf.

Bei den Mädchen dagegen fühlte ich mich sicher. Deshalb spielte ich Himmel-und-Hölle und Hinkelhäuschen mit ihnen und versuchte mich an ihren Gesprächen zu beteiligen. Einmal spielte ich in einem Versuch, wichtig zu sein, den Therapeuten für ein Mädchen und deren Freund.

Ein anderes Mal brachte ich einige Schokoladenkekse in die Schule mit, um mich beliebt zu machen. Ein Junge hieb jedoch mit seiner Faust darauf, um zu sehen, wie die Füllung herausfloss und auf einmal machten es ihm alle nach. Die Kinder hatten viel Spaß, aber ich fühlte mich gedemütigt. Wieder einmal wurde ich verspottet; ich war anders. Ich passte einfach nicht hinein, vor allem nicht bei den Jungen.

Anne

„Hey, willst du Flaschendrehen mit uns spielen?"

Ich sprang sofort begeistert auf und wollte mitmachen.

Es war das Jahr 1974 und meine Schwester und ich waren gerade mit den Kindern aus der Nachbarschaft unterwegs. Als sie dann mit dem Flaschendrehen begannen, stieg mein Adrenalinspiegel sprunghaft an.

Diese Kinder waren eine verrufene Clique. Ihre Eltern schienen sich nicht dafür zu interessieren, was sie taten, und ich wollte so gern dabei sein. Als ich erfuhr, dass sie Flaschendrehen spielten, war ich dazu bereit, mich vor ihnen auszuziehen, ja sogar an diesem Nachmittag meine Jungfräulichkeit zu verlieren – alles, nur um zu ihrer wilden, kleinen Clique zu „gehören".

Zum Glück hielt meine Schwester mich zurück und es gelang ihr, mir das auszureden, zumindest für den Augenblick.

Meine Schwester Paula war fünfeinhalb Jahre älter als ich, obwohl sie immer damit prahlte, sechs Jahre älter zu sein. Sie war sehr schlank, besiegte mich aber immer beim Raufen, weil sie sehr knochig war und ihre Ellbogen spitz waren. Sie hatte glattes, schwarzes Haar, ein offenes Wesen und keinerlei Angst, ihre Meinung zu sagen. In diesem Fall war es sehr gut, dass sie es getan hat.

Die Pubertät hatte bei mir noch nicht einmal eingesetzt und doch versuchte ich bereits, meine Sexualität unter Kontrolle zu bekommen. *Wenn ich nur meine Jungfräulichkeit los würde*, redete ich mir ein, *dann würde ich mich nicht mehr mit diesen Schamgefühlen herumschlagen müssen.* Zugegeben, heute macht das nicht viel Sinn, aber irgendwie klang das für mich damals ganz logisch.

In diesem Sommer zog unsere Familie erneut um, dieses Mal nach Walnut Creek in Kalifornien. In den ersten Monaten dort erlebte ich gesunde und gute Beziehungen. Ich schloss neue Freundschaften, hatte einen wundervollen Lehrer und begann das Leben zu genießen. Kurz, ich fing ganz von vorne an.

John

Meine Beziehung zu meiner Mutter damals war recht schwer zu verstehen. Ich liebte sie zwar tief und innig, doch unsere Beziehung war gleichzeitig sehr vielschichtig und in mancher Hinsicht von gegenseitiger Aggression belastet.

Ich merkte sehr wohl, dass sie extrem kontrollierend und egozentrisch war. Egal worüber wir sprachen, egal wie traurig ich war und egal wie sehr ich ihr Verständnis und ihre Hilfe gebraucht hätte, innerhalb von wenigen Minuten lenkte sie unweigerlich jedes Gespräch wieder auf sich.

„John, es tut mir so Leid, dass die Kinder in der Schule dich verspotten", sagte sie zum Beispiel, „und ich wünschte, ich könnte dir helfen. Aber genau das ist mir auch immer passiert ..."

Und dann erzählte sie mir immer von ihrem Leben, ihren Problemen und ihren Bedürfnissen.

Einmal hatte ein Junge namens Mark zum Beispiel gedroht, mich zu verprügeln, deshalb versteckte ich mich nach der Schule eineinhalb Stunden lang im Klassenzimmer, um ihm aus dem Weg zu gehen. Als ich dann endlich nach Hause kam, weinte ich und fühlte mich unglaublich einsam. Also war ich auf Mutters Schoß gekrochen und hatte begonnen ihr zu erzählen, wie schlecht ich mich fühlte.

Innerhalb von zwei Minuten war sie wieder bei ihrer eigenen Kindheit. Die folgende Stunde erzählte sie mir, wie elend und unglücklich sie sich gefühlt hatte, wie streng ihre Mutter mit ihr gewesen war und wie isoliert sie sich als Kind vorgekommen war. Schon bald schaltete ich ab und versuchte an alles Mögliche zu denken, um ihr nicht zuzuhören. Am Ende der Unterhaltung waren ich und mein Problem „verschwunden". Ich legte dann meinen Arm um ihre Schultern und tröstete sie.

Wann immer das passierte, hasste ich sie, doch ich hatte gleichzeitig den Eindruck, ohne ihre Annahme einfach nicht überleben zu können.

Neben ihrem Alkoholproblem und ihrem Mann hatte meine Mutter wirklich einige Lasten zu tragen. Und ich hatte mit Lernschwierigkeiten, Geschlechtsverwirrung und gesellschaftlicher Ablehnung zu kämpfen. Ich hatte meiner Mutter damals wirklich wenig anderes zu bieten als meine Liebe. Und vermutlich habe ich sie zu sehr geliebt.

Anne

„Mama, das ist so schrecklich ...", begann ich.

Meine Mutter betrachtete mich eingehend. Sie war erstaunt über meinen offensichtlichen Kummer.

„Na ja, so schlimm ist es nun auch nicht", versuchte sie mich zu trösten. „Du kannst ja immer noch eine Mütze tragen."

Diese Worte waren das Letzte, was ich hören wollte. Würde sie meine Bedürfnisse oder Probleme denn jemals verstehen?

„Eine Mütze tragen? Zwei Monate lang, Mama?", beklagte ich mich. „Mein Haar ist nur noch einen Zentimeter lang!" Meine Worte sprudelten nur so aus mir hervor. „In einem Monat fange ich mit der *Highschool* an und ich sehe so furchtbar aus! Meine neuen Klassenkameraden dürfen mich so nicht sehen. Ich werde ja für einen Jungen gehalten! Bestimmt werde ich ausgelacht!"

Naiv wie ich war, hatte ich mich einer Frisörin anvertraut, die mir einen neuen Haarschnitt schneiden sollte. Leider hatte ich die Wahl der Frisur ihr überlassen, hoffte aber auf eine weibliche Frisur, die mir eher schmeichelte. Ich stellte mir vor, dass ich mit dem neuen Schnitt hübsch und attraktiv aussehen würde. Doch bevor ich noch wusste, wie mir geschah, hatte die Frisörin meinen Kopf praktisch kahl geschoren. Mehr denn je sah ich aus wie ein Junge.

Ich war am Boden zerstört. Und so sehr ich mich über den Vorschlag meiner Mutter ärgerte, ich trug tatsächlich mehr als einen Monat lang eine Mütze. Ich nahm sie nur ab, wenn ich musste – während des Unterrichts.

Vielleicht bemerkt mich ja niemand, redete ich mir an meinem ersten Schultag ein. Und in gewisser Weise hatte ich Recht. Für die coolen, beliebten Mädchen war ich unsichtbar. Nur die redseligen Spötter schienen mich wahrzunehmen und natürlich verschafften sie sich Gehör.

„Hey, Mannweib!", rief einer von ihnen. „Wann wirst du es endlich leid, wie ein Junge auszusehen?"

Ein Junge aus der achten Klasse machte in der Cafeteria seine Bemerkungen und ich kämpfte für den Rest des Tages gegen die Tränen.

Als ich an diesem Nachmittag nach Hause ging, war ich verzweifelt. Immer wieder dachte ich: *Du bist nicht gut genug. Du hast die nötigen Voraussetzungen nicht. Du wirst nie akzeptiert werden, egal wie sehr du dich bemühst.*

Teenagerjahre

John

„Du wirst deiner Mutter von Tag zu Tag ähnlicher!"

An einem Samstag waren mein Vater und ich unterwegs, um uns gemeinsam einen Film anzusehen. Auf dieser Fahrt äußerte er seine Ansichten über meine Beziehung zu meiner Mutter. „Kein Wunder, dass ihr euch so ähnlich seid. Du stehst ihr emotional viel zu nahe und um ehrlich zu sein, du bist genau wie sie, sowohl in deinem Verhalten als auch in deiner Art zu sprechen."

Wieder einmal war ich am Boden zerstört. Je mehr ich über das nachdachte, was er gesagt hatte, desto schlechter fühlte ich mich. Ich war gedemütigt, verfolgt von diesem bekannten Gefühl, dass ich nie seinen Ansprüchen genügen konnte, egal wie sehr ich mich auch bemühte. Aber schlimmer noch war dieses seltsame, sich zunehmend verstärkende Gefühl, eigentlich kein richtiger Mann zu sein.

Wenn ich über die Beziehung von meinem Vater zu meiner Mutter nachdachte, wie gering er sie achtete und andauernd kritisierte, dann konnte ich nur annehmen, dass die Botschaft zwischen den Zeilen lautete: „Und dich hasse ich auch, John."

Egal was ich auch leistete oder wie sehr ich mich bemühte, ihn zu beeindrucken, mein Vater lobte mich nur ganz selten. Seine Reaktion war immer sehr kontrolliert und reserviert. Niemals hörte ich ein begeistertes: „Ich bin so stolz auf dich!" oder „Du bist der beste Sohn, den ein Vater haben kann!" oder „Ich werde dich immer lieben, egal was passiert!" Das war besonders schwer für mich, weil ich genau das Gegenteil von meinem Vater war –

sehr emotional, offen und redselig. Dieser Gegensatz zwischen uns trat nun immer mehr zu Tage.

Doch auch die dominante Persönlichkeit meiner Mutter verhinderte jegliches Gefühl der Liebe. In ihrer Nähe wagte man nicht, irgendetwas zu tun, das sie ärgern könnte. Sogar Todd, ihr Mann, hatte Angst, sich mit ihr auseinander zu setzen. Ich rebellierte jedoch dagegen, indem ich sie bewusst provozierte und sie darauf hinwies, dass sie uns nicht gerecht behandelte. Außerdem spielte ich sie gegen meinen Vater aus, indem ich bei ihm schlecht über sie sprach und umgekehrt und dadurch die negativen Gefühle dem Anderen gegenüber noch verstärkte. Das hatte den zusätzlichen Vorteil, dass ich dadurch bei dem Elternteil, mit dem ich über den anderen sprach, Punkte machte. Erst sehr viel später wurde mir klar, dass ich mir damit auf lange Sicht nur selbst wehgetan habe.

Noch immer fühlte ich mich den anderen Jungen fremd, war verwirrt in Bezug auf meine Identität und fragte mich, warum ich nicht war wie sie. Ich sehnte mich danach, zu ihnen zu passen, aber ich wusste, dass es nicht so war.

Anne

Vom ersten Tag, als wir uns im Französischunterricht in der Highschool kennen lernten, fühlte ich mich zu Julie hingezogen. Ihre Erscheinung wies zwar eindeutig männliche Züge auf, doch sie hatte ein erfreulich weibliches Wesen. Und so dauerte es nicht lange, bis sie sich in meine Fantasien einschlich. Zu meiner großen Freude wurden wir enge Freundinnen und verbrachten viele glückliche Stunden miteinander. Wir lachten viel, redeten und hatten Spaß miteinander.

Einem außen stehenden Beobachter musste unsere Beziehung vollkommen normal erscheinen, aber meine geheimen Wünsche nahmen zunehmend anormale Züge an. Im Laufe der Zeit wuchs meine Überzeugung, dass Julie der ideale Lebenspartner für mich wäre, und ich fing an mir vorzustellen, wie es wäre, mit ihr verheiratet zu sein. Dieser revolutionäre Gedanke traf mich vollkommen unvorbereitet. Und dann machte ich eines Tages den Fehler, ihr zu sagen: „Ich mag dich so sehr, dass ich dich heiraten möchte, Julie."

Daraufhin zog sie sich auf der Stelle von mir zurück, denn sie wusste nicht mehr, was sie von mir halten sollte. Bis dahin hatte ich viele Stunden bei ihr zu Hause verbracht, doch plötzlich war ich nicht mehr willkommen. Aber trotz dieser Beschämung und Ablehnung fühlte ich mich weiterhin zu ihr hingezogen und wollte in ihrer Nähe sein. Es gab jedoch kein Zurück. Meine Worte – und die Sehnsucht, die dahinter steckte – hatten unsere Freundschaft zerstört.

Inzwischen begannen einige Freundinnen und ich zu rauchen und mit Alkohol zu experimentieren. Zu Silvester kamen wir dann irgendwie an eine Flasche Sekt und taten uns daran gütlich. Und ganz allmählich nahmen ein paar Mädchen in unserer Clique eine negative und rebellische Haltung an – damals waren wir dreizehn.

Mein Großvater war an Lungenkrebs gestorben. Meine Großmutter litt an einem Emphysem und würde auch daran sterben. Unnötig zu sagen, dass das Rauchen in unserer Familie ein heikles Thema war. Und natürlich wurden meine Freundin Marie und ich erwischt, kurz nachdem wir mit dem Rauchen angefangen hatten. Meine Mutter roch den Rauch an unseren Kleidern und stellte mich zur Rede.

„Mama", fragte ich, „hast du denn niemals etwas tun wollen, was nicht richtig war?"

Sie sah mich an, als wäre das die lächerlichste Frage der Welt. „Nein", erwiderte sie. „Natürlich nicht."

Jeder Mensch auf diesem Planeten hat sündige Wünsche, sie hatte also ganz offensichtlich gelogen. Doch dieses Gespräch bestätigte mir, dass ich mich meiner Mutter nicht anvertrauen konnte. Ich hatte alle diese Unvollkommenheiten und für Unvollkommenheit hatte sie offenbar kein Verständnis. Wenn ich schon nicht wegen eines so alltäglichen Themas wie dem Rauchen zu ihr kommen konnte, wie konnte ich mit ihr dann über die eigentlichen Probleme meines Lebens sprechen – dass ich mich zu Mädchen hingezogen fühlte und meine Verwirrung in Bezug auf Jungen?

In diesem Schuljahr freundete ich mich mit einem Jungen an, der einen sehr schlechten Ruf hatte. Man munkelte, dass er Drogen nahm. Eines Tages stellte ich ihm die sehr direkte und für mich äußerst wichtige Frage: „Willst du heute Nachmittag Sex mit mir haben?"

Natürlich sagte er Ja.

Was trieb mich nur dazu, meine Jungfräulichkeit wegzuwerfen? Ich hätte es nicht erklären können. Wollte ich beweisen, dass ich doch ein Mädchen war? Fühlte ich mich tatsächlich so unattraktiv, dass ich damit erreichen wollte, dass die anderen mich annahmen? Oder war meine Bemühung, Sex zu meinen Bedingungen zu haben, ein Weg, die Kontrolle zu behalten? Eines ist sicher: Mein Selbstbild war auf tragische Weise verzerrt und ich fühlte mich ganz schrecklich.

Der Junge und ich vereinbarten, uns nach der Schule hinter einem Gebäude zu treffen. Zum Glück erschien er nicht zu unserem Rendezvous. Ich war enttäuscht, gleichzeitig aber auch sehr froh. Später in diesem Jahr beschrieb er mich dann in meinem Jahrbuch mit ein paar sehr hässlichen Ausdrücken. Er und seine Freunde hielten mich ganz offensichtlich für den letzten Dreck. Nie war ich unglücklicher über mich.

Maries Vater fand heraus, dass wir beide rauchten, und seine Reaktion darauf war sehr interessant, aber auch sehr klug.

„Ich möchte, dass ihr euch draußen auf die Veranda setzt", wies er uns an, „und euch drei Gründe überlegt, warum ihr raucht."

Sehr schnell fielen uns drei Gründe ein – um cool zu sein, um älter zu wirken und noch ein Dritter, den ich aber mittlerweile vergessen habe.

Als er unsere Gründe hörte, schüttelte er den Kopf und winkte ab. „Nein, nein", meinte er lachend. „Das sind keine guten Gründe. Setzt euch hin und überlegt weiter."

Wir blieben gut eineinhalb Stunden sitzen und redeten und überlegten.

Schließlich kam er wieder zu uns heraus. „Euch fällt nichts ein, nicht wahr?", fragte er.

„Nein, nichts", erwiderte ich.

Er hatte es meinen Eltern erzählen wollen, doch dann änderte er seine Meinung: „Nein, ich werde es ihnen nicht erzählen, weil ihr offensichtlich zu dem Schluss gekommen seid, dass Rauchen nicht das Richtige ist. Und da ihr jetzt sowieso aufhören wollt, werde ich das für mich behalten."

Danach rauchten wir nur noch ein einziges Mal. An diesem Tag gingen Marie und ich zum Zigarettenautomaten, aber es gab keine *Marlboro* mehr, die Marke, die wir sonst immer rauchten. Also versuchten wir es mit einer anderen Marke, aber die war viel zu stark für unseren Geschmack.

„Das ist ekelhaft!", verkündete ich. „Ich bin fertig damit."

Damit war das Thema Rauchen für mich erledigt. Aber meine sexuelle Verwirrung war noch nicht vorbei. Eigentlich hatte sie gerade erst begonnen.

John

Mit vierzehn war mein Hunger nach pornografischen Zeitschriften unersättlich und ich war gut darin, sie im Schrank meines Stiefvaters aufzustöbern. Eines Tages fand ich unter seinen Sachen einen Filmprojektor.

Das ist ja interessant, dachte ich. *Den habe ich noch gar nicht gesehen.*

Neben dem Projektor stand eine Papiertüte mit Dutzenden kleiner Filmdosen. Meine Eltern waren ausgegangen und meine Schwester schlief bereits, so holte ich den Projektor heraus. Da ich in der Schule oft einen ähnlichen Projektor bedienen musste, wusste ich genau, was zu tun war. Ich legte den Film ein, machte das Licht aus und siehe da, ein harter Pornofilm war an der Wand zu sehen.

In meinem ganzen Leben hatte ich noch nie so etwas gesehen wie diese Filme. Auf dem Zelluloid tummelten sich zwar ausschließlich heterosexuelle Paare, aber ich war vollkommen fasziniert und starrte wie gebannt an die Wand. Von dem Tag an sah ich mir diese Filme an, wann immer meine Eltern nicht zu Hause waren. Meine Sucht nach Pornografie wurde immer stärker.

Anne

Obwohl meine Eltern zur Kirche gingen, hatte ich kein Gefühl für geistliche Führung und der Gedanke, der Glaube könnte eine persönliche Sache sein, ist mir nie gekommen. Doch jedes Gespräch über geistliche Dinge interessierte mich. Die Referendarin, die uns in Englisch unterrichtete, ermutigte uns, den Sinn unseres Lebens zu suchen, indem wir verschiedene geistliche Wege ausprobierten. Damals begann ich zum ersten Mal über Dinge wie das Schicksal und langfristige Führung nachzudenken.

Sie war es auch, die uns mit dem Thema Homosexualität bekannt machte, was natürlich sofort meine Aufmerksamkeit erregte. Sie erzählte uns im Unterricht von einer lesbischen Autorin, deren Namen ich mittlerweile vergessen habe, doch ihre Bücher standen auf der Liste der empfohlenen Bücher, also las ich einige davon. In ihrem Werk fiel mir besonders eine ausgeprägte Geschlechtsverwirrung auf, denn sie schrieb als Schriftstellerin aus der Perspektive eines Mannes. *Passe ich da irgendwo hinein?*, fragte ich mich. Die Vorstellung der lesbischen Liebe fand ich faszinierend, wenn ich mich auch noch nicht als Lesbierin sah.

Während meines zweiten Jahres an der Northgate High School schloss ich mich der Softballmannschaft an. Falls ich jemals eine Ausrede gebraucht hatte, um weniger weiblich zu sein, dies war eine gute. Ganz plötzlich fand ich mich in einer Gruppe von Sportlerinnen wieder, von denen einige genauso wenig weiblich waren wie ich. Und zu ihrer Welt zu gehören half mir, mich meinen Unsicherheiten zu stellen.

Endlich wurde mir auch meine Zahnspange abgenommen, was mein Aussehen erheblich verbesserte und mein gesellschaftliches Selbstbewusstsein stärkte. Außerdem bekam ich Kontaktlinsen, wodurch sich meine Koordination immens besserte. Ich war schon immer sehr gut im Sport gewesen, aber die Verbesserung war überdeutlich und ich begann, ausgezeichnete Leistungen zu erbringen. Endlich fing ich an, mich mit meiner Persönlichkeit ein wenig wohler zu fühlen.

John

Meine Mutter und mein Stiefvater führten ein sehr intensives gesellschaftliches Leben. Sie veranstalteten wundervolle bunte Partys, unterhielten Dutzende ausgelassener und exzentrischer Freunde und der Alkohol floss dabei in Strömen. Ich dachte mir nichts dabei, bis ich irgendwann während der ersten beiden Jahre in der Highschool selbst zu trinken begann.

Der Vater von meinem Freund Jim war Alkoholiker. Jim und ich übernachteten von Zeit zu Zeit zusammen, wie das Jugendliche eben gern mal tun. Nun stellte Jims Vater in ihrem Keller Wein her, sodass wir oft, sobald seine Eltern zu Bett gegangen waren, anfingen, den selbst gemachten Wein bis in die frühen Morgenstunden zu trinken.

An einem Abend, nachdem wir uns wie an vielen Wochenenden sinnlos betrunken hatten, begannen wir in Jims Zimmer sexuell zu experimentieren. Das wiederholten wir bei verschiedenen Gelegenheiten, obwohl wir beide unterschiedlich dabei empfanden.

Wann immer wir so herumspielten, sprach Jim davon, dass er Sex mit Mädchen haben wollte. Ich hörte ihm zu, war jedoch vollkommen auf ihn fixiert, denn Mädchen kamen mir niemals in den Sinn. Ich war weit mehr an dem interessiert, was wir beide miteinander taten.

Da Jims Mutter als Operationsschwester Zugang zu allen möglichen Drogen hatte, befand sich in ihrem Küchenschrank eine Flasche mit einem Betäubungsmittel, das den Patienten während einer Operation verabreicht wurde. Wenn man den Deckel abnahm, verdunstete der Inhalt der Flasche innerhalb von zwanzig Minuten. Jim und ich steckten unsere Nasen in die Flasche und wurden high davon.

An einem dieser Abende hatten Jim und ich, nachdem wir getrunken und geschnüffelt hatten, unsere erste richtige sexuelle Begegnung. Ich fand das faszinierend. Es war meine erste sexuelle Erfahrung überhaupt und für mich war es gleichzeitig bizarr und sehr angenehm.

Am nächsten Morgen kam die Scham. Jim war mein bester Freund. Wir gingen zusammen zur Schule. Wir verbrachten unsere Freizeit miteinander. Aber nie sprachen wir über dieses Erlebnis. Das, was wir getan hatten, war ein Tabuthema. Jim blieb heterosexuell und wir haben es nie wiederholt, sondern blieben einfach nur Freunde.

Im folgenden Sommer ereigneten sich drei interessante Dinge, von denen jedes sich unterschiedlich auf mich auswirkte. Das eine war, dass mein Vater eine beißende Bemerkung über schwule Männer machte und zum ersten Mal hatte ich den Eindruck, als wäre seine Missbilligung der Homosexualität gezielt auf mich gerichtet.

Das Zweite war, dass meine Mutter anfing, ernsthaft Klavier zu spielen und ich sang manchmal dazu. Schon bald erkannte ich, dass ich eine schöne Stimme hatte, vor allem in den hohen Lagen. Daraufhin sang ich für den Schulchor vor und wurde sehr zu meinem Erstaunen angenommen. Meine musikalische „Karriere" hatte begonnen.

Das dritte Ereignis erwies sich schließlich als besonders bedeutsam. Clara, eine Klassenkameradin, nannte sich eine „wieder geborene Christin". Mit großer Beharrlichkeit und Geduld hatte sie lange versucht, mir zu erklären, wer Jesus ist.

„Du musst ihn kennen lernen, John", sagte sie. „Er ist Gottes Sohn."

„Aber sind wir nicht alle Gottes Kinder?", entgegnete ich ihr. „Ich verstehe nicht, wieso Jesus so anders ist."

„Jesus ist Gottes *einziger* Sohn, John. Hör dir das an." Dann kniff sie die Augen zusammen, konzentrierte sich und sagte auswendig ihren Lieblingsbibelvers auf. „Denn also hat Gott die Welt geliebt, dass er seinen eingeborenen Sohn gab, damit alle, die an ihn glauben, nicht verloren gehen, sondern das ewige Leben haben."

Ich sollte begreifen, dass Gott einen „Heilsplan" für mein Leben hatte. Clara und ich sprachen stundenlang über Jesus und sie forderte mich auf, zu beten und ihn anzunehmen, weil er eines Tages auf die Erde zurückkehren würde.

„Ich möchte, dass du dann bereit bist, John", erklärte sie mit ernstem Gesicht.

Eines Abends spürte ich, dass wieder einmal ein Streit zwischen meiner Mutter und meinem Stiefvater bevorstand, und zog mich in mein Zimmer zurück. Dort saß ich allein und es dauerte nicht lange, bis ich über Claras Worte nachdachte. Mein Pulsschlag beschleunigte sich; ich war aufgebracht und hatte Angst. Gab es tatsächlich einen so genannten Himmel? Würde ich dorthin kommen oder nicht? Und was war mit der Hölle? Eine Vorahnung ließ mich frösteln – diese Möglichkeiten machten mir Angst.

„Jesus liebt dich, John", hatte Clara mir so oft gesagt. Irgendetwas tief in meinem Inneren rührte sich, wann immer ich über Gott nachdachte. War es möglich, dass Jesus tatsächlich existierte und dass er mich liebte?

Mittlerweile hörte ich aus dem Wohnzimmer zornige Stimmen, die immer lauter wurden. Unsere Familie war einfach chaotisch und ich fühlte mich unsagbar allein. Während ich in meinem Zimmer saß und lauschte, fragte ich mich, ob Gott irgendwie die Leere würde füllen können, die ich in mir empfand.

Impulsiv stand ich daraufhin auf und riss das Fenster auf. Als eine sanfte Brise durch das Fenster hineinwehte, erwachte die Hoffnung in meiner Seele. Ich betrachtete den sanften Schimmer des Mondes, der draußen sein Licht auf die Bäume und Büsche warf. Es war, als hätte ich durch das Öffnen des Fensters einen Weg zum Himmel gebahnt.

Ganz plötzlich gaben meine Knie nach und meine Hände begannen zu zittern. Es war eine seltsame, neue Erregung. Ich kniete mich vor das Fenster, sah zum Himmel auf und sprach leise mit Gott. „Ich weiß, dass ich ein Sünder bin und ohne dich nicht in den Himmel kommen werde. Bitte vergib mir und komm in mein Herz."

Der Augenblick war atemberaubend. Tränen der Freude traten mir in die Augen und ein warmes Gefühl des Friedens und der Erwartung machte sich in mir breit. Ich war so aufgeregt, dass ich meinen Freund Jim anrief und ihm von Jesus erzählte. Mein Herz floss über vor Freude und auch er nahm darauf Jesus in sein Leben auf.

Im Laufe der folgenden Wochen ließen mein Eifer und meine Begeisterung nicht nach. Ich besuchte eine kleine Mennoniten-Gemeinde in der Gegend und mein Glaube wuchs. Ich wurde sogar getauft, im Badezuber eines Gemeindeältesten.

Leider waren meine Eltern von meinem neu gefundenen Glauben überhaupt nicht beeindruckt. Es machte ihnen sogar Angst. Nachdem sie mit angesehen hatten, wie ich sechs Monate lang treu den Gottesdienst besuchte, hatte meine Mutter genug. Sie nahm mir meine Bibel weg und forderte von mir, ich solle nicht mehr darin lesen. Schon bald ging ich nicht mehr in den Gottesdienst und auch nicht mehr in die Jugendstunde. Innerhalb von sechs Monaten verlor ich dann das Interesse an Gott und ließ Clara, Jim und die ganze christliche Erfahrung hinter mir. Mehr als ein Jahrzehnt verschwendete ich anschließend keinen Gedanken mehr daran.

Anne

„Weißt du was, Anne? Ich bete jeden Tag für dich." Leann, eine junge Christin, hatte sich mit mir angefreundet und als sie diese Worte aussprach, glaubte ich ihr aus irgendeinem Grunde. Sie war sehr beharrlich in ihrer Bitte, sie zur Kirche zu begleiten, und schließlich war ich einverstanden.

Eigentlich hatte ich nicht mitgehen wollen. Aber irgendwo tief in meinem Innern hatte ich die Hoffnung, dass Gott vielleicht da war. Ich sehnte mich danach, einen Aspekt des geistlichen Lebens zu entdecken, von dem ich im Englischunterricht gehört hatte, und natürlich würde man solche Dinge nur in der Kirche finden.

Leider muss ich sagen, dass das, was ich in Leanns Gemeinde kennen lernte, noch schlimmer war als die unangenehme Umgebung in der Highschool. Eine Gruppe überdrehter Jugendlicher nahm in ausgelassener Partystimmung an der Jugendstunde teil. Es war zwar kein Alkohol im Spiel und niemand nahm Drogen, aber die Jugendlichen verhielten sich, als wäre es so. Sie benahmen sich, als wären sie vollkommen durchgeknallt, und ihr Umgang miteinander war schon beinahe missbräuchlich. Zu meiner großen Enttäuschung fühlte ich mich dort noch unsicherer als in der Schule. *Bestimmt ist Gott nicht hier*, sagte ich mir. *Vielleicht ist er nirgendwo. Auf jeden Fall werde ich hierher nicht mehr kommen. Was immer die Antwort sein mag, hier ist sie nicht zu finden.*

Ich dachte zurück an meine erste Erfahrung mit Gott. Damals war ich in der fünften Klasse gewesen. Mit meinen Eltern hatte ich in der presbyterianischen Kirche, die wir besuchten, im Gottesdienst gesessen und mich gelangweilt. Mein Blick war nach oben an die Decke gewandert. Plötzlich hatte ich ein geheimnisvolles Licht entdeckt. Wo kam das her? Irgendwie hat es einen Funken des Glaubens in mir entfacht.

Was ist das?, fragte ich mich. Ich sah mich um, konnte die Quelle des Lichts aber nicht finden. *Wow, das ist Gott!*, lautete meine Schlussfolgerung. Ich war davon überzeugt, dass er da war.

Als ich von dieser Jugendstunde zurückkehrte, erinnerte ich mich noch an einen anderen Zwischenfall, der mich ziemlich sicher sein ließ, dass Gott irgendwo war. Kurz nachdem ich meine Kontaktlinsen bekommen hatte, war mir eine davon aus dem Auge gefallen. Eine Freundin und ich hatten mit einer Taschenlampe überall danach gesucht, konnten sie aber nicht finden. Ich hatte schreckliche Angst, denn meine Mutter würde mir vielleicht keine Ersatzlinse mehr kaufen.

Schließlich ging ich ins Bad, um nachzusehen, ob die Linse vielleicht irgendwo an meinen Kleidern hängen geblieben war oder sich in meinen Haaren verfangen hatte. Wieder ohne Erfolg.

Und plötzlich fiel ich auf die Knie und betete: *Gott, bitte hilf mir! Ich muss meine Kontaktlinse finden.*

Danach steckte ich die Hand in meine Hosentasche. Und da, in der Ecke meiner Jeanstasche, steckte die Kontaktlinse. Ich war verblüfft! Ungläubig starrte ich die Linse an und einen Augenblick lang war mir zum Weinen zu Mute. Konnte es sein, dass Gott mein Gebet tatsächlich erhört hatte?

Eine andere Erklärung gab es nicht – meine Kontaktlinse war an einer Stelle aufgetaucht, wo sie unmöglich von allein hatte hinkommen können. Es musste Gott gewesen sein! Von dieser Zeit an wusste ich, dass er irgendwo war. Wenn er tatsächlich mein „himmlischer Vater" war, wie einige Leute behaupteten, wollte ich ihn finden.

Doch die Beziehung zu meinem irdischen Vater war nach wie vor problematisch.

Ich freute mich darauf, den Führerschein zu machen und bat meinen Vater mehrmals, mir das Fahren beizubringen. Wir wohnten ein paar Straßen von der Highschool entfernt und der Parkplatz dort war der ideale Übungsplatz. Schließlich war mein Vater einverstanden, im VW Käfer meiner Schwester dorthin zu fahren, damit ich lernen konnte, wie man ein Auto mit Gangschaltung fuhr.

Auf dem Parkplatz erklärte er mir, wie man im ersten Gang anfuhr. Das klang recht einfach, doch nach fünfzehn Minuten, in denen ich mich nach Kräften bemüht hatte, das, was er gesagt hatte, in die Tat umzusetzen, wurde er wütend.

„Warum tust du denn nicht, was ich dir sage?", fragte er leise und beherrscht.

„Papa, ich versuche es doch. Es ist nur, dass ..."

„Jedes Mal würgst du den Motor ab", unterbrach er mich in meiner Erklärung, „wenn du nur zuhören würdest, was ich dir sage, würde das nicht passieren!"

Ich war so gedemütigt. „Papa, es tut mir so Leid ..." Meine Stimme brach. „Ich schaffe es einfach nicht."

Ich versuchte es wieder und wieder. Es gelang mir nicht, die Kupplung im richtigen Augenblick kommen zu lassen. Meine Hände zitterten so stark, dass ich den Schaltknüppel kaum halten konnte. Und immer wieder vergaß ich, in welche Richtung ich ihn einlegen sollte.

Augenblicke später verschwand mein Vater, ohne ein Wort zu sagen. Er stieg einfach aus dem Wagen aus, knallte die Tür zu und machte sich zu Fuß auf den Weg nach Hause. Ich saß nicht nur mit einem Fahrzeug da, das ich nicht fahren konnte, schlimmer noch, wieder einmal war ich emotional verlassen worden. Wie konnte ich ein solcher Versager sein? Warum konnte ich auch nie etwas richtig machen?

John

Einmal während meines ersten Jahres an der Highschool ging ich auf die Jungentoilette. Nur wenige Sekunden nach mir kam ein Junge namens Travis herein, der als Homosexueller bekannt war und zudem einen schlechten Ruf hatte. Er stellte sich neben mich und bevor ich wusste, was passierte, griff er herüber und berührte mich am Penis.

Ich war schockiert und erschüttert. Mein Herz klopfte zum Zerspringen und ich begann zu schwitzen, denn ich war vollkommen verängstigt. Ich zuckte zurück, drehte mich weg und sagte: „Keine Chance! Du bellst den falschen Baum an! Lass mich in Ruhe."

Ich zog den Reißverschluss meiner Hose hoch und rannte aus der Toilette und den Flur entlang. Als ich stehen blieb, um wieder zu Atem zu kommen, dachte ich darüber nach, wie widerlich sein Annäherungsversuch gewesen war. Ich wollte bei nichts mitmachen, was Travis im Sinn hatte. Oder vielleicht doch?

Im Laufe der kommenden Tage und Wochen lag ich nachts im Bett oder stand morgens unter der Dusche und fragte mich: *Warum hat er das ausgerechnet mit mir gemacht? Warum hatte er das Gefühl, mich auf diese Weise betatschen zu dürfen?*

Manchmal ging ich gedanklich sogar noch einen Schritt weiter: *Und wenn ich nun bin wie er?*

Noch nie zuvor hatte ich den Begriff *schwul* auf mich angewandt, obwohl andere das seit Jahren taten. Trotzdem hatte ich nie zuvor so von mir gedacht, denn ich hatte mir immer gewünscht, eines Tages einmal zu heiraten.

Ich versuchte alles sorgfältig zu durchdenken. Ja, ich hatte einen Hang zu Mädchen und wenn ich die Hand eines Mädchens hielt, war das aufregend. Gleichzeitig konnte ich Mädchen aber nicht als sexuelle Wesen sehen. Ich sah sie als Freunde. Stattdessen hatte ich in meinen Fantasien unablässig Sex mit Jungen erlebt, obwohl ich mich, so seltsam das auch klingen mag, nicht für schwul hielt.

Irgendwann während der kommenden Wochen fuhren meine Mutter und Todd über Nacht weg. Vicky übernachtete bei einer Freundin. Es war Samstagabend und es klingelte. Als ich öffnete, stand Travis vor der Tür.

„Kann ich hereinkommen?", fragte er.

Ich überwand sehr schnell mein Erstaunen und antwortete plötzlich erregt: „Sicher." Er kam herein und es dauerte nicht lange, bis wir beide betrunken waren. Ich saß auf dem Boden, an die Couch gelehnt und sah fern. Er lag auf der Couch. Dieses Mal war ich nicht so schockiert, als er heruntergriff und anfing, meine Brust zu streicheln. Doch wieder überkam mich ein Ekel und ich zuckte zurück. Den ganzen Abend neckte er mich und flehte mich an, Sex mit ihm zu haben.

„Nein, das werde ich nicht tun", antwortete ich ihm immer wieder. Denn ich wollte wirklich keinen Sex mit ihm. Aber ich freute mich über die Tatsache, dass jemand *mich* wollte und versuchte, mich zu überreden.

Ein paar Tage später reichten meine Mutter und Todd die Scheidung ein. Sie, Vicky und ich zogen daraufhin in eine neue Wohnung und ich richtete mich darauf ein, der „Mann im Haus" zu sein. Meine neue Rolle war jedoch nur von kurzer Dauer.

Nach nur wenigen Wochen ließ sich meine Mutter mit einem Typen ein, der meiner Meinung nach kaum mehr als ein Penner war. Ihre Alkoholabhängigkeit war mittlerweile so weit fortgeschritten, dass sie ihre Rolle als Mutter praktisch aufgegeben hatte. Sie ging nicht mehr einkaufen, bezahlte nur mit Mühe die Rechnungen und vergaß, uns abzuholen, wenn sie es versprochen hatte. Wir standen allein auf und machten uns für die Schule fertig. Als wir dann wieder einmal eine neue Wohnung suchen mussten, setzte ich mich statt ihr mit dem Makler in Verbindung und regelte alles.

Meine Mutter verschwand oft tagelang und kam dann betrunken nach Hause. Früher war sie in den Gesellschaftsseiten der Zeitung als die bestangezogene Frau der Stadt genannt worden, doch nun ging sie ohne Make-up und nachlässig gekleidet nach draußen. Meine Schwester und ich wussten nicht, was los war.

Zum Glück hatte sie von ihrem Vater etwas geerbt, sonst wären wir sehr schnell am Ende gewesen.

In dieser Zeit zog Vicky zu unserem Vater nach Portland in Oregon, wo er ein Restaurant eröffnet hatte. Und kurz darauf beendete meine Mutter auch die Beziehung zu ihrem Freund. Mittlerweile war sie mir gegenüber jedoch sehr intolerant und ungeduldig geworden und vor allen Dingen zerfloss sie vor Selbstmitleid.

Eines Abends, als sie schrecklich betrunken war, verteidigte ich mich. „Du denkst vermutlich, an jedem Problem, das du je gehabt hast, sei ich schuld!", beschwerte ich mich verbittert.

„Das stimmt!", erwiderte sie mit schwerer Zunge. Der Alkohol vernebelte ihren Verstand.

Für mich war das der reinste Betrug. Solange ich denken konnte, war ich ihre emotionale Stütze gewesen und in den vergangenen Monaten hatte ich mich auch noch um den Haushalt gekümmert. Wie konnte sie so etwas sagen? *Wenn sie mich nicht liebt*, schwor ich mir, *werde ich jemand anderen finden, der es tut.*

Anne

Im zweiten Jahr auf der Highschool schaffte ich es, mich einer Gruppe von etwas beliebteren Jugendlichen anzuschließen, die viel Alkohol tranken und immerzu Partys feierten, zu denen sie mich häufig einluden. Jason war ein gut aussehender junger Mann aus dieser Gruppe. Als wir eines Abends im Wagen eines unsrer Freunde losfuhren, um zu trinken, hielt ich auf einmal, bevor ich noch wusste, wie mir geschah, Jasons Hand. Am folgenden Tag erinnerte er sich jedoch nicht mehr daran. Doch von diesem Abend an schlich sich Jason in mein Fantasieleben ein. In meiner Vorstellungswelt war er mein Freund.

Cory stammte aus einer Arbeiterfamilie. Er hatte nicht viel Geld und lebte in einer schlechteren Gegend als wir. Cory schien mich allein wegen meines sozialen Status zu bewundern, deshalb stahl er Waren aus dem Laden, in dem wir arbeiteten, und schenkte sie mir. Ich empfand jedoch keine große Zuneigung zu ihm, trotzdem glaubte ich, dass die Aufmerksamkeit, die er mir schenkte, eine Art Freundschaft war.

Brian jedoch war mir besonders lieb. Ich mochte ihn sehr und lud ihn zum Schulball ein. Er begleitete mich und ich trug zu diesem Anlass ein hellgrünes Kleid mit Spagettiträgern. Wir gingen als Freunde hin und hatten viel Spaß miteinander.

Nach dem Ballbesuch mit Brian fühlte ich mich besser. Ohne mein eigenes Verhalten auch nur zu verstehen, versuchte ich meine sexuellen Gefühle für Frauen „in Ordnung zu bringen" und auf Männer zu lenken. Leider musste ich noch viel über mich und meine homosexuellen Neigungen lernen und einige dieser Lektionen mussten auf die harte Tour gelernt werden.

Nach dem Schulabschluss fuhr ich mit einer Gruppe von Mädchen nach Hawaii. Mittlerweile sah ich nicht mehr ganz so jungenhaft aus. Und während dieser Zeit gelang es mir sogar, meine Gefühle für Mädchen erfolgreich zu verbergen, obwohl ich mich gedanklich sehr viel damit beschäftigte. Mein größter Wunsch war, einmal eine Lesbenbar aufzusuchen und die Frau meiner Träume kennen zu lernen.

Doch stattdessen steuerte unsere kleine Gruppe die richtigen Bars an, in denen es von Matrosen nur so wimmelte. Ich bin sicher, die meisten dieser erfahrenen Seeleute konnten merken, dass wir trotz unserer Ausgelassenheit noch richtig unschuldig waren. Anscheinend hatten sie sich schnell ausgerechnet, dass es ihnen nicht schwer fallen würde, daraus einen Vorteil für sich zu ziehen. Und so kam es, dass wir schließlich ein ganzes Gefolge von Matrosen hatten.

Das Ende unseres Streifzugs durch die Bars war, dass ich zum ersten Mal Geschlechtsverkehr hatte. Anschließend sagte der junge Mann mit Namen Mark: „Du meine Güte, du warst ja noch Jungfrau!", und begann tatsächlich zu weinen.

Mark war AfroAmerikaner, sah sehr gut aus und war sehr sinnlich. Sexuell hatte er mich zwar angesprochen, aber nicht romantisch oder emotional. Ich war nicht in ihn verliebt oder fühlte mich auch nur zu ihm hingezogen. Es war einfach nur' der reine Trieb, der uns einander in die Arme gesteuert hatte. Ich wünschte, meine Freundinnen hätten mich aufgehalten und gesagt: „Bist du sicher, dass du das willst? Ist das das Richtige?"

Noch immer sehe ich mich an dem Tag nach unserer Begegnung in einem bunten zweiteiligen Badeanzug am Strand sitzen. Während alle meine Freundinnen lachten und sich gegenseitig neckten, starrte ich traurig aufs Meer. Immer wieder ging mir der Satz durch den Sinn: *Ich habe irgendetwas verloren.* Reue regte sich in mir, denn ich hatte etwas Kostbares verschenkt. *Hier, nimm es. Jetzt ist es fort.* Seit Jahren wollte ich meine Jungfräulichkeit verlieren und nun war es tatsächlich passiert, doch ich empfand nur Bedauern.

Mark mochte mich tatsächlich. Ich glaube sogar, dass er sich in mich verliebt hatte. Nachdem ich wieder nach Hause zurückgekehrt war, kämpfte ich mit meinen Gefühlen – oder sollte ich sagen, mit meinen fehlenden Gefühlen – für ihn. Ich verglich meine Empfindungen mit meinen Gefühlen für Frauen und sie hielten einem Vergleich nicht stand. Er erreichte mein Herz nicht und ich wollte doch mehr als nur sexuelles Vergnügen. Ich wollte lieben. Dadurch kam ich zu der Erkenntnis, dass ich mich zwar körperlich zu einem Mann hingezogen fühlen, ihm aber einfach nicht mein Herz öffnen konnte. Ich konnte für ihn nicht empfinden, was er für mich empfinden konnte.

Mit diesem ungelösten Problem nahm ich mein Studium an der Universität von Kalifornien in Santa Barbara auf. Und dort lernte ich Gina kennen.

Auf der Suche nach Liebe

John

Mein Herz klopfte zum Zerspringen und meine Handflächen waren feucht, bevor wir drei noch die Tür erreicht hatten. Ich war beinahe überwältigt vor Aufregung. Seit Jahren schon sehnte ich mich danach, eine Schwulenbar zu besuchen, getrieben von Neugier und dem Wunsch, einen Mann kennen zu lernen, der mir vielleicht ähnlich war. Und jetzt, zur Feier meines achtzehnten Geburtstages, hatten mich meine Freunde Kevin (der mir einmal anvertraut hatte, sich zu Jungen hingezogen zu fühlen) und Jamie (ein wildes und ausgelassenes Mädchen, das Discos liebte) in das „K" geschleppt.

Und was für eine Feier das war!

Das Innere des „K" war verwirrend – Discolichter, lebendige Farben, Spiegelbälle. Der Geruch von Alkohol, Tabak, Marihuana und Männern hing in der Luft. Nachdem mein Blick auf die anwesenden Männer gefallen war, konnte ich ein Grinsen nicht mehr unterdrücken.

Homosexuelle Männer aller Altersgruppen bewegten sich im Raum in der Hoffnung, bewundert und berührt zu werden. Ihre Kleidung war sehr figurbetont; sie machten verführerische Bewegungen und posierten ganz bewusst. Unablässig glitt ihr Blick über die anderen Männer im Raum. Die Musik war ohrenbetäubend laut, das Maß an freigesetzter Energie unglaublich. Jeder Mann schien auf der Suche nach einem Partner zu sein. Hatte vielleicht auch jemand mich im Blick? Ich war high und dabei hatte ich noch nicht einmal einen Drink gehabt.

Nachdem ich etwas getrunken hatte, wollte ich nicht mehr mit Kevin und Jamie herumhängen. Ich stürzte mich in die Szene, berauscht von der übermächtigen sexuellen Energie, die im ganzen Raum spürbar war.

Bis zu diesem Abend hatte ich mich selbst nicht für schwul gehalten, obwohl mir klar gewesen war, dass ich mich sehr stark von Männern angezogen fühlte. Vermutlich kannten mich Kevin und Jamie besser, als ich mich selbst kannte; vielleicht hatten sie mich deshalb hierher gebracht. Meine körperliche Reaktion auf die Männer im „K" – Männer, die mich mit ihren Blicken auszogen, deren Hände mich liebkosten, die mir mit ihrem Lächeln Anerkennung gaben – sagten mir alles, was ich über meine eigentlichen Wünsche wissen musste.

Am Ende des Abends hatte ich mindestens einen Mann kennen gelernt, von dem ich mich sehr stark angezogen fühlte. Als ich ging, hatte ich seinen Namen und seine Adresse in meiner Tasche. An diesem Abend waren mir zwei Dinge klar geworden. Erstens, es hatte mir in der Schwulenbar gefallen und ich konnte es kaum erwarten, erneut dahin zu gehen. Zweitens, ich war tatsächlich schwul. Und ich war bereit, willig und in der Lage, alles zu probieren, was das Leben als Homosexueller zu bieten hatte.

Anne

Ginas Haar war blond und perfekt geschnitten und die Jungen fanden sie extrem attraktiv. Sie war reich, sie konnte sich schminken und doch zeigte sie ein ganz besonderes Interesse an mir. Ich weiß nicht genau, warum, auf jeden Fall war ich von ihrer Aufmerksamkeit geschmeichelt.

Rückblickend glaube ich, dass Gina mich als eine Art Projekt gesehen hat. Damals hatte ich noch kein Gefühl für Stil. Ich konnte mich nicht frisieren und kleiden und wie immer war ich auf der Suche nach meinem Platz in der Gesellschaft. Ich war das neue Mädchen im Wohnheim und Gina nahm mich unter ihre Fittiche. Manchmal gab sie mir die Schlüssel für ihren Wagen.

Dann wieder nahm sie mich mit und stellte mich ihren Freunden vor. Sie hielt es nie lange mit einem Freund aus, dann wurde er fallen gelassen und sie widmete sich dem nächsten gut aussehenden Jungen, der in einer langen Reihe auf sie wartete.

Es dauerte nicht lange, bis ich mich in Gina verliebte.

Gina war durchaus keine Lesbe, aber sie schien Angst zu haben, Menschen zu dicht an sich heranzulassen. Sobald sie auch nur die Spur von emotionaler Nähe empfand, zog sie sich schnell wieder zurück. Ich wusste, dass auch ich irgendwann davon betroffen sein würde, denn ich fühlte mich mehr und mehr zu ihr hingezogen.

Einmal lud mich Gina übers Wochenende zu sich nach Hause ein. Sie wohnte in Carmel, was bedeutete, dass eine Fahrt von mehreren Stunden vor uns lag. Ich war begeistert, so viel Zeit in ihrer Nähe verbringen zu können, denn Gina war alles, was ich nicht war: modisch, elegant und gepflegt. Auf diesem Ausflug trank ich meinen ersten Espresso, ging mit ihr einkaufen und trat in ihre Welt ein, in die ich überhaupt nicht hineinpasste. Nie schien sie meine Mängel zu bemerken und sie schien sich meiner auch nie zu schämen.

Gina sah sich offensichtlich als meine Mentorin. Für mich war Gina jedoch ein unerfüllter sexueller Traum. Und es war hoffnungslos. Sie würde nie auf mich reagieren und das wusste ich.

Während unseres Besuchs bei ihr zu Hause sagte ihre Mutter zu mir: „Anne, du musst ein wenig auf Gina aufpassen. Ich möchte nicht, dass sie in Schwierigkeiten gerät."

Genau das wollte ich hören. *Oh, diese Rolle würde ich nur zu gern übernehmen*, denn es war die Rolle eines maskulinen Beschützers. Sie passte perfekt in meine Kindheitsfantasien. Selbst ihre Mutter schien zu wissen, dass Gina und ich dazu bestimmt waren, zusammen zu sein – ohne Sex natürlich.

John

So sehr ich meine Besuche im „K" auch genoss – und ich verbrachte dort mehr als genug Zeit in der Hoffnung, „er" würde hereinkommen –, den Mann meiner Träume lernte ich hier nicht kennen.

Mittlerweile war ich am exklusiven *Fort Hayes Career Center* für darstellende Künste in Columbus, Ohio, angenommen worden und hoffte, als Sänger Karriere machen zu können. Ich hatte erfolgreich vorgesungen und spielte die männliche Hauptrolle in Cole Porters Musical *Anything Goes*. Während des Schlussapplauses fiel eines Abends mein Blick auf einen gut aussehenden Mann im Publikum. Der Blick seiner blauen Augen begegnete meinem und ich war sofort von ihm fasziniert.

Später am Abend erfuhr ich, dass er Ben hieß und schwul war. Von dem Augenblick unserer ersten Begegnung an fühlten wir uns sehr stark zueinander hingezogen.

Ein Schaudern lief mir über den Rücken, als Ben am folgenden Tag anrief. Der Klang seiner Stimme verriet mir, dass etwas Wundervolles passieren würde. „Nun, John, was möchtest du denn machen?", fragte er.

„Oh, mir fallen eine Menge Dinge ein, die Spaß machen", erwiderte ich lachend. „Das hängt davon ab, mit wem ich Spaß habe."

„Nun, angenommen wir beide würden beschließen, zusammen Spaß zu haben. Was würdest du dann gern tun?" Bens Stimme war herzlich und neckend.

„Mach doch ein paar Vorschläge", gab ich zurück.

Wir beide genossen dieses Spiel. Ben schlug vor: „Ich könnte zu dir kommen, dann könnten wir ausführlich darüber sprechen."

Und genau das taten wir.

Je besser Ben und ich uns kennen lernten, desto mehr wurde uns klar, dass wir eine ähnliche Familiengeschichte hatten. Stundenlang unterhielten wir uns und Ben erzählte, er sei in der Highschool viel mit Mädchen ausgegangen. Und erfreut gab er damit an, dass sich häufig junge Frauen zu ihm hingezogen fühlten. Doch das hörte ich überhaupt nicht gern, denn bei dem Gedanken, dass Ben sich in jemand anderen verlieben könnte, empfand ich Furcht und einen Stich von Eifersucht.

Dies war meine erste Beziehung und ich fühlte mich schrecklich verletzlich. Deshalb dauerte es auch nicht lange, bis ich anfing, Ben genau im Auge zu behalten. Vor allem interessierte mich die Zeit, die er mit anderen Leuten verbrachte. Obwohl es Ben gelang, mir gegenüber emotional distanziert zu bleiben, klammerte ich mich an ihn, als ginge es um mein Leben. Mein Misstrauen machte mir das Leben zur Hölle und meine Unsicherheit überschattete unsere Beziehung, vor allem, als immer wieder Männer aus Bens Vergangenheit auftauchten und verschwanden.

Bens Reaktion auf meine Besessenheit war vorhersehbar – er zog sich von mir zurück. Und meine Reaktion war genau, wie man vermuten würde, ich klammerte mich umso fester an ihn.

Obwohl ich emotional an Ben gebunden war, flirtete ich mit anderen attraktiven Männern, sobald ich alleine ausging. Die Aufmerksamkeit anderer Männer im „K" schmeichelte mir, vor allem weil ich dachte, es könnte Ben eifersüchtig machen. Dabei war ich jedoch die ganze Zeit Ben sexuell treu und hoffte auf eine monogame, dauerhafte Beziehung. Wie naiv war ich damals noch in Bezug auf das Leben in der Homosexualität. Aber ich lernte auch, wie schön es ist, bewundert und begehrt zu werden.

Anne

„Anne, willst du ein paar Pilze?", fragte Ginas gegenwärtiger Freund. Er wollte mich mit bewusstseinserweiternden Drogen bekannt machen. Ich nahm an, er meinte Pilze zum Essen und ich hasste Pilze.

„Nein, vielen Dank!", erwiderte ich angewidert. „Machst du Witze? Die rühre ich nicht an!"

In Bezug auf Drogen war ich schrecklich naiv. Manchmal rauchte ich etwas Hasch, aber ich hatte nie Geld, mir selbst Drogen zu kaufen und ich weiß auch nicht, ob ich das wirklich gemacht hätte.

Gina dagegen hing sehr an diesem jungen Mann mit den Drogen. Er war süß und cool und machte alles Mögliche mit ihr, was sie eigentlich nicht tun sollte. Mein Frust über ihr Verhalten und meine Eifersucht wegen ihrer Beziehung zu ihrem Freund versetzten unserer Freundschaft bald den Todesstoß. Ich konnte sie nicht beschützen und auch meine Gefühle für sie wurden nicht erwidert.

Je mehr Gina mit meiner Eifersucht konfrontiert wurde, desto mehr zog sie sich von mir zurück. Und es dauerte nicht lange, bis sie sich einigen anderen Mädchen im Wohnheim zuwandte und mich ignorierte. Meine Gefühle für sie waren jedoch weiterhin sehr stark und ich sehnte mich sehr danach, mein Verhältnis zu ihr wieder in Ordnung zu bringen, wieder ihre einzige Vertraute zu sein. Doch stattdessen schien mir alles zu entgleiten und ich konnte nichts dagegen machen.

Ich fühlte mich tief verletzt. Immer wieder fragte ich mich, was ich falsch gemacht hatte und ob ich meine Fehler wieder in Ordnung bringen konnte. Oft versuchte ich, mit ihr zu sprechen. „Gina, ich vermisse deine Gesellschaft", flehte ich sie an. „Können wir nicht wieder so wie früher zusammen sein und miteinander reden? Was habe ich dir getan, dass du mich jetzt meidest?"

Gina starrte mich verständnislos an. „Ich weiß nicht, was du meinst, Anne", antwortete sie dann darauf. „Ich meide dich nicht. Du nimmst nur alles viel zu persönlich."

Schließlich wurde Gina vollkommen unnahbar. Es war nicht einmal mehr ein Gespräch mit ihr möglich. Ihre neuen Freundinnen waren immer in ihrer Nähe und ich fühlte mich wie einer ihrer zurückgewiesenen Liebhaber.

Gina hatte jedoch eine besondere Hoffnung in mir geweckt: Sie hatte Potenzial in mir gesehen, das sonst niemand entdeckt hatte, sie hatte mir ihre Geheimnisse anvertraut und in einer Weise an mich geglaubt, die mich von einem neuen, aufregenden Leben träumen ließ. Sie hatte einen großen Teil meines Herzens für sich eingenommen und jetzt wurde ich ohne Erklärung an die Seite geschoben.

Als letzten Versuch klopfte ich eines Tages an ihre Zimmertür. „Hier sind deine Wagenschlüssel, Gina", begann ich unter Tränen. „Ich sehe, dass unsere Freundschaft vorbei ist, darum brauche ich sie nicht mehr."

Gina nahm sie wortlos entgegen und ohne auch nur ein einziges Schulterzucken ging sie in ihr Zimmer zurück und setzte das Gespräch mit ihren Freundinnen fort. Zurückgewiesen und gedemütigt eilte ich nach draußen und versuchte einen einsamen Ort zu finden, an dem ich weinen konnte. Ich fühlte mich so allein, so verlassen und haderte schlimmer denn je mit mir selbst. Doch in den folgenden Tagen schien Gina das nicht einmal zu bemerken.

Mittlerweile war ich davon überzeugt, eine Lesbierin zu sein und ich würde nicht mehr so tun, als wäre das nicht so. Doch um sicher zu gehen, unternahm ich noch einen letzten Versuch. Ich lud Mark, den Jungen, den ich auf Hawaii kennen gelernt hatte, auf mein Zimmer ein. Damals war er irgendwo in der Nähe von Washington stationiert.

„Mark", erklärte ich ihm, „ich möchte dich wirklich gern sehen."

Ich wollte ihn tatsächlich sehen, aber nicht aus den Gründen, die er sich vorstellte.

Mark kam daraufhin mit dem Flugzeug nach Santa Barbara und als wir miteinander schliefen, überprüfte ich meine Gefühle für ihn. Kurz gesagt, es waren keine da. Ich stellte fest, dass ich zwar Sex mit ihm haben, aber überhaupt keine emotionale Verbindung zu ihm aufnehmen konnte.

Mark dagegen war richtig in mich vernarrt. Er versuchte mich an seinem Leben teilhaben zu lassen, zeigte mir Fotos von seinem Elternhaus und seiner Familie und sprach sogar von Heirat. Aber mir ging es nur darum, so etwas wie einen sexuellen Lackmustest mit ihm durchzuführen. Außerdem erzählte ich ihm in einem missverstandenen Versuch, „ehrlich" zu ihm zu sein, von meinem Traum, mit einer Frau zusammen zu sein. Er war am Boden zerstört und ich hörte nie wieder von ihm. Bis heute bedauere ich die Art, wie ich ihn behandelt habe. Ich habe ihn tief enttäuscht. Ich habe ihn benutzt und erst Jahre später erkannte ich, was ich gemacht hatte.

John

Im Herbst nach meinem Abschluss in der Highschool schrieb ich mich an der *Ohio State University* ein und Ben und ich zogen zusammen in ein Wohnheim. Meine Erwartungen wurden, gelinde gesagt, enttäuscht, denn es war für uns unmöglich, unsere sexuelle Beziehung in einem Raum aufrechtzuerhalten, den wir mit noch zwei sehr geradlinigen, sehr aufmerksamen jungen Männern teilten. Auch unsere Betten waren für ein romantisches Stelldichein nicht gerade geeignet und außerdem versuchten wir verzweifelt, vor unseren Kommilitonen die Tatsache zu verbergen, dass wir schwul waren. Unser Umgang miteinander wurde dadurch nur noch verkrampfter.

Über das lange Erntedank-Wochenende fuhren wir beide zu unseren Familien. Zu Hause angekommen, bekam ich bald einen Anruf von Brandi, einer recht aufdringlichen Freundin.

„John", begann sie kichernd, „du wirst nicht erraten, wen ich gestern Abend mit Ben zusammen gesehen habe."

Mein Herz sank. „Wirklich? Wen denn?", fragte ich, obwohl ich Angst vor dem hatte, was ich hören würde.

Brandi erzählte mir, Ben wäre mit einem seiner Ex-Freunde ausgegangen. Ich vermisste ihn ohnehin bereits schrecklich, doch jetzt war ich am Boden zerstört.

Als ich zur Uni zurückkehrte, machte ich Ben Vorwürfe. Er leugnete alles, aber ich weigerte mich, ihm zu glauben, und setzte unbarmherzig meine Schimpftirade fort. Stunden vergingen und keiner von uns war bereit, auch nur einen Zentimeter nachzugeben. Ich war fest davon überzeugt, dass Ben mir untreu gewesen war, doch er leugnete beharrlich weiter. Das Höchste, was ich von ihm zu hören bekam, war eine lahme Entschuldigung für „was immer ich dir getan habe". Die Angelegenheit blieb ungeklärt und unsere Beziehung war dadurch auf Dauer geschädigt.

Wir gingen auch weiterhin ins „K", aber wir tranken zunehmend mehr Alkohol und stritten uns viel häufiger, sowohl in der Öffentlichkeit als auch privat. Nach Weihnachten gab Ben endlich zu, dass er tatsächlich mit einem anderen Mann zusammen gewesen war. Schlimmer noch, er machte mir unmissverständlich klar, dass unsere Beziehung zu Ende war. „Deine ständigen Angriffe machen mich krank", verkündete er eines Tages. Er litt tatsächlich an einem Magengeschwür und seine Probleme mit mir trugen bestimmt nicht dazu bei, seinen Zustand zu verbessern.

Ich unternahm daraufhin jede Anstrengung, damit Ben nicht aus meinem Leben verschwand. Ich bettelte, flehte, bat ihn um Verzeihung, ich versprach ihm alles, was ich zu bieten hatte. Aber es hatte keinen Zweck. Mir wurde klar, dass er mich nicht mit dieser bedingungslosen Liebe liebte, von der ich immer geträumt hatte, einer Liebe, von der ich mir vorstellte, sie bei einem schwulen Liebhaber zu finden.

Mein Herz war gebrochen und ich konnte meine Tränen nicht zurückhalten. Wie sollte ich je ohne Ben leben? Ich war sicher, dass ich ohne ihn das Studium nicht würde schaffen können, deshalb verließ ich schließlich die *Ohio State*. Nie hatte ich mich so allein gefühlt.

Anne

Nachdem ich Gina verloren hatte, war ich regelrecht krank, denn ich konnte mit dem Verlust nicht umgehen. Meine Einsamkeit brachte mich um und dieser Schmerz war so stark, dass ich zum ersten Mal in meinem Leben beschloss, professionelle Hilfe zu suchen. Also telefonierte ich auf dem Campus herum, bis ich einen schwulen Therapeuten ausfindig machte. Ich wollte unbedingt mit einem Mann sprechen, um zu vermeiden, dass ich wieder eine zu starke Bindung an eine Frau entwickelte. Denn ich war ohnehin schon verwirrt genug.

Mein Therapeut war ein schwuler Katholik. Obwohl ich zu dieser Zeit wenig vom christlichen Glauben wusste, hatte ich genug gehört, um zu wissen, dass die meisten Christen Homosexualität für falsch halten und die Vorstellung, auf der falschen Seite von Gott zu stehen, machte mir zu schaffen.

„Sehen Sie", erklärte ich ihm, „ich habe mit meinen lesbischen Gefühlen zu kämpfen. Ich würde mich nicht als Christin bezeichnen, aber ich verspüre den Wunsch, meinen Gefühlen nachzugeben. Allerdings habe ich in der Bibel zum Beispiel im 1. Buch Mose, Kapitel 19 von Sodom und Gomorra gelesen, außerdem beunruhigt mich, was im 3. Buch Mose in Kapitel 18, Vers 22 steht, und ich weiß einfach nicht, was ich machen soll."

Der Mann lächelte mich daraufhin freundlich an und nickte verständnisvoll. „Nun, wichtig ist zu begreifen, dass Sie Christ und trotzdem homosexuell sein können", sagte er. „Die Bibel ist nicht wirklich gegen Homosexualität. Immerhin ist Gott Liebe und die Bibel spricht niemals gegen die Liebe jeder Art. Diese Verse, die Sie erwähnt haben, stehen im *Alten* Testament. Jesus hat uns aufgetragen, unseren Nächsten zu lieben und das ist doch, worum es bei homosexueller Anziehung geht – um die Liebe."

So sehr ich ihm auch glauben wollte, ich konnte seine Interpretation der Bibelstellen nicht akzeptieren. Auf der anderen Seite fühlte ich mich ohnehin nicht dazu verpflichtet, der Bibel zu gehorchen. Außerdem erinnerte ich mich an die leeren, hoffnungslosen Erfahrungen, die ich mit der Kirche und christlichen Jugendgruppen gemacht hatte. Die Kirche hatte mir nie auch nur einen Schimmer der Hoffnung und des neuen Lebens geboten, das ich vorübergehend bei Gina gefunden hatte und sie war nicht einmal homosexuell veranlagt! Ich stellte mir vor, welche Erfüllung ich bei einer anderen Frau finden würde, die mich ebenfalls lieben würde.

Außerdem, gab es Gott denn überhaupt? Er erschien mir wie ein vages, fernes Konzept, nichts als eine Illusion, die mir den Weg zu einem lebenslangen Glück mit einer Geliebten versperrte. Die Evolution, die Vorstellung, dass sich alles Leben ohne einen Schöpfer-Gott entwickelt hat, schien mir eine vernünftigere Erklärung der Welt und meiner Traurigkeit zu bieten als die Bibel.

Sie lieferte mir auch den Vorwand, die Bibel und ihren Gott als überflüssig und unrealistisch abzutun.

Eigentlich war dies keine schwierige Entscheidung.

Ich beschloss, alles unter den Teppich zu kehren und einfach zu sagen: „Es gibt keinen Gott." Mir war klar, dass ich ihn vollkommen beiseite schieben musste, um tun zu können, was ich tun wollte. Egal was mein Therapeut sagte – ich war davon überzeugt, als Lesbierin würde ich nie Erfüllung finden, wenn ich versuchte, meine lesbische Neigung mit dem christlichen Glauben in Einklang zu bringen.

Allerdings vermittelte mich mein Therapeut an eine Selbsthilfegruppe von Lesben auf unserem Campus. Ich begann, Schwulentreffen und Veranstaltungen zu besuchen. Und bei einer dieser Veranstaltungen wurde mir etwas sehr schmerzlich bewusst, als ich einigen Eltern zuhörte, die erklärten: „Meine Kinder haben mir von ihrer Homosexualität und ihrer lesbischen Neigung erzählt und ich habe sie akzeptiert. Mir gefällt ihre Vorstellung von Liebe nicht, aber ich habe keine Probleme mehr damit. Ich habe meine Homophobie überwunden."

Das klang gut und nach der Veranstaltung wollte ich einer der Mütter danken, die gerade von ihrer Liebe zu ihrem Sohn und seinem Geliebten gesprochen hatte. Damals war mein Aussehen nicht besonders auffällig. Ich kleidete mich dezent und hatte zwar einen jungenhaften Haarschnitt, aber ich trug kein Leder mit Spikes oder Ähnliches. Doch als ich auf diese Frau zuging, um mit ihr zu reden, sah sie mich an und ein Ausdruck des Widerwillens trat in ihr Gesicht.

Ihr Gesichtsausdruck besagte alles. Egal was sie noch Minuten zuvor vor der Gruppe gesagt hatte, ihre stumme, innere Reaktion war: „Das ist *nicht* in Ordnung. Ich fühle mich nicht wohl dabei, auch wenn ich den Menschen hier sage, es wäre anders. Ich bin entsetzt und angewidert von Menschen, die ihren homosexuellen und lesbischen Neigungen folgen."

Die Frau mischte sich schnell und absichtlich unter eine Gruppe von etwa zehn Eltern, weil sie nicht mit mir reden wollte. Und ich verließ das Treffen mit der Erkenntnis, dass, obwohl diese

Leute versuchten so zu tun, als wäre zwischen ihnen und ihren Kindern alles in Ordnung, es doch nicht so war. Die Botschaft, die ich gehört hatte, war laut und deutlich gewesen: *Egal wie sehr wir uns auch bemühen, es zu leugnen, Homosexualität ist nicht in Ordnung. So sollte es nicht sein.*

Ich rannte hinaus in die Dunkelheit und machte mich auf den Weg in die Bibliothek, wo ich wenigstens allein sein würde, dessen war ich ziemlich sicher. Auf dem Weg dorthin weinte ich so sehr, dass mir die Tränen nur so das Gesicht hinunterströmten und ich kaum den Weg fand. Allein in der Bibliothek schluchzte ich eine gute halbe Stunde lang vor mich hin. Es war Freitagabend und niemand sonst war da. Alle amüsierten sich – nur ich nicht.

Aus irgendeinem Grund begann ich plötzlich zu beten. Ich sagte: *Gott, wenn du dort draußen bist, möchte ich wissen, wer der richtige Gott ist, und ich möchte keine Einmischung von irgendeiner anderen geistlichen Kraft, die behauptet, du zu sein. Ich weiß nicht, ob du ein Hindu-Gott bist oder was du bist, aber ich möchte dich kennen lernen. Würde der richtige Gott bitte aufstehen?*

Ich hielt inne und wischte mir das Gesicht ab. Mir war plötzlich ein schrecklicher Gedanke gekommen. Ich fuhr fort: *Oh bitte, sei nicht der christliche Gott, denn ich möchte wirklich meinen homosexuellen Neigungen nachgeben. Aber wenn du der christliche Gott bist, dann brauche ich Folgendes ...*

Und dann nannte ich ihm eine Liste meiner Bedürfnisse: *Gott, ich muss jemanden kennen lernen, der selbst dabei ist, seine homosexuellen Neigungen zu überwinden oder sie bereits überwunden hat. Jemand, der Christ ist, der mit diesen Dingen zu kämpfen hat und ehrlich ist in Bezug auf die Widersprüche, die da sind. Diese Person sollte kurze, braune Haare haben, mir sympathisch sein, Frisbee mit mir spielen und Fahrrad fahren – am besten Tandem ...*

Da saß ich und betete zu dem Gott, der, wie ich erst kürzlich beschlossen hatte, gar nicht existierte und von dem ich sogar *hoffte*, dass er nicht existierte. Und ich sagte zu ihm: *Sieh mal, wenn du das bist, dann wirst du mich davon überzeugen müssen, dass du real bist. Du kannst mir auf diese Weise zeigen, dass du an mir interessiert bist.*

Ich hatte keine Ahnung von geistlicher Kriegsführung, wusste nichts davon, dass es eine aktive böse Macht, Satan genannt, im Universum gibt, die die Absicht hat, uns zu vernichten (siehe z. B. 1. Petrus 5,8). Aber ich wusste, keinesfalls wollte ich, dass irgendein Betrüger seine Nase in meine Angelegenheiten steckte. Darum betete ich, ohne zu wissen, wie man richtig betete. Ich schrie zu Gott aus tiefster Seele um das, was mir meiner Meinung nach nur eine lesbische Liebe geben konnte:

Gott, ich möchte geliebt werden. Ich möchte doch nur bedingungslos geliebt werden.

John

Nachdem Ben gegangen war, begann sich meine Welt zu verändern. Ich lernte neue Leute kennen, ging in neue Clubs und fing schließlich an, das Leben wieder zu genießen. Ich lernte eine Frau mit Namen Amy kennen. Sie war Sängerin. Und obwohl sie keine homosexuelle Neigung hatte, machte sie mich gern mit neuen Elementen der Schwulenszene von Columbus bekannt.

Zwischendurch hatte ich Sex mit mehreren Männern, aber keine Begegnung war für mich besonders befriedigend. Nachdem ich eine Beziehung erlebt hatte, die sowohl meine sexuellen als auch meine emotionalen Bedürfnisse erfüllt hatte, erlebte ich nun die Leere dieser vielen einmaligen Begegnungen. Trotzdem steigerte sich die Zahl der Erlebnisse und mein Bedürfnis nach sexueller Aktivität schien sich nur noch zu verstärken.

Eines Tages während einer besonders einsamen Woche wurde mir klar, dass ich mich nach einer wirklichen „Beziehung" sehnte, nach etwas, das bedeutungsvoller war als die Art von Begegnung, die ich im Augenblick erlebte. Aus einem Impuls heraus rief ich Ben an, um einfach nur mit ihm zu reden. Ich begann das Gespräch mit einer Entschuldigung für mein Besitz ergreifendes Verhalten.

Er war empfänglicher, als ich zu hoffen gewagt hatte, und er erklärte sich bereit, an diesem Abend in meine Wohnung zu kommen. Wir unterhielten uns eine Weile, tranken ein paar Gläser und landeten schließlich zusammen im Bett. So sehr ich Bens Gesellschaft genoss, war ich doch enttäuscht, dass es nicht mehr so war wie früher. Trotzdem mochte ich Ben sehr und ich hoffte, wir würden es schaffen, Freunde zu bleiben.

Anschließend ging meine Suche also weiter. Eines Abends, nach einer unbefriedigenden Episode mit einem Mann, den ich kennen gelernt hatte, fragte ich mich, ob meine Hoffnung, einen Sinn in einer Beziehung zu einem Mann zu finden, unrealistisch war. Vielleicht konnte ich nicht alles haben. Vielleicht sollte ich einfach in den Tag hineinleben, so viel Sex mitnehmen, wie ich kriegen konnte, und die Vorstellung von einer „dauerhaften" Beziehung vergessen. Viele Männer wollten mich offensichtlich, aber ich hielt mich immer zurück in der Hoffnung, den „Richtigen" zu finden. Warum sollte ich noch länger auf jemanden warten, der vermutlich gar nicht existierte?

Anne

Aus heiterem Himmel fing ich an, Träume über Jesus zu haben – drei insgesamt. Kurz nach dem dritten saß ich mit einigen meiner jüdischen Freundinnen im Speisesaal und eine von ihnen machte eine hässliche Bemerkung über Jesus, worauf ein tiefer Zorn in mir hochstieg.

„Ich verspotte deine Religion doch auch nicht", platzte ich heraus. „Warum sagst du so etwas über Jesus?"

„Wieso bist du denn so sauer?", fragte sie stirnrunzelnd. „Was hast du überhaupt?"

Ich hatte sie mit meinem heftigen Ausbruch schockiert. Aber ich war ebenfalls über mich selbst schockiert. Ich hatte keine Beziehung zu Jesus. Ich hielt ihn nicht für besonders bedeutsam. Ich wusste nicht einmal, wer er war. Aber jetzt, nach diesen Träumen, begann ich zu fragen: *Wer ist Jesus? Wer behauptet er zu sein?*

Es war März 1982 und immer wieder begegnete ich einer jungen Frau mit Namen Lynn. Eines Tages beobachtete ich, wie sie mit einer Punkerin auffällig sanft, freundlich und respektvoll sprach. Das seltsam aussehende Mädchen hatte einen hellrosa Haarkamm und niemand sonst hätte ihr auch nur eine Minute seiner Zeit geschenkt. Aber da stand Lynn und sagte dem verirrten Kind, was immer es wissen wollte. Ich war beeindruckt.

Einmal traf ich Lynn während eines Softballspiels und spürte eine besonders starke Zuneigung zu ihr. Ich dachte, dass sie vielleicht auch eine Lesbe sei. Doch als ich eine Freundin nach ihr fragte, erfuhr ich, dass Lynn Christ war. Schon bald fühlte ich mich so stark zu ihr hingezogen, dass ich mich ihr eines Tages im Unterricht vorstellte.

„Habe ich dich nicht beim Softballspiel gesehen?", flüsterte ich ziemlich nervös.

An diesem Tag begann unsere Freundschaft. Und alles, worum ich Gott gebeten hatte, traf ein: Eines Samstags spielte Lynn Frisbee mit mir und an einem anderen Tag überredete sie mich zum Tandem fahren. Sie hatte sogar kurzes, braunes Haar. Aber ich hatte mein Gebet vollkommen vergessen, denn ich war zu sehr von meiner Zuneigung für Lynn abgelenkt, um mich an das zu erinnern, was ich gebetet hatte.

Lynn schien mich gern in ihrer Nähe zu haben. Wir gingen häufig am Strand spazieren und ich empfand das als sehr romantisch. Sie gab zu, einmal lesbische Neigungen gehabt zu haben und reagierte auf meine Annäherungsversuche. Und so dauerte es nicht lange, bis meine Gefühle für sie sehr stark wurden. Eines Tages saßen wir nebeneinander am Strand und ich sagte: „Weißt du, wenn ich könnte, würde ich dich heiraten. Ich glaube, ich habe mich in dich verliebt."

Lynn hielt inne und sah mir tief in die Augen. Ich entdeckte darin ein tiefes Mitgefühl und Zärtlichkeit und keine Spur von Zurückweisung. Aber sie sagte ganz klar ihre Meinung. „Weißt du", erwiderte sie, „ich bin eigentlich mit Christus verheiratet. Ich liebe dich als Freundin, Anne, aber mein Herz gehört Christus."

Damit hatte sie alle Unklarheiten zwischen uns beseitigt und deutlich gemacht, dass sie keine sexuelle Beziehung mit mir eingehen würde.

Trotz meiner Enttäuschung war ich auch ein wenig erleichtert, dass unsere Beziehung nicht kaputt gegangen war. Lynn war ein Mensch, wie ich vorher noch nie einen kennen gelernt hatte. Ich glaubte jedes Wort, das sie sagte, und obwohl ich mich noch immer nach der Erfüllung meiner Gefühle sehnte, fühlte ich mich nicht von ihr abgelehnt. Ich verstand Lynns Zärtlichkeit nicht, aber die Erinnerung daran behielt ich ganz fest in meinem Herzen.

Immer wieder bemerkte ich, dass etwas Überirdisches Lynns Gesicht und Haltung zu erleuchten schien. Auch spürte ich eine Freude in ihr, die ich mit Reinheit in Zusammenhang brachte. Sie wollte Jesus in allen Bereichen ihres Lebens gefallen. Bei der Arbeit war sie sorgfältig und genau, sie suchte nicht den leichten Weg oder gebrauchte Ausreden. Beim Studium war sie eifrig dabei und zeigte mir bessere Lerntechniken. Sie arbeitete hart, um ihre Aufgaben zu erledigen und half, wenn ich oder andere etwas nicht verstanden. Doch das alles machte sie keineswegs stolz. Ich bewunderte Lynn wegen all dieser Dinge.

Auf der anderen Seite verwirrte mich Lynns Ambivalenz. Sie gestattete mir, sie zu umarmen, und beim Lernen lagen wir nebeneinander auf dem Bett. Ich sehnte mich nach mehr, aber sie behielt immer die Kontrolle und ließ kein Stück mehr zu. Trotzdem brachte sie mir gelegentlich Rosen mit und schrieb mir liebevolle kleine Nachrichten. Sie schien Katz und Maus mit mir zu spielen.

Trotz allem sah ich in Lynn mehr als einen Menschen, den ich liebte. Ich sah Jesus. Manchmal erkannte ich in ihren Augen, in ihrem Gesicht das Spiegelbild von etwas Höherem. Und das zog mich weiter zu Gott, auch wenn unsere Beziehung nicht vollkommen war.

Inmitten dieser romantisch aufregenden Zeit bewegten mich noch immer meine Träume von Jesus, die ich vor meiner Bekanntschaft mit Lynn gehabt hatte. Eines Tages fragte ich meine katholischen Freundinnen Beth und Gail beim Mittagessen: „Wer ist Jesus? Ist er Gott?" Ich nahm anscheinend an, sie hätten eine klarere Vorstellung von ihm als meine jüdischen Freundinnen. „Erklärt mir, wer er ist."

Beth antwortete ziemlich einstudiert: „Jesus ist der Christus, geboren von Maria, ein guter Mann, ein Prophet ... du weißt schon."

„Aber was sagt er von sich?", beharrte ich.

Nach einer langen Pause blickte Beth Gail an und zuckte die Achseln. „Ich weiß nicht, was ich dir sagen soll, Anne", erwiderte sie. „Ich weiß nur, was mir gesagt wurde."

Weder Gail noch Beth konnten mir eine befriedigende Antwort geben. Keine meiner Freundinnen konnte es. Obwohl sie alle den Katechismus gelernt und andere kirchliche Traditionen mitgemacht hatten, schienen sie Gott überhaupt nicht zu kennen.

Später an diesem Tag, als Lynn und ich gemeinsam über den Campus gingen, sahen wir den Stand einer christlichen Organisation, die sich *Campus Ambassadors* (Uni-Botschafter) nannte und von einem Juden geleitet wurde, der Christ geworden war. Da ich so viele jüdische Freunde hatte, sprach ich ihn einfach an.

„Sehen Sie", sagte ich, „ich versuche herauszufinden, wer Jesus ist und wer er zu sein behauptet hat. Können Sie mir Material geben, in dem ich die Antwort darauf finden kann?"

„Nein, aber wir veranstalten ein Seminar, das sich ‚Evangeliums-Training' nennt. Dort wird über solche Fragen gesprochen. Möchtest du vielleicht daran teilnehmen?", fragte er.

Ich meldete mich also an und ging einen Monat lang dorthin. Dort fand ich tatsächlich die Antworten auf meine Fragen. Und vor allem merkte ich auf, als aus Matthäus, Kapitel 16, vorgelesen wurde. In diesem Kapitel fragte Jesus Petrus: „Wer sagt denn ihr, dass ich sei?"

Und Petrus antwortete: „Du bist der Christus, des lebendigen Gottes Sohn!" (Verse 15–16).

In einem dieser Treffen ging es um die Frage: „Warum gibt es das Böse auf der Welt?" Dort erfuhr ich zum ersten Mal, dass es ein geistliches Reich gibt und einen Bösen mit Namen Satan, der unsere Vernichtung will. Dies schien mir dann auch eine gute Erklärung für die gegenwärtigen Ereignisse zu sein. Serienmorde, Vergewaltigungen und andere Brutalitäten, die die Menschen auf der ganzen Welt begingen.

Ich stellte jede Frage, die mir einfiel. „Ist das Böse nicht eine Folge schlechter Erziehung? Oder vielleicht wird es durch geistige Zurückgebliebenheit hervorgerufen?"

Aber irgendjemand hatte immer eine vernünftige Antwort parat. Einer antwortete zum Beispiel: „Wie kannst du sagen, Unwissenheit sei das Problem, wo die deutsche Bevölkerung unter Hitler durchaus gebildet war?"

Schließlich fragte ich den Leiter: „Erscheint Ihnen die Vorstellung von einem personifizierten Bösen nicht ein wenig altmodisch?"

„Nur weil es eine alte Vorstellung ist, bedeutet es doch nicht, dass diese Vorstellung falsch ist", erwiderte er.

So ging es an diesem Abend immer weiter und ich erlebte eine neue Art intellektueller Freiheit und hörte Fragen und Antworten, an die ich vorher nie gedacht hätte. Ich verstand mehr und mehr, wie das Universum funktionierte und warum. Etwas Großes und Mächtiges war am Werk, nicht nur im Universum, sondern auch in meinem Leben.

Während die Tage zu Wochen wurden, begann ich mich zu fragen, wie meine Reaktion auf dieses Etwas sein würde.

John

Zu Beginn des Sommersemesters 1982 nahm ich mein Studium wieder auf, doch im Sommer verlor ich meinen Job und nur widerwillig machte ich mich auf die Suche nach einem anderen. Ich fragte herum und achtete auf Aushänge in den Schaufenstern. Als die Zeit verging und ich noch immer keine Arbeit gefunden hatte, machte ich mich ernsthafter auf die Suche und las aufmerksam die Stellenanzeigen in der Zeitung durch. Auf den ersten Blick fand ich nichts Interessantes. Doch dann fiel mir ein Wort besonders ins Auge: „Begleitservice".

Meine Fantasie ging mit mir durch. Sofort erinnerte ich mich an einige der Pornogeschichten, die ich gelesen und gesehen hatte. Vor allem eine, in der es um einen gut aussehenden, reichen schwulen Prostituierten in New York ging. Ich stellte mir vor, dass ich faszinierende Männer kennen lernte und in einem luxuriös ausgestatteten Haus wohnen würde. Ich las die Anzeige ein zweites Mal, dieses Mal noch aufmerksamer. „Unsere Klienten verdienen nur das Beste", hieß es da. „Männliche und weibliche Begleiter gesucht."

Ich musste unwillkürlich lächeln. Mit diesem Job könnte ich mir das Beste aus beiden Welten heraussuchen und mein persönliches Leben mit meinem Beruf in Einklang bringen. Außerdem, was hatte ich schon zu verlieren? Ich rief an und vereinbarte einen Termin.

Sehr zu meinem Erstaunen war ich gerade die Art von männlicher Begleitung, nach der die Agentur für ihre „ausgewählten männlichen Klienten" suchte. Der Mann, der das Vorstellungsgespräch mit mir führte, war geradeheraus und sah ein wenig heruntergekommen aus, aber ich beschloss, sein Aussehen zu ignorieren. Er erklärte, er würde seinen Klienten Nacktgespräche, Nacktmassage und Nacktmodelle anbieten.

„Sind Sie sicher, dass ich nicht verhaftet werden kann ... oder so etwas?", fragte ich lahm.

Er lächelte herablassend und versicherte mir schnell, alles sei legal und ohne Risiko. Ich misstraute ihm, aber ich brauchte einen Job, deshalb nahm ich sein Angebot an.

Meine Stellenbeschreibung bereitete mir kein Kopfzerbrechen, denn meine Familie konnte nicht herausfinden, was ich tat. Mein Vater wohnte schließlich in Portland und mittlerweile hatten wir kaum noch Kontakt miteinander. Meiner Mutter erzählte ich einfach, ich würde für eine Privatdetektei arbeiten.

So begann ich meine Karriere als Prostituierter, ohne auch nur darüber nachzudenken.

Anne

Wann immer ich bei den Veranstaltungen der *Campus Ambassadors* betete, bemühte ich mich, so zu klingen wie alle anderen Studenten, denn ich wollte doch so gern richtig in die Gruppe integriert sein. Doch eines Abends, als wir anfingen zu beten, spürte ich eine Gegenwart, die den Raum durchdrang. Ein unglaubliches Wesen, der heilige Geist, hatte uns in Sanftmut, Freundlichkeit, Autorität, Verlässlichkeit und Glaubwürdigkeit eingehüllt.

Aber ich spürte auch, dass ich draußen stand. Ich wusste, dass diese Leute etwas hatten, das mir fehlte. Ich konnte es beinahe berühren, als wäre es eine weiche Mauer um mich herum. Das alles war so real, dass ich dachte: *Sie haben, was ich suche. Ich weiß, das ist das, was ich suche. Und ich wünsche es mir so sehr. Ich möchte es mehr als alles andere, auch die Homosexualität ist mir nicht so wichtig wie dieses Etwas.*

Jede Sehnsucht nach einer Frau war nichts im Vergleich zu dem, was ich in diesem Moment erkannt hatte. Später sprach ich darüber mit dem Pastor, der sich wirklich großartig verhielt. Er fragte: „Und was hält Sie noch zurück?"

„Sehen Sie", erklärte ich ihm, „ich bin lesbisch, aber ich wünsche mir diese Gegenwart. Ich möchte haben, was ihr habt. Das weiß ich."

Er nickte nachdenklich und erwiderte: „Das ist wirklich ein Konflikt." Dann erklärte er mir alles anhand von Bibelstellen wie 1. Korinther 6,9–10 und sagte schließlich: „Anne, nichts kann Sie daran hindern, Gottes Gnade anzunehmen. Sie können nur nicht beides haben. Sie müssen entweder Ihr Leben Christus ausliefern oder nicht."

Ich nickte und sagte: „Ich verstehe."

„Sobald Sie beschließen, Ihr Leben Christus anzuvertrauen", fuhr er fort, „und Sie sprechen das Gebet, von dem ich Ihnen erzählt habe – glauben Sie mir, dann wird Satan Sie zurückhaben wollen und gegen Sie kämpfen. Er möchte nicht, dass Sie zu Gott gehören."

Danach erklärte er mir noch kurz den Begriff der geistlichen Kriegsführung und las mir aus Epheser 6 von der Waffenrüstung vor, mit der Gott die Christen ausstattete, damit sie gegen den Satan kämpfen konnten. Zum Schluss machte mir der Pastor schließlich ein großzügiges Angebot: „Falls Sie beschließen, Jesus Ihr Leben anzuvertrauen, können Sie mich Tag und Nacht unter dieser Nummer erreichen. Sagen Sie mir Bescheid, dann werde ich für Sie beten. Ich werde Gott bitten, Sie zu beschützen und zu führen."

Als ich mich anschließend an dieses Gespräch auf den Heimweg machte, war ich schrecklich nervös, weil ich genau wusste, was ich tun wollte. Nach nur wenigen Minuten des Zögerns kniete ich mich an mein Bett und betete: *Gott, ich bin ein Sünder. Bitte vergib mir meine Sünden. Ich nehme dich als meinen Herrn an und ich möchte, dass du mein Leben führst. Ich möchte von deiner Kraft und unter deiner Führung leben. Ich möchte nach deinem in der Bibel aufgezeigten Plan leben.*

Und nur zwei Sekunden später klingelte das Telefon. Es war meine Freundin Sarah, eine jüdische Lesbierin, die mich erst kürzlich in die Lesbenszene von Santa Barbara eingeführt hatte. Aufgeregt sagte sie: „Anne, komm sofort her. Ich muss unbedingt mit dir sprechen."

Es war mittlerweile zehn Uhr an einem Mittwochabend und der Mittwoch war eigentlich kein Tag für eine Party. Was war also los?

„Sarah, ich komme sofort", erwiderte ich. Ich legte den Hörer auf und lachte vor überschwänglicher Freude. Ich hatte das Gefühl, rufen zu müssen: „Das ist perfekt! Es ist tatsächlich passiert. Ich bin Christ! Ich bin Christ! Gott regiert jetzt mein Leben!" Was der Pastor vorausgesagt hatte, war eingetreten. Und Satans Bemühungen, mich wieder in seine Fänge zu bekommen, bestärkten mich in dem, was Gott gerade getan hatte.

Und plötzlich machte sich eine übersprudelnde Freude in mir breit. Mir war vergeben worden! Ich gehörte jetzt zur Familie Gottes und endlich hatte ich ein Ziel in meinem Leben. Der Geist Gottes überwältigte mich regelrecht.

Mit strahlendem Gesicht kam ich bei Sarahs Wohnung an. An diesem Abend machte jemand Fotos von uns und als ich mir sie später ansah, bemerkte ich, dass meine Augen funkelten. Äußerlich sah ich noch genauso aus wie immer, noch genauso sportlich. Aber in meinen Augen war das Neue, Unerklärliche zu erkennen, das in meinem Innern vorging. Sie waren voller Leben, was früher nicht der Fall gewesen war.

Ich erzählte Sarah alles, was passiert war. Sie sah mich daraufhin vollkommen verwirrt an und fragte: „Anne, bist du sicher, dass du das Richtige tust?" Und danach sprach sie lange Zeit überhaupt nicht mehr mit mir.

Seltsamerweise wurde ich in den folgenden Tagen und Wochen vor allem von meiner Freundin Lynn in Versuchung geführt. Obwohl sie noch immer behauptete, mit Christus verheiratet zu sein, schienen sich nun ihre Gefühle für mich zu verändern. Jetzt hatte ich mehr zu bieten. Da nun Christus in mir lebte, wurde ich für sie attraktiver. Und ich spürte, dass sie seitdem auch ein sexuelles Interesse an mir entwickelte.

Wir beide ließen uns gemeinsam in der *Calvary Chapel* in Santa Barbara taufen. Lynn war zwar bereits seit einiger Zeit schon Christin, hatte sich jedoch noch nicht taufen lassen. Als ich aus dem Wasser auftauchte, fühlte ich mich tatsächlich wie ein neuer Mensch. Ich trug ein rotes T-Shirt als Zeichen meiner früheren Schmutzigkeit. Und als ich aus dem Wasser auftauchte, fühlte ich mich als ganz neues Wesen. Ich wusste, dass ich eigentlich in Weiß gekleidet war, auch wenn ich noch dieses rote T-Shirt trug. Und ich erinnere mich, dass ich lange Zeit danach auch keinen einzigen unreinen Gedanken in Bezug auf Lynn gehabt habe. Ich konnte sie wie eine Schwester behandeln und fühlte mich durchaus nicht in unangemessener Weise zu ihr hingezogen.

John

Wie vorauszusehen gewesen war, gehörte zu meinem Job beim Begleitservice sehr viel mehr, als nur nackt Modell zu stehen und sich zu unterhalten. Zuerst fiel es mir schwer, mit Fremden sexuell zu verkehren, und es dauerte nicht lange, bis ich eine ganze Palette neuer negativer Gefühle empfand. Tag für Tag fühlte ich mich ausgenutzt und an die Seite gestellt. Die Prostitution ist ein einsames Geschäft.

Die wenigen Freunde, die wussten, was ich tat, machten sich Sorgen und warnten mich eindringlich vor Geschlechtskrankheiten, Vergewaltigung oder sogar Mord. Ich versuchte, ihre Warnungen in den Wind zu schlagen, aber obwohl ich einen Haufen Geld verdiente, wurde ich von schweren Ängsten geplagt.

Auch meine Einsamkeit wurde immer schlimmer. Egal wie oft ich jede Woche Sex hatte, in meinem Herzen sehnte ich mich immer noch nach Liebe und Annahme. Ben lebte inzwischen mit einem anderen Mann zusammen, aber man munkelte, mit ihrer Beziehung sei es nicht zum Besten bestellt. Da ich jemanden brauchte, mit dem ich reden konnte, bat ich ihn, mich abends einmal zu besuchen.

An diesem Abend hatten Ben und ich keinen Geschlechtsverkehr, denn ich schüttete ihm stattdessen mein Herz aus.

„Mein Leben ist vollkommen vermasselt!", gestand ich ihm. „Obwohl ich gut leben kann, eine schöne Wohnung und jede Menge Geld habe, empfinde ich einen schrecklichen Schmerz in mir."

„Hast du je daran gedacht, einmal eine Therapie zu machen?", fragte er.

„Eine Therapie?"

„Genau. Ich weiß, du bist stark und kannst es auch allein schaffen. Aber würde es dir nicht helfen, mit jemandem zu sprechen, der einen anderen Standpunkt vertritt? Jemand, der Menschen versteht?"

„Um ehrlich zu sein, Ben, daran habe ich nie gedacht."

„Du könntest doch mal am College bei der *Gay Alliance* anrufen. Vielleicht können die dir jemanden empfehlen."

Dieses Gespräch führte mich schließlich in die Praxis des Psychologen Dr. Brian Taylor, der selbst homosexuell war und ein hoch angesehener Spezialist bei der Beratung homosexueller Männer.

In unserem ersten Gespräch erzählte ich Brian viel über meinen Familienhintergrund, die Leere, die ich empfand, und von meiner gestörten Beziehung zu Ben und auch anderen Menschen. Ich erzählte ihm von meinem Alkoholkonsum und dem anonymen Sex, den ich gehabt hatte. Doch meinen Job und wie schmutzig ich mich fühlte, wann immer ich daran dachte, verschwieg ich ihm.

Anne

Nachdem ich mein Leben Jesus anvertraut hatte, lasen einige Frauen von den *Campus Ambassadors* mit mir gemeinsam in der Bibel und beteten mit mir. Ihnen und den anderen Leuten dieser Organisation gegenüber war ich sehr offen und erzählte ihnen von meinem Kampf gegen meine lesbische Neigung. Ich stand sogar innerhalb der großen Gruppe auf und erzählte, was mir passiert war. Alle wussten es nun und das machte mir gar nichts aus, denn man lehnte mich deswegen nicht ab.

Aber sie wussten nicht so genau, was sie mit mir anfangen sollten und wie sie mir helfen konnten, im Glauben zu wachsen. Immer wieder ermahnten sie mich, in der Bibel zu lesen, zu beten und die Gesellschaft anderer Christen zu suchen. Doch in Bezug auf mein persönliches Leben konnten sie mir leider keine echte Hilfestellung geben.

Die Erinnerung an die sexuelle Belästigung, die ich als Vierjährige habe über mich ergehen lassen müssen, war bis zu einem bestimmten Punkt in meiner Beziehung zu Gina in meinem Unterbewusstsein begraben gewesen. Doch als mir dann alles wieder einfiel, empfand ich große Scham. Schließlich erzählte ich in einem Gespräch dem Pastor dieser Campus-Gruppe davon. Er dachte zunächst kurz nach und erwiderte dann vorsichtig: „Wissen Sie was? Sie sollten vielleicht einen Therapeuten in Santa Barbara aufsuchen. Er geht in eine sehr bekannte Gemeinde und ich fände es gut, wenn Sie mit ihm über Ihr Problem sprechen würden, weil ich in diesen Dingen nicht über das nötige Wissen verfüge."

Also machte ich einen Termin bei diesem Therapeuten.

„Ich kämpfe schon seit vielen Jahren mit meinen lesbischen Neigungen und möchte gerne von ihnen loskommen", erzählte ich ihm bei meinem ersten Besuch. „Können Sie mir dabei helfen herauszufinden, was eigentlich in mir vorgeht?" Dann erzählte ich ihm, dass ich als Kind sexuell belästigt worden sei. „Und ganz plötzlich empfinde ich deshalb eine schreckliche Scham und einen großen Zorn."

„Wirklich?", erwiderte er. „Wenn das so ist, dann könnte das die Antwort auf ihre Frage sein, warum Sie lesbische Neigungen haben."

Ich konnte zwischen diesen beiden Bereichen meines Lebens überhaupt keine Verbindung sehen, doch dieser Therapeut machte mir einen interessanten Vorschlag. Er forderte mich dazu auf, dem Teenager, der mich vor all den Jahren belästigt hatte, bewusst die Schuld an diesem Zwischenfall zuzuweisen. Das war ein ganz neuer Gedanke für mich. Nie war mir in den Sinn gekommen zu sagen: „Mensch, das war deine Verantwortung. Du warst vierzehn und ich war erst vier. Ich wusste es damals nicht besser, aber du."

Der Therapeut erklärte mir, dass der ältere Junge auch dann verantwortlich gewesen wäre, selbst wenn ich die Initiative ergriffen hätte. Er hätte sagen müssen: „Nein, das ist nicht richtig. Das können wir nicht machen." Das wäre eine angemessene Antwort gewesen und er hätte durchaus auch so reagieren können. Aber er hatte es nicht getan. Auf keinen Fall wäre es also meine Schuld gewesen.

Später bat mich der Therapeut, dem Jungen in einem Brief zu schreiben, wie sehr mich dieser Zwischenfall verletzt hatte. Diesen Brief sollte ich jedoch nicht abschicken, ich sollte nur lernen, den Jungen als den einzig Schuldigen an diesem Zwischenfall zu sehen. Ich tat alles, was der Therapeut mir riet, und nachdem ich angefangen hatte, einige meiner Gefühle in Worte zu fassen, ließen meine Schuldgefühle nach.

Doch je mehr ich über diese Dinge nachdachte, desto mehr wurde mir mein Zorn bewusst. *Wie konntest du mir das antun?*, dachte ich immer wieder. *Ich war doch nur ein kleines Mädchen! Ich war so unschuldig und naiv. Wie konntest du meine Neugier zu deinen Zwecken missbrauchen?*

Mein Zorn war so stark, als wäre ich von diesem Typen vergewaltigt worden und ich hatte ein Jahr lang mit ihm zu kämpfen. Zunächst begann ich mich mit diesem kleinen Mädchen zu identifizieren und wollte es beschützen. Und während sich dieses kleine Mädchen wieder zu mir als erwachsener Frau entwickelte, konnte ich erkennen, welch großen Einfluss das Handeln dieses Nachbarjungen auf mich gehabt hatte, wie verletzt, verängstigt und einsam ich mich damals gefühlt hatte.

„Ich beginne nun erst Dinge zu fühlen, die ich jahrelang beiseite geschoben habe", erzählte ich meinem Therapeuten. „Und wenn ich über die starke Intensität dieser Gefühle nachdenke, die jetzt ans Tageslicht treten, dann muss ich sie bisher wohl ganz tief in meiner Erinnerung verborgen haben."

„Können Sie nun als Erwachsene erkennen, dass dieser Zwischenfall sich nie hätte ereignen dürfen?", fragte er. „Dass Sie als kleines Mädchen Ihrer Unschuld und Ihres Selbstwertgefühls beraubt wurden? Der Zorn, den Sie empfinden, ist der Zorn, den ein Erwachsener empfinden würde, wenn seine Tochter durch die Schuld eines anderen ihre Unschuld verloren hätte."

„Nur leider war das kleine Mädchen ich selbst. Wissen Sie", sagte ich ihm tief bewegt, „die Berührung mit meinem Verlust ist schier überwältigend für mich. Mein Zorn ist so übermäßig stark."

Nach mehreren Sitzungen mit meinem Therapeuten war ich endlich so weit, dass ich keine Entschuldigungen mehr für das Verhalten des Jungen suchte. Und ich nahm die Schuld auch nicht mehr auf mich, als hätte ich die Verantwortung für diesen Zwischenfall zu tragen. Ich erkannte an, dass ich allein die Betrogene gewesen war.

„Ich bin noch so voller Zorn auf den Jungen", sagte ich. „Mir fällt es schwer, ihn als einen gefallenen Menschen zu betrachten. Für mich ist er böse, jemand, der mich beraubt hat und nicht einmal weiß, was er mir genommen hat. Außerdem interessiert es ihn auch kein Bisschen."

Ich merkte, ich konnte ihm nicht vergeben. Doch durch das, was ich in der Bibel gelesen hatte, wusste ich, dass ich es tun musste. Aber irgendwie schaffte ich es nicht. Zum Glück versuchte der Therapeut nicht, diese Haltung bei mir zu forcieren. Vielmehr schlug er mir vor, dass ich um meinen Verlust trauern sollte. Gleichzeitig bat er mich, meine eigenen Sünden niederzuschreiben und das Blatt dann als Zeichen dafür, dass mir vergeben worden ist, zu verbrennen. Dieser symbolische Akt hat mir zwar sehr geholfen. Doch leider konnte ich noch immer nicht die Verbindung zwischen meinen lesbischen Neigungen und der sexuellen Belästigung während meiner Kindheit erkennen.

Im darauf folgenden Sommer begann ich dann eine Therapie bei Samantha Parker-Davis. Zu Beginn unserer Sitzungen bat sie mich zunächst, einmal eingehend meine Beziehung zu meiner Familie zu beschreiben. Sie hat damals bestimmt den Eindruck gehabt, mir alles aus der Nase ziehen zu müssen.

„Also Anne, wie war Ihre Beziehung zu Ihren Eltern?", begann sie.

Ich starrte sie verwirrt an. „Ich ... ich weiß nicht."

„Was meinen Sie?"

Ich suchte nach den richtigen Worten. „Ich meine, ich wüsste nicht, wie ich Ihnen meine Familie beschreiben sollte."

Zum Glück ließ Samantha sich nicht beirren und ich konnte ihr so einiges erzählen. Bei späteren Sitzungen ging sie dann in diesem Bereich noch weiter in die Tiefe und fragte mich: „Was würden Sie zu mir sagen, wenn ich Ihre Mutter wäre?"

Ich dachte eine Weile nach. Schließlich sagte ich: „Mama, wo warst du, als das passierte? Warum konnte ich dir nicht erzählen, dass etwas nicht stimmte, und warum hast du nicht nachgefragt? Ich hatte nicht das Gefühl, umsorgt zu sein, und ich fühlte mich so verletzlich. Meine ganze sichere Welt ist damals eingestürzt und du hast nicht eingegriffen."

Samantha nickte und fuhr fort: „Und jetzt stellen Sie sich vor, ich wäre der Teenager, der Sie missbraucht hat. Was würden Sie zu mir sagen?"

Die Antwort darauf fiel mir ein ganzes Stück leichter. „Ich würde sagen: ‚Wie konntest du mich nur so ausnutzen? Ich bin zornig und fühle mich benutzt. Du hättest es doch besser wissen müssen. Warum hattest du alle diese pornografischen Zeitschriften? Ich bin in deine Sünde mit hineingezogen worden und das hat mir furchtbar geschadet. Der ganze Bereich der Sexualität und Sinnlichkeit wurde dadurch für mich zu einem total verwirrenden Thema.'"

Samantha hörte aufmerksam zu und machte sich ein paar Notizen. „Gut, Anne. Und jetzt bin ich Ihr Vater. Was würden Sie mir gern sagen?"

Ich seufzte tief und schüttelte den Kopf. „Papa", begann ich, „ich konnte dich mir nie als meinen Beschützer vorstellen. Du warst in meinem Leben nie richtig anwesend, auch weil du so viel für deine Arbeit herumgereist bist. Und wenn du dann mal zu Hause warst, warst du dennoch emotional abwesend. Ich glaube nicht, dass du auch nur bemerkt hast, wie ich mich verändert habe. Warum hast du nicht besser auf mich geachtet? Konntest du denn nicht sehen, dass ich deine Aufmerksamkeit und Zuneigung dringend brauchte, um zu lernen, dass man Männern vertrauen kann? Mir scheint, du hattest keine Ahnung, was in deinen Kindern vorging, sondern hast einfach erwartet, dass irgendwie alles von selbst gut und richtig wird. Mein Leben lang warst du emotional für mich einfach nicht erreichbar."

Dann stellte Samantha mir eine Frage, über die ich nie zuvor richtig nachgedacht hatte: „Und was ist mit Gott? Was würden Sie ihm sagen?"

Unsicher sah ich sie an. „Ist das wirklich eine gute Idee?", fragte ich.

Sie lächelte mich ermutigend an. „Machen Sie nur, Anne."

Ich nahm mir einen Augenblick Zeit, um darüber nachzudenken, was ich sagen wollte. Schließlich ergriff ich das Wort. „Gott, ich fühlte mich so verletzt, missverstanden und zornig, als dieser Junge sich mir zeigte. Ich war ein am Boden zerstörtes einsames kleines Mädchen ohne Richtung, das immer mehr in Schwierigkeiten geriet. Wie konntest du zulassen, dass mir so etwas geschah? Warum hast du diesen Jungen nicht davon abgehalten, sexuell mit mir herumzuexperimentieren und meine Welt auf den Kopf zu stellen? War ich dir nicht wichtig genug, um ihn daran zu hindern?"

Nach dieser Sitzung suchte ich mir eine verlassene Ecke, wo ich schon früher mit Gott gesprochen hatte. Während ich dort saß und weinte, empfand ich die wohltuende Freiheit, in seiner Gegenwart einfach nur verletzt zu sein. Ich rechnete nicht mit schnellen Antworten, auch empfand ich keine Linderung des Schmerzes. Ich weinte einfach nur an Stelle des einsamen kleinen Mädchens, das darum flehte, beschützt und verstanden zu werden, das sich danach sehnte, in der Liebe seines Vaters zu ruhen und sich sicher zu fühlen, das weinte, weil seine emotionalen Bedürfnisse in seiner Familie nicht erfüllt wurden.

Ich umarmte dieses kleine vierjährige Mädchen und flehte seinen himmlischen Vater an, sich seiner zu erbarmen. „Wenn du wirklich existierst, wie kann es dann sein, dass ich so viele Narben davongetragen habe, dass mein Leben so missachtet wurde?", fragte ich ihn voller Zorn.

Wie aus dem Nichts kommend fiel mir in dieser Situation ein Vers ein, über den ich eigentlich gar nicht nachdenken wollte: „Gelobt sei Gott, der Vater unseres Herrn Jesus Christus, der Vater der Barmherzigkeit und Gott allen Trostes, der uns tröstet in aller unserer Trübsal, damit wir auch trösten können, die in allerlei Trübsal sind, mit dem Trost, mit dem wir selber getröstet werden von Gott" (2. Korinther 1,3–4).

Das half mir jedoch überhaupt nicht, denn in meinem abgrundtiefen Schmerz war mir diese Antwort zu platt.

Ich begann auch über den Begriff des freien Willens von uns Menschen nachzudenken. Und was dabei herauskam, war noch schmerzlicher. Ich wusste, dass Gott den Menschen gestattete, falsche Dinge zu tun, die andere verletzen. Mir war auch bewusst, dass Gott keine Marionetten möchte, sondern Menschen, die ihn in Geist und Wahrheit anbeten. Diese Freiheit beinhaltete jedoch, dass Menschen sich seinem Willen nicht immer unterwerfen und daher Böses tun.

Als ich wieder mit Samantha sprach, erzählte ich ihr, wie es mir ergangen war. „Ich schüttete Gott mein Herz aus und nachdem ich damit fertig war, begann ich zu begreifen, was passiert war", schloss ich.

Sie nickte und lächelte traurig. „Das vermindert nicht den Schmerz, aber wenigstens gibt es Ihnen ein Gefühl für Gottes Gegenwart", bemerkte sie. „Hatten Sie nicht das Gefühl, als würde sein Geist zu Ihnen sprechen?"

„Doch, obwohl ich nicht sicher war, dass ich hören wollte, was er zu sagen hatte."

Bei den Gruppentherapiesitzungen, zu denen Samantha mich einlud, beschrieben die anderen Frauen ihr Leben und ihre gegenwärtigen Kämpfe. Einige von ihnen waren auch sexuell belästigt worden. Ich erkannte, dass der emotionale Schaden bei ihnen ähnlich groß war wie bei mir, obgleich sie heterosexuell geblieben waren. Viele hatten sogar noch Schlimmeres durchgemacht und waren immer noch missbräuchlichen Situationen ausgesetzt. Dies machte einen tiefen Eindruck auf mich.

Bei unserer letzten Sitzung gegen Ende des Sommers half mir Samantha bei meiner Berufswahl. Und ich beschloss, etwas zu tun, das mir mehr Spaß machte als Buchhaltung. Also wechselte ich mein Hauptfach und wählte Sport, ein für eine Lesbierin typisches Fach. Das bedeutete für mich aber gleichzeitig, das College zu wechseln, und so bewarb ich mich schließlich bei der *Cal State Hayward University*, wo ich auch angenommen wurde.

Mit Beginn meines Studiums dort lernte ich eine interessante Studentin kennen. Sie war sehr klug und hatte eine Menge anziehender Eigenschaften. Und außerdem war sie Christin.

Ihr Name war Mary.

John

Mein Abschied von der Prostitution war keineswegs gut geplant. Um genau zu sein, ich kam gerade so mit dem Leben davon. Denn nach einer beängstigenden Begegnung mit einem höchst seltsamen „Kunden" musste ich regelrecht fliehen und kehrte aus diesem Grund nie wieder zum Begleitservice zurück.

Doch ich hielt Verbindung zu Racine, einer Frau, die mit mir zusammen dort gearbeitet hatte. Sie hatte sich mit unterschiedlichen Varianten desselben Jobs ihren Lebensunterhalt verdient, doch keine davon war respektabel. Racine war einmal die Geliebte eines New Yorker Mafioso gewesen, bevor sie nach Columbus gezogen war und dort versuchte, als so genannte Begleiterin ihren Lebensunterhalt zu verdienen. Doch sie wurde nicht jünger und ihre Situation war alles andere als rosig.

Eines Tages, kurz nachdem ich gekündigt hatte, rief Racine mich an. „Ich habe eine großartige Idee!", begann sie begeistert. „Du musst mich sofort besuchen!"

Als ich bei ihr ankam, platzte sie beinahe vor Aufregung. „John, warum sollen wir eigentlich immer für jemand anderen arbeiten?", fragte sie. „Wir könnten doch unseren eigenen Begleitservice aufmachen!"

„Moment mal, Racine, nicht so schnell!", erwiderte ich.

„Nein, warte! Hör doch erst mal zu", fuhr sie fort. „Ich habe schon Erfahrungen in diesem Bereich und es ist wirklich keine große Sache. Du und ich werden die Telefone bedienen und wir brauchen nur die Jobs anzunehmen, die uns auch gefallen." Sie nahm einen tiefen Zug von ihrer Zigarette und stieß den Rauch wieder aus. „Also, was meinst du?"

Je mehr ich darüber nachdachte, desto mehr erschien mir das eine vernünftige Idee zu sein – so vernünftig ein Zuhälterjob halt sein konnte. Nach ein paar Drinks und weiteren Gesprächen beschlossen wir, es einfach zu probieren. Wir setzten eine Anzeige ins Telefonbuch, suchten ein paar Frauen, die bereit waren, für uns zu arbeiten, und unser brandneuer Begleitservice war im Geschäft.

Einer der Ersten, der zu unserem Team dazustieß, war ein Mann, den ich am College kennen gelernt hatte. Allerdings arbeitete er nicht als Mann für uns. Er war ein Homosexueller, der Frauenkleider trug, und wir schickten ihn nur zu besonderen Kunden. Es war erstaunlich, die Verwandlung von Bill zu Bubbles mitzuerleben. Oft starrte ich ihn während seiner Umkleideaktion wie gebannt an und war über das Wunder fasziniert, das er mit Make-up, Glitzerkleidern, Perücke und gut einstudierten Gesten vollbrachte. Diesen Verwandlungsprozess immer wieder mitzuerleben, sprach meine künstlerische Ader an.

Lange Zeit hatte ich das Geschick meiner Mutter im Umgang mit Kosmetik bewundert – sie hatte immer makellos und wunderschön ausgesehen. Aber das hier war ein Mann und doch eine bemerkenswert überzeugende Frau. Und wenn wir *Bubbles* als Begleitung losschickten, tat „sie" immer genau das, was die Männer, die „sie" buchten, haben wollten.

Anne

Mary war erstaunlich. Von dem Augenblick, in dem ich sie kennen lernte, wünschte ich sie mir sehnlichst zur Freundin. Denn nun, da ich Christ war, suchte ich nach einer intimen, emotionalen Beziehung, jedoch ohne sexuelle Dimension. Ich stellte mir vor, dass dies einer erfüllenden zwischenmenschlichen Beziehung am nächsten kommen würde, und ich nahm an, dass Gott damit einverstanden sein würde.

Auch Mary war auf der Suche nach Intimität. Wie ich sehnte sie sich nach einer tiefen Verbindung. Sie hatte zwar keinerlei lesbische Neigung, doch ihre Sehnsucht nach Nähe trieb sie zu mir.

Mary wohnte nicht auf dem Campus. Sie und einige Freundinnen bewohnten gemeinsam ein nettes altes Bauernhaus, in dem die *Campus Ambassadors* oft ihre 24-Stunden-Gebetstreffen abhielten. Für uns alle war es damals eine sehr schöne Zeit. Manchmal übernachtete ich auch dort und Mary und ich unterhielten uns dann bis in die frühen Morgenstunden.

Zuerst waren mir unsere Schlafarrangements peinlich, weil ich lesbische Gefühle und einen lesbischen Hintergrund hatte. Mary schien dies nichts auszumachen; sie kannte meine Vergangenheit und gestattete mir, mit ihr zusammen in ihrem Bett zu schlafen. In unseren Gedanken gab es keinen sexuellen Kontakt, obwohl wir uns unangemessen intim verhielten.

Von Zeit zu Zeit schrieben wir uns kleine Nachrichten, schenkten uns Blumen und verhielten uns genauso romantisch, wie Liebende es tun. Schon bald steckte ich tief in einer Beziehung, die all den anderen ähnlich war, die ich bereits gehabt hatte. Ich fühlte mich sehr stark zu einer anderen Frau hingezogen und war gefangen in einer unerfüllten Anziehung, die meine lesbischen Gefühle einerseits stimulierte, gleichzeitig aber auch frustrierte.

„Sieh mal, Mary", sagte ich eines Tages zu ihr, „wir kommen uns ziemlich nahe und ich fühle mich sehr zu dir hingezogen. Aber falls wir jemals sexuell zusammenkämen, müsste ich dich verlassen. Ich möchte meine Beziehung zu Gott nicht zerstören."

Damals war ich noch davon überzeugt, ich könnte meine Erlösung verlieren; ich könnte freiwillig von Gott weggehen und er würde mich ziehen lassen. Ich dachte, eine Abkehr von ihm sei die Sünde, die nicht vergeben werden kann. Zwar hatte ich in diesem Punkt die Bibel falsch verstanden, aber das war auch ganz gut so, denn das hat mich damals vermutlich zurückgehalten.

In der Zwischenzeit war meine Freundin Lynn wieder in mein Leben zurückgekehrt. Obwohl ich im August Geburtstag habe, wartete sie bis Oktober, um mit mir zu feiern.

„Ich möchte dich zu einem Geburtstagsessen ausführen", erklärte sie mir ganz aufgeregt am Telefon. „Ich möchte mit dir deinen Geburtstag auf eine ganz besondere Weise feiern."

Am Abend dieser Feier holte sie mich ab und überreichte mir zunächst eine hübsche Karte. Sie hatte Blumen für mich in einem romantischen Restaurant bestellt, ein Dutzend gelbe Rosen „für die Freundschaft", wie sie es ausdrückte.

Trotz meiner Beziehung zu Mary träumte ich noch immer von Lynn. Ja, Lynn war immer diejenige gewesen, die sich geweigert hatte, über einen bestimmten Punkt hinauszugehen. Doch an diesem Abend war alles anders. Die Veränderung war nicht zu übersehen. Lynn sah wunderhübsch aus. Sie war aufmerksam und liebevoll und ganz eindeutig umwarb sie mich. Sie hatte an alle Elemente gedacht, die ein Mann für seine Verlobte bereithalten würde. Wir führten ein sehr offenes Gespräch über unsere Gefühle füreinander. Seltsamerweise wurde mir an diesem Abend klar, dass ich die Rolle der Frau spielte und sie die Rolle des Mannes übernommen hatte. So etwas war mir noch nie passiert.

Nach dem Abendessen schlug Lynn vor, gemeinsam zum Strand zu fahren. Sie fuhr uns zu einem kleinen Parkplatz, von dem man auf das Meer sehen konnte.

„Ich habe eine Decke dabei", sagte sie. „Wir können uns an den Strand setzen und die Sterne beobachten."

Mein Herz klopfte. Doch ohne zu zögern, ging ich mit ihr.

Erst kurz zuvor war ich Christ geworden. Ungeachtet meiner Gefühle wollte ich Jesus nachfolgen. Aber dies war eine einmalige Gelegenheit, mit Lynn zusammen zu sein und sie nahm den ersten Platz in meinem Leben ein, noch vor Jesus. Das Zusammensein mit dieser Frau war immer mein Traum gewesen. Ich hatte mir sehnlichst gewünscht, Sex mit ihr zu haben und sie zu meiner Lebenspartnerin zu haben. Und jetzt saß sie wundervoll dicht neben mir und wir unterhielten uns, sahen in die Sterne, lauschten auf die Brandung und spürten den Wind auf unseren Gesichtern.

„Ich würde dich gern küssen", sagte ich halb in der Hoffnung, sie würde antworten: „Weißt du, Anne, vielleicht sollten wir hier nicht weitermachen."

Aber sie sagte nur: „Warum tust du es nicht?"

Es war das erste Mal, dass sie einem Annäherungsversuch von meiner Seite so offen gegenüberstand. Anstatt mich zurückzustoßen, umarmte sie mich und wir begannen, einander zu liebkosen. Doch wir kamen nicht weit, denn ganz plötzlich hatte ich das überwältigende Gefühl, dass Jesus wusste, was ich tat. Er konnte genau sehen, was vorging und er sah mir zu. Wie konnte ich ihn nach allem, was er für mich getan hatte, nur betrügen? Nicht dass er mich verdammte. Doch ich wusste, dass er von oben auf uns herabsah und sagte: „Oh Anne! Bitte nicht, Anne!"

„Lynn", sagte ich und zog mich zurück. „Ich kann das einfach nicht. Ich habe so viel von Gott bekommen und ich weiß, so sollte es nicht sein. Nur zu gern würde ich Sex mit dir haben und dich ein Leben lang an meiner Seite haben, aber ich weiß, dass es nicht richtig ist. Ich kann einfach nicht."

Im Nachhinein betrachtet, war meine emotionale Reaktion sehr interessant. Nachdem ich Nein gesagt hatte, empfand ich sogar ein wenig Freude, obwohl dies die Beziehung war, von der ich immer geträumt hatte. Doch jetzt wollte ich etwas anderes. Gleichzeitig wurde mir klar, dass ich mit dieser Reaktion meine emotionale Unabhängigkeit von Lynn erreicht hatte. Sie war nicht mehr der Grund, aus dem ich Jesus nachfolgte. Ich hatte selbst eine eigene Beziehung zu Jesus. Die Schnur war ein für alle Male durchgeschnitten worden.

Einige Zeit später versuchte ich noch einmal mit Lynn über ihre Beziehung zu Jesus zu sprechen, denn ich hatte erfahren, dass sie sich mit anderen Frauen einließ, und ich machte mir Sorgen um sie. Eines Nachmittags trafen wir uns am Hafen.

„Sieh mal", sagte ich zu ihr, „ich bin gerade erst Christ geworden, aber ich fürchte, du bist in Gefahr. Darum muss ich meine biblische Verantwortung wahrnehmen und dich zur Buße auffordern. Das ist alles, worum ich dich bitte."

„Okay, gib mir nur etwas Zeit", antwortete Lynn und dabei blieb es. Auch heute noch lebt sie ihre lesbischen Neigungen aus. Lange Zeit war ich über ihre Entscheidung sehr niedergeschlagen, aber das hat mich nicht dazu veranlasst, meine Richtung zu ändern. Irgendwie hatte ich es geschafft, mich von Lynn zu lösen, wenngleich auch ich nicht alles richtig machte.

John

Eines Nachmittags hielt ich mich zusammen mit Bill in Racines Wohnung auf. Er hatte sich noch nicht als Frau zurechtgemacht und wir waren beide ziemlich gelangweilt. Ich bemerkte, wie er mich anstarrte, und das war mir irgendwie unangenehm, denn ich fühlte mich kein bisschen zu ihm hingezogen, ob als Mann oder als Frau.

„John", sagte er dann plötzlich, „hast du jemals Frauenkleider getragen? Du würdest fabelhaft darin aussehen!"

Ich sah ihn mit einem Ausdruck vollkommener Ungläubigkeit an.

„Nein, ich meine es ernst, John", beharrte er. „Deine Augen sind perfekt für Make-up. Du hast ein überaus weibliches Gesicht. Komm schon." Er griff nach seinem Make-up Koffer. „Lass es mich versuchen. Wir wollen doch nur ein wenig Spaß haben."

„Bill, bist du verrückt?", fragte ich. „Glaub mir, auf keinen Fall will ich eine Frau sein!"

„Ach komm schon, entspann dich, John", neckte er mich. „Das bleibt doch unser kleines Geheimnis. Was hast du denn schon zu verlieren?"

„Den Rest meines Respekts vor mir selbst – das, was davon noch übrig ist", murmelte ich und folgte ihm ins andere Zimmer.

Bill verhielt sich, als wäre er ein Maler, der vor einer leeren Leinwand stand. Er begann mit einer Grundierung und malte, bürstete und schminkte dann, bis ich dachte, ich würde den Verstand verlieren.

„Ich fühle mich wie deine gute Fee", gurrte er, als er meine Haare zurücksteckte und mir eine schwarze Lockenperücke aufsetzte.

Ich verdrehte nur die Augen und ließ alles wortlos mit mir geschehen. Doch als er fertig war und mir einen Spiegel vorhielt, hielt ich erstaunt den Atem an. Ich sah wirklich aus wie eine Frau – eine dunkelhaarige, sexy, südländische Schönheit. War diese exotisch aussehende Frau im Spiegel tatsächlich ich?

Als Racine zurückkam, war sie genauso verblüfft über die Verwandlung wie ich. Dann durchsuchten die beiden Racines Kleiderschrank und statteten mich mit einem Kleid, Schuhen und dem nötigen Material zum Ausstopfen aus, damit ich in dem Kleid auch überzeugend wirkte.

Innerhalb von wenigen Minuten war ich zu einem neuen Menschen geworden, zu einer sehr attraktiven und weiblichen Frau.

Was an sich schon aufregend war. Doch noch mehr begeisterte mich der Gedanke, dass ich, zumindest für den Augenblick, nicht mehr John Paulk war. Er war nirgendwo zu finden.

Anne

Mary half mir sehr, mich von meiner Begegnung mit Lynn zu erholen. Sie stand mir bei, gab mir Kraft, wenn ich mich schwach und niedergeschlagen fühlte. Sie tröstete mich emotional und ermutigte mich geistlich.

Doch noch hatte ich nicht erkannt, dass das, was zwischen uns vorging, viel zu intim war. Mein Denken war so ungesund, dass ich gar nicht bemerkte, wie unnatürlich und fehlgeleitet unsere Beziehung war. Und noch immer schliefen wir gelegentlich in einem Bett. Damit bewegten wir uns vielleicht am Abgrund der Sünde, aber wir sündigten nicht. Ich konnte jedoch nicht erkennen, dass ich Mary mit meinem Verhalten zu einem Idol erhoben hatte oder dass sie sich zwischen Jesus und mich stellte.

Unsere Abhängigkeit voneinander nahm derartige Ausmaße an, dass Mary mich, als ich eine Weile zu Hause wohnte und sie im Examen steckte, in Walnut Creek besuchte, obwohl sie praktisch kein Geld für den Überlandbus hatte. Ich holte sie an der Busstation ab und sie blieb über das Wochenende. Wir verbrachten die Nacht in Schlafsäcken auf dem Boden im Wohnzimmer meiner Eltern. Sobald diese ins Bett gegangen waren, kuschelten wir uns aneinander und begannen schon bald mit intimeren, beinahe sexuellen Liebkosungen. Wir bewegten uns am Rande eines tiefen Abgrunds.

Damals brachte ein hoch angesehener christlicher Verlag ein kleines Buch heraus, das den Titel *Homosexuality* (Homosexualität) trug. Alles, was die Autorin am Ende des Buches zu sagen hatte, war zusammengefasst Folgendes: „Klammere dich an deinen Stuhl, triff die Entscheidung, dich nicht in gefährliche Situationen mit anderen Frauen zu begeben, lächle und trage dein Los für den Rest deines Lebens." Das war damals meine ganze Hoffnung und so lebte ich auch. Nie wäre mir in den Sinn gekommen, dass meine lesbischen Sehnsüchte und Wünsche vollkommen ausgemerzt werden könnten.

Mary beendete bald erfolgreich ihr Studium. Da ihre Großeltern früher Missionare in China gewesen waren, empfand sie eine tiefe Liebe zu den Chinesen. Aus diesem Grund bewarb sie sich bei einer missionarischen Organisation um eine Stelle in China, wo sie chinesische Studenten für Christus gewinnen wollte. Und es dauerte nicht lange, da wurde sie als Englischlehrerin angenommen.

Marys letzter Morgen bei uns zu Hause war für uns beide sehr schwer. Wir hatten wieder einmal in Schlafsäcken im Wohnzimmer übernachtet, um beieinander sein zu können. Traurig sahen wir uns an.

„Mary", sagte ich zu ihr, „bevor ich dich zum Flughafen bringe, möchte ich dir etwas geben, das ich für dich geschrieben habe."

Als sie mein Gedicht über die Freundschaft las, füllten sich ihre Augen mit Tränen. „Ich habe auch etwas für dich, Anne", erwiderte sie und schenkte mir zum Abschied ihre geliebte Gitarre.

„Das ... kann ich doch nicht annehmen", protestierte ich.

„Doch, das kannst du. Du musst sie nehmen. Mir ist es sehr wichtig, dass du sie bekommst."

Diese Geste berührte mich tief, weil ich wusste, dass Mary sie von ihrer Lieblingstante geerbt hatte und sie ihr viel bedeutete.

Ich versuchte, Worte zu finden, um meine tiefen Gefühle auszudrücken. „Du bist meine beste Freundin, Mary und ich kann dir gar nicht sagen, wie sehr ich dich vermissen werde. In meinem Herzen wird eine große Leere sein, solange du fort bist. Ich liebe dich so sehr."

Mary legte ihre Arme um mich und drückte mich an sich. „Dasselbe gilt für mich, meine beste Freundin", erwiderte sie. „Ich liebe dich mehr, als du ahnst, und auch ich werde dich schrecklich vermissen."

Wir sprachen nicht mehr viel, bis es Zeit für sie war, an Bord des Flugzeugs zu gehen. Am Gate fanden wir keine Worte mehr. Wir weinten nur und hielten uns fest in den Armen.

„Es wird schwer sein, Anne, aber wir wollen versuchen, miteinander in Kontakt zu bleiben", sagte sie. „Wir können uns ja gelegentlich anrufen. Ich werde dir meine Telefonnummer schicken, sobald ich sie weiß. Und ich werde dir Fotos schicken. Bitte vergiss nicht, mir zu schreiben, was in deinem Leben und Herzen passiert. Ich liebe dich, meine beste Freundin."

Damit gingen wir auseinander. Ich blieb, bis das Flugzeug am Horizont verschwunden war. Mit tränennassem Gesicht kehrte ich nach Hause zurück.

John

Nach einer wilden und ausgelassenen Feier meines einundzwanzigsten Geburtstages fand ich mich in den Armen eines Mannes wieder, den ich noch nie in meinem Leben gesehen hatte. Am folgenden Morgen wachte ich früh auf und fragte mich, wer er wohl war und was meine Mutter denken würde, wenn sie von meinem Lebensstil wüsste. Mittlerweile war ich nicht mehr einfach John, ich war *Candi* und in Columbus als Homosexueller und Transvestit gut bekannt. Was würde meine Mutter sagen, wenn sie das herausfand?

Die Gelegenheit, das zu erfahren, bot sich sehr bald, denn mein Therapeut Brian hatte mir Mut gemacht, meiner Mutter von meiner Homosexualität zu erzählen, genau wie Ron, mein neuster Freund. Ich freute mich natürlich überhaupt nicht darauf. Was wäre, wenn meine Mutter mich nun ablehnte? Doch auf Rons Drängen war ich damit einverstanden, mit ihm und meiner Mutter essen zu gehen.

Im Restaurant meinte meine Mutter, ich sei nun endlich alt genug, um mir Wein oder Bier zu bestellen. Konnte es sein, dass sie wirklich nicht wusste, wer ich war und was ich tat? Ich trank mittlerweile so viel und so regelmäßig, dass es mir manchmal Angst machte.

Ich zögerte und fragte mich, ob es nicht besser sei, die Eröffnung noch ein oder zwei Tage aufzuschieben, aber Ron wollte nicht mehr länger warten. „Wolltest du deiner Mutter nicht etwas sagen, John?", drängte er gegen Ende des Abends.

Meine Mutter sah mich an und ich brachte mühsam heraus: „Ach ja, ich glaube schon."

„John, ist alles in Ordnung?", fragte sie. Sie wirkte besorgt. Vermutlich rechnete sie mit dem Schlimmsten; aber konnte ihre schlimmste Befürchtung so schlimm sein wie das, was ich ihr zu sagen hatte?

„Mama, ich ... du hast vielleicht ..." Ich brach ab und versuchte erneut einen zusammenhängenden Satz herauszubringen, doch dann sagte ich einfach: „Ich bin schwul, Mama. Ich schätze, ich möchte, dass du mein wirkliches Ich kennst und weißt, wer ich eigentlich bin."

Ihr Blick hing an mir und sie wirkte genauso ruhig und gefasst wie immer. „Natürlich bist du schwul, John", erwiderte sie. „Das weiß ich schon lange. Ich habe nie etwas gesagt, weil ich mich nicht einmischen wollte. Doch ich wusste, du würdest es mir sagen, sobald die Zeit gekommen ist."

Eine Welle der Erleichterung ging über mich hinweg. Ich hatte es ausgesprochen und meine Mutter war weder zornig noch verletzt oder entsetzt. Eigentlich berührte sie die ganze Angelegenheit recht wenig. Diese Haltung gab mir dann auch den Mut, die Frage zu stellen, die mir jedes Mal, wenn ich mir vorstellte, wie ich es ihr erzähle, große Angst gemacht hatte. „Und was hältst du davon, Mama? Was denkst du?"

„John, du bist mein einziger Sohn", antwortete sie. „Ich kann mir nicht vorstellen, dass irgendetwas mich davon abbringen könnte, dich so zu lieben, wie ich dich immer geliebt habe. Als Homosexueller zu leben ist ein einsames Leben und ich hoffe, du wirst deswegen nicht zu sehr leiden. Ich wünschte, es wäre anders, aber ich liebe dich trotzdem und nichts wird das ändern. Nicht in einer Million Jahren, John."

Ich war unsagbar erleichtert. Ich wusste, dass ich mich in Zukunft in ihrer Nähe wohler fühlen und dass ich jetzt auch in der Lage sein würde, mich ihr gegenüber ein wenig mehr zu öffnen. Doch zwei Dinge gab es, die sie, wenn es nach mir ging, nie erfahren sollte. Ich würde ihr niemals von dem Begleitservice erzählen und keinesfalls sollte sie erfahren, dass ich *Candi* war, der stadtbekannte Homosexuelle in Frauenkleidern.

Anne

Ohne Mary als Stütze sehnte ich mich nach der christlichen Fürsorge, die ich bei den *Campus Ambassadors* erfahren hatte. Aber die *Cal State Hayward University* war eine Pendler-Uni und die Atmosphäre weniger freundlich und angenehm als auf der Uni in Santa Barbara. Zwar arbeitete dort die Organisation *Campus für Christus*, doch die Mitarbeiter waren evangelistisch ausgerichtet und daran war ich nicht besonders interessiert. Glücklicherweise kam zu jener Zeit eine hauptamtliche Mitarbeiterin von einer anderen christlichen Studentenorganisation (ähnlich der deutschen SMD) auf den Campus, um eine neue christliche Studentengruppe ins Leben zu rufen.

Ich sprach mit ihr über meine Kämpfe und sagte ihr, was für eine Art Hilfestellung ich meiner Meinung nach brauchte, und gemeinsam begannen wir mit der Organisation einer neuen Uni-Gruppe. Bei unserem ersten Treffen lernte ich ein Mädchen mit Namen Melissa kennen, die gerade begonnen hatte, an einer kleineren Hochschule ganz in unserer Nähe zu studieren. Und nach dem, was sie mir erzählte, war ein großer Anteil der Frauen an dieser Uni Lesben.

Melissa wirkte zwar recht burschikos, aber in ihrem Wesen war sie weiblicher als ich. Ich begann, mich ein wenig um sie zu kümmern und sah mich als ihre große Schwester. Nach und nach entstand eine Freundschaft zwischen uns. Es geschah jedoch nichts emotional Unangemessenes zwischen uns, zumindest nicht in der ersten Zeit. Denn noch immer trauerte ich um Mary und mit ihr war niemand vergleichbar.

Melissa war sowohl interessiert als auch interessant und ich sollte bald erfahren, dass sie auf Mary mehr als nur ein wenig eifersüchtig war.

John

Meine Schwester Vicky bereitete sich in Portland auf ihren High-schoolabschluss vor, was an sich eine gute Sache war, nur würde ich bei ihrer Abschlussfeier auch meinen Vater treffen, den ich seit Jahren nicht gesehen hatte.

Zusammen mit meiner Mutter und meiner Großmutter flog ich nach Portland, wo wir uns mit meinem Vater trafen, der noch immer mit seinen Depressionen nach seiner Scheidung von Ellen, seiner zweiten Frau, zu kämpfen hatte. Als ich ihn sah, hatte ich keine Ahnung, was ich zu erwarten hatte, und ich wusste nicht, ob er mich überhaupt sehen wollte. Meine Entfremdung von ihm hatte sich in den letzten Jahren extrem verstärkt und ich freute mich kein bisschen auf unsere Begegnung, weil ich annahm, dass er mich ein für alle Mal ablehnen würde.

Doch wir alle hatten zumindest eines gemein – wir waren alle furchtbar stolz auf Vicky. Sie war nicht nur Klassenbeste, sie war auch an der *Georgetown University* in Washington angenommen worden. Tränen schimmerten in meinen Augen, als sie in ihrem Umhang mit ihrer Kappe auf dem Kopf nach vorne marschierte. Ihre Rede zu hören war für meine Familie ein großer Augenblick. Sehr wortgewandt sprach sie über die Zukunft und über ihre Vision für sich und ihre Mitschülerinnen.

Ein paar Tage später, kurz vor meinem Heimflug nach Columbus, waren mein Vater und ich einige Zeit allein in seiner Wohnung. Er war mir gegenüber diesmal sehr herzlich und freundlich und ich saß ganz entspannt mit ihm zusammen und sah mir alte Familienfotos an. Und wie immer empfand ich die Sehnsucht, meinem Vater näher zu kommen.

Als wir dann später am Flughafen standen, kämpfte ich mit meinen Gefühlen. „Du kommst doch mit zum Gate, Papa?", fragte ich, denn es fiel mir schwer, ihn zu verlassen.

„Ich kann nicht, John", erwiderte er mit brüchiger Stimme und wandte seinen Blick ab. „Der Abschied fällt mir so schwer, mein Sohn. Wenn du nichts dagegen hast, werde ich mich hier von dir verabschieden." Damit nahm er mich in den Arm und hielt mich

*Das Leben ist
einfach herrlich,
wenn man drei
Jahre alt ist!
Wie die meisten
kleinen Jungen
mochte es John
besonders, in
seinem Boller-
wagen durch den
Garten gezogen zu
werden.*

*Anne im
unschuldigen Alter
von drei Jahren.
Sie war schüch-
tern, hatte aber
ein sehr freund-
liches Wesen.*

Als seine Eltern sich scheiden ließen, ging John gerade in die zweite Klasse.

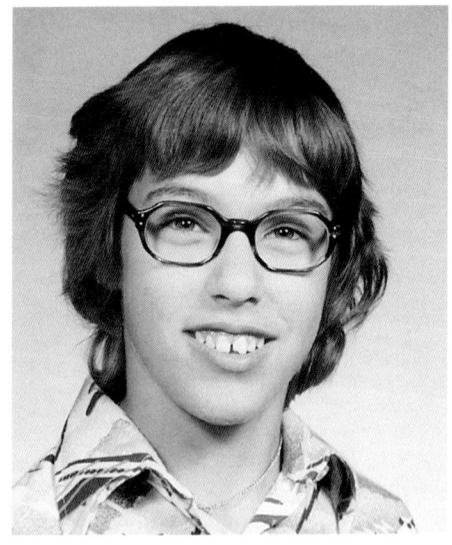

Im Alter von neun Jahren sah Anne immer jungenhafter aus.

1981 – in diesem Jahr war John achtzehn Jahre alt und stand kurz vor seinem Schulabschluss.

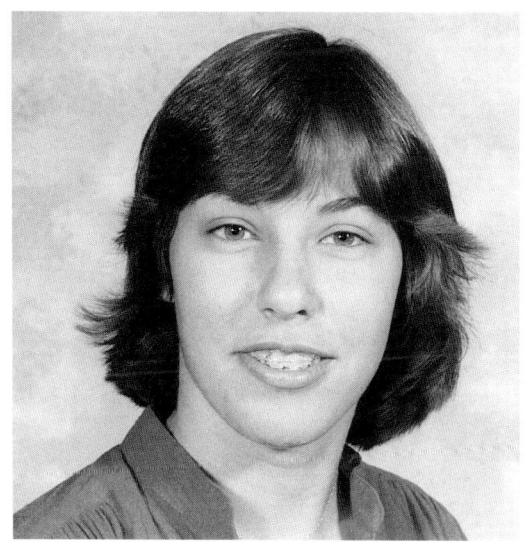

In der Highschool verstand Anne nicht, wie schön es sein kann, eine junge Frau zu sein.

Im Alter von zwanzig Jahren wurde Johns anderes Ich, Candi, geboren.

Während ihrer Zeit im College machte Anne ihr ganzes Selbstwertgefühl von ihren sportlichen Erfolgen abhängig.

1988 war John glücklich. Bei „Love in Action" bekam er Hilfe von anderen Männern, die sich wie er darum bemühten, von der Homosexualität loszukommen.

Bei „Love in Action" bekam Anne (Mitte) die Ermutigung, die sie brauchte, um ihre Geschlechtsverirrung zu überwinden.

Während der Hochzeit von Johns Schwester im Jahre 1990 verspürte John wieder eine Bindung an seine Mutter, wie sie seit Jahren nicht gewesen war.

Anne war bereits 25, als sie sich zum ersten Mal in ihrem Leben mit Hilfe der Frau ihres Pastors schminkte.

Der 19. Juli 1992 war für John und Anne der glücklichste Tag ihres Lebens.

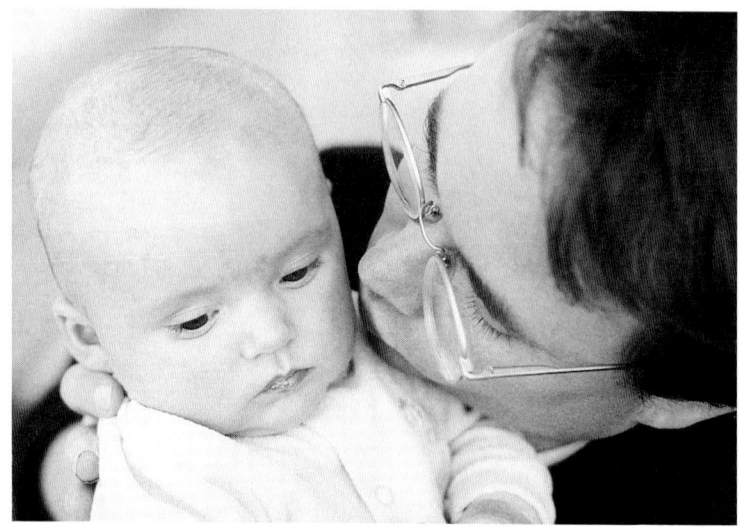

Am 17. Dezember 1996 wurde der erste Sohn der Paulks geboren,
Timothy Edward.

Timmy hilft Anne beim Schmücken des Weihnachtsbaumes 1998.
Anne war damals mit ihrem zweiten Kind, Alexander Gillett, schwanger.

länger fest, als ich erwartet hatte. Mit Tränen in den Augen ging er davon und ich wandte mich tief bewegt zum Gate. Wir beide fühlten uns in diesem Moment schrecklich einsam.

Ein paar Monate später bekam ich einen Brief von ihm, der nach langer Zeit einige der zerbrochenen Stellen in meinem Herzen heilte. Er lautete:

Lieber John,

schon lange herrscht eine unausgesprochene Spannung zwischen uns. Sie ist dadurch entstanden, dass keiner von uns sich die Mühe gemacht hat, die Kommunikation zwischen uns aufrechtzuerhalten. Ich für meinen Teil möchte das jetzt ändern. Wenn von deiner Seite einige Gründe dagegen sprechen, wäre es schön, wenn du sie beiseite schieben könntest.

Wenn du das Gefühl hast, du würdest mir nichts bedeuten, so ist das falsch, denn du bedeutest mir wirklich sehr viel. Du trägst sicher seit unserem Treffen eine Last mit dir herum, weil du dich nicht dazu überwinden konntest, mir zu erzählen, dass du schwul bist. Doch ich würde gerne darüber sprechen.

Ein Sohn braucht nicht die Billigung seines Vaters, um sein Leben zu führen, wie er es für richtig hält. Allerdings ist es wichtig, dass zwei Menschen sich gegenseitig akzeptieren mit ihren individuellen Rechten, Zielen und Entscheidungen.

Ich akzeptiere dich als Individuum. Du bist zwar jetzt erwachsen, aber du bist noch immer mein Sohn. Ich bitte dich nur, dass auch du mich akzeptierst und dazu müssen wir nicht dieselben Menschen lieben. Ich liebe dich.

Und bitte lass nicht zu, dass deine Verbitterung über dein Leben dich daran hindert, es zu leben.

In Liebe,
dein Vater

Anne

Marys Abreise hatte eine große Lücke in meinem Leben hinterlassen und Melissa versuchte instinktiv, sie zu füllen. Zuerst war ich in meiner Trauer beinahe untröstlich, aber ich versuchte weiterzumachen und klammerte mich an meinen Glauben. Noch immer beteiligte ich mich an allen möglichen christlichen Aktivitäten, besuchte Bibelstunden und andere Veranstaltungen. Alle sahen deswegen zu mir auf, weil ich offensichtlich eine solche Hingabe an Gott empfand. Doch die Wahrheit war, dass ich emotional ein totales Wrack war.

Melissa hatte auch eine gute Beziehung zu Jesus, aber ihr fehlten enge Freundschaften und sie war auf der Suche nach jemandem, an den sie sich anschließen konnte. Weil sie so liebevoll und mir so ergeben war, begann sie ganz allmählich die Leere zu füllen, die Mary hinterlassen hatte. Bis zu einem gewissen Grad gelang ihr das auch, doch Marys Platz konnte sie nicht vollständig einnehmen – zumindest noch nicht.

Obwohl wir schöne Stunden miteinander verlebten, wurde Melissa zunehmend eifersüchtig. Wir kannten uns nun fast ein Jahr und sie wollte mir unbedingt noch näher sein. Ich verstand sehr gut, wie sie empfand – wie oft hatte ich denselben Frust erlebt?

John

Wie aufregend die Vergnügungen meines Lebens auch wurden, egal wie wild die Nächte, wie ausgelassen die Stimmung war, ich kämpfte vehement gegen meine Depressionen und Verzweiflung an. Keine meiner Beziehungen war von langer Dauer. Ich hatte nicht den Erfolg, nach dem ich mich sehnte. Und ich konnte mich kaum noch im Spiegel ansehen. Gefühle der Selbstverachtung plagten mich und nur Alkohol und Sex schienen sie in Schach zu halten.

Eines Abends reichten meine üblichen Formen der Narkotisierung offensichtlich nicht aus, denn ich sah mich im Badezimmerspiegel an und schnaubte verächtlich: „Ich hasse dich. Ich hasse alles an dir!"

Daraufhin packte ich eine Flasche Whiskey und schüttete ihn gleich aus der Flasche in mich hinein. Der Alkohol brannte in meiner Kehle und ich war froh über den Nebel, der meinen Verstand langsam einhüllte. Anschließend griff ich von einem teuflischen Impuls getrieben ein Tablettenröhrchen aus dem Medizinschrank und schüttete die Tabletten in meine Hand. Einen Augenblick lang starrte ich sie an und bewunderte ihre schöne rote Farbe. Dann warf ich sie mir, ohne lange nachzudenken, in den Mund und spülte sie mit noch mehr Whiskey hinunter. Ich wollte meiner Qual ein Ende bereiten.

Nach dieser Aktion legte ich mich auf die Couch und hoffte auf meinen letzten, endgültigen Schlaf. Doch gerade als ich die Augen schloss, wurde ich von einer inneren Stimme aufgerüttelt. „John", sagte diese Stimme, „du willst nicht sterben. Du willst doch eigentlich gerettet werden. Du brauchst Hilfe, jemanden, der dich liebt und sich um dich kümmert."

Widerstrebend reagierte ich. So benommen wie ich war, schaffte ich es irgendwie, die Nummer der Selbstmordhotline zu wählen. Der Therapeut war zum Glück in der Lage, mir den Namen von Dr. Brian Taylor zu entlocken, der mich schon bald darauf anrief. Nachdem dieser eine Weile mit mir gesprochen und erfahren hatte, welches Schmerzmittel ich geschluckt hatte, konnte er sagen, dass ich keine tödliche Dosis eingenommen hatte, trotz des enormen Alkoholspiegels in meinem Blut.

In den anschließenden Therapiesitzungen kam Brian dann immer mehr zu der Überzeugung, dass er mir nicht mehr weiterhelfen konnte, wenn ich mich nicht um mein Alkoholproblem kümmerte.

„Dann halten Sie mich also für einen Alkoholiker?", fragte ich Brian ablehnend. „Wollen Sie das sagen?"

„Sie glauben, Sie sind es nicht?", antwortete er mit einer Gegenfrage. „Sehen Sie sich die Fakten an, John. Sie trinken regelmäßig und manchmal bis zur Bewusstlosigkeit. Es gibt auch noch andere deutliche Warnsignale."

„Alkoholiker können nicht mit dem Trinken aufhören, Brian. Das wissen Sie. Aber ich kann es, wenn ich möchte. Ich möchte es nur im Augenblick noch nicht."

„Das ist der Punkt. Sie wollen es nicht, weil Sie es nicht können!"

„Brian, ich möchte es nicht, weil ich nicht daran interessiert bin. Sehen Sie, Sie versuchen nur, mir einzureden, ich sei ein Alkoholiker, weil Sie sich wegen meines Selbstmordversuchs Sorgen machen. Es wird nicht wieder vorkommen, Sie können sich also entspannen. Ich war nur aufgebracht."

Brian sah mich ruhig an. „John, bis Sie nicht wegen Ihres Alkoholmissbrauchs Hilfe suchen, sind meine Hände gebunden. Der Alkohol steht Ihrem Weiterkommen im Wege."

„Sie reagieren total übertrieben, Brian", beharrte ich. „Das ist kein Problem. Glauben Sie mir."

Brian ließ sich nicht überzeugen; schließlich erkannte er einen Abhängigen, wenn er ihn sah.

Eines Samstagabends mehrere Wochen später war ich wieder mal im „K". Ich war betrunken und hatte Drogen genommen. An diesem Abend trug ich wieder einmal Frauenkleider und tanzte als *Candi* durch die Nacht, ohne mich um die Welt um mich herum zu kümmern. Dann sah ich aus irgendeinem Grund nach oben und mein Blick wurde plötzlich von einem sich drehenden Spiegelball an der Decke magisch angezogen. Ich lächelte, als ich die zarten Lichtmuster an der Decke und den Wänden entdeckte.

Und plötzlich schien ich Zeit und Raum entrückt zu sein. Die lärmende Realität des Clubs entschwand, die Musik hörte auf zu spielen und ich konnte den donnernden Rhythmus nicht mehr hören. Alles war seltsam entrückt. Und in der Stille, die sich wie ein Vorhang über mich herabgesenkt zu haben schien, hörte ich wieder eine Stimme. Sie war nicht hörbar im physischen Sinne, aber in meinem Inneren erklang sie laut und deutlich.

„Komm zu mir zurück", sagte die Stimme, „und ich werde dein Leben verändern."

Sofort erkannte ich diese Stimme als die Stimme Gottes. „Komm zurück zu mir", wiederholte er.

Still für mich antwortete ich: *Aber ich weiß nicht, wie ich zu dir zurückkommen kann. Wie soll ich das schaffen? Ich bin so weit von dir entfernt.*

In diesem Augenblick war die Musik wieder zu hören und ich kehrte in die Realität zurück. Doch in meinem Herzen blieb eine Sehnsucht nach dieser reinen Verbindung, die ich in diesem kurzen Moment erlebt hatte. Die Stimme war so liebevoll gewesen, so wohlwollend.

Als ich den Tanzboden verließ, um mir einen weiteren Drink zu holen, wanderten meine Gedanken zurück zu dem Gespräch, das ich als Fünfzehnjähriger mit meiner Freundin Clara geführt hatte. Ich erinnerte mich, nach diesem Gespräch an meinem Fenster gekniet und Jesus gebeten zu haben, in mein Leben zu kommen. Plötzlich sehnte ich mich danach, wieder fünfzehn zu sein.

Als der Barkeeper mir meinen Whiskey auf Eis reichte, verpuffte das Erlebnis, als wäre es nie da gewesen. Wieder einmal war ich *Candi*, eine Vision der Weiblichkeit auf dem Tanzboden, entschlossen, diese Nacht durchzufeiern.

Anne

In Melissas Wohnheim lebten eine ganze Reihe Lesben und einige davon auch auf ihrem Flur. Da die Anziehung zwischen Melissa und mir immer stärker wurde und wir kaum die Hände voneinander lassen konnten, passten wir dort recht gut hinein.

Sehr zu meinem Erstaunen war Melissa nicht als Einzige an mir interessiert. Noch einige andere Frauen im Wohnheim hatten ein Auge auf mich geworfen und ein paar sagten mir sogar, sie würden mich sehr attraktiv finden. Damals nahm ich Judo-Unterricht und eines Abends führte ich ihnen eine bestimmte Bewegung vor. Eine der Frauen hatte kurz geschnittene Haare und wirkte auch durch ihr ganzes Äußeres sehr männlich, also beschloss ich, sie als Partnerin für meine Demonstration zu wählen.

Ich brachte sie in eine Judoposition. Während ich sie festhielt, sah sie mir in die Augen und sagte: „Weißt du, ich mag dich sehr."

Ich war erstaunt. Nie hätte ich gedacht, dass sich drei oder vier Frauen gleichzeitig für mich interessieren könnten. Trotzdem war offensichtlich, dass sie alle etwas von mir wollten und dieses „Etwas" war unmissverständlich sexueller Natur.

An jenem Abend bemerkte auch Melissa das Interesse der anderen. Sie hatte schon die ganze Zeit versucht, meine Gedanken von Mary abzulenken und jetzt fühlte sie sich noch mehr in ihrer Position bedroht. Dieses Konkurrenzdenken führte dazu, dass sich die unerfüllte sexuelle Spannung in unserer Beziehung nur noch steigerte.

Melissa dachte vermutlich: *Wenn wir Sex miteinander hätten, hätten wir eine ganz besondere Beziehung. Dann wären wir für immer zusammen.* Aber ich hatte Mary noch nicht ganz überwunden und außerdem rückte der Zeitpunkt, an dem ich sie wieder sehen sollte, näher.

Irgendwie schafften Melissa und ich es, der Versuchung zu widerstehen. Ich nahm an, wir könnten ewig so weitermachen, ohne die Grenze zur sexuellen Intimität zu überschreiten. Mein Glaube würde mir schon die Kraft dazu geben, dachte ich. Und da ich mir nie hätte vorstellen können, dass irgendetwas meinen Glauben schwächen könnte, hatte ich keine Ahnung, wie verletzlich ich eigentlich war.

John

Der Wettbewerb zur Wahl der *Miss Ingenue* von Columbus stand bevor. Die bekanntesten *Drag Queens* (Homosexuelle in Frauenkleidern) traten gegeneinander an und 1985 lag ich gut im Rennen. Aber als ich nach einer misslungenen Vorstellung in alkoholisiertem Zustand während des Wettbewerbs nicht zur *Miss Ingenue* gekürt wurde, wurde ich nur noch unzufriedener mit mir selbst und meinem chaotischen Leben.

Mittlerweile trank ich sehr stark und während unserer Therapiesitzung beschäftigten Brian und ich uns nun etwas ausführlicher mit *Candi* und der Rolle, die sie in meinem Leben spielte. Er wollte mir helfen zu erkennen, dass ich mich vor mir selbst versteckte, wenn ich mich in *Candi* verwandelte. Ich hörte, was er sagte, war aber nicht in der Lage, alles zu begreifen, obwohl ich wusste, dass es durchaus Sinn machte.

Als ob die Niederlage bei dem Wettbewerb und der Hass auf mein Leben noch nicht genug gewesen wären, wurde ich auch noch zornig auf meine Mutter, weil sie die Beziehung zu ihrem letzten Freund abgebrochen hatte, mit dem ich mich recht gut verstand. Eines Abends war ich so frustriert und zornig, dass ich mich sinnlos betrank. Ich wusste nicht mehr, was ich tat. Auf meinem anschließenden Zug durch die Schwulenbars suchte ich nach jeder Ablenkung, die sich mir bot. Mehrere mögliche Liebhaber versuchten an diesem Abend mich aufzugabeln, doch ein bestimmter Mann war beharrlicher als die anderen.

Ich nahm ihn mit in meine Wohnung und nach einigen weiteren Drinks hatte ich einen vollkommenen Blackout. Als ich schließlich aufwachte, war mein Bett voller Blut und ganz offensichtlich war ich grausam missbraucht worden. Ich hatte große Schmerzen und konnte mich an nichts erinnern. Außerdem war ich beraubt worden, denn mein Familienring sowie alles Bargeld fehlten.

So schmerzhaft diese Vergewaltigung körperlich auch war, mein emotionaler Schmerz war noch viel größer. So oft ich mich auch auf unwillkommene sexuelle Aktivitäten eingelassen hatte, noch nie zuvor war mir Gewalt angetan worden – war ich gegen meinen Willen missbraucht worden. Mein Kopf dröhnte vor Schmerzen, den ganzen Tag über war mir übel und ich musste mich mehrmals übergeben. Egal was ich tat, ich konnte das Gefühl der Beschmutzung nicht abschütteln.

Als Brian hörte, was passiert war, konfrontierte er mich erneut mit meinen Trinkgewohnheiten.

„Ich habe jetzt eine ganze Weile mit Ihnen gearbeitet, John, und Sie haben große Fortschritte gemacht. Aber wir können jetzt nichts mehr tun, bis Sie Ihr Alkoholproblem in den Griff bekommen", sagte er mit fester Stimme. „Ich möchte, dass Sie die *Drummers* aufsuchen, das ist eine homosexuelle Gruppierung der Anonymen Alkoholiker. Sie brauchen Hilfe und zwar sofort, John. Es fällt mir zwar schwer, das zu sagen, aber wenn Sie nicht wenigstens diese Treffen besuchen, werden wir uns nicht mehr sehen."

„Ach kommen Sie, Brian", protestierte ich. „Sie sind ..."

„John", unterbrach Brian mich entschlossen, „entweder Sie gehen zu den *Drummers* oder Sie brauchen nicht wiederzukommen."

Ich hatte überhaupt keine Lust, dahin zu gehen. Doch sehr zu meinem Erstaunen erkannte ich, als ich die katholische Kirche „St. Mary", wo sich die *Drummers* trafen, betrat, einige Leute und mir wurde klar, dass ich gar nicht so vollkommen fehl am Platze – und anonym – sein würde, wie ich gedacht hatte. Im Laufe des ersten Treffens ließ ich meinen Blick durch den Raum schweifen und ich war erfreut, einige sehr attraktive Männer zu finden. Vielleicht war das Ganze doch gar nicht so übel.

Während dieser Sitzung erzählten Menschen von ihren Erfahrungen mit dem Alkohol, wie das bei allen Treffen der Anonymen Alkoholiker die Regel ist. Sie berichteten von ihrer Machtlosigkeit, ihrem außer Kontrolle geratenen Leben, ihrer Unfähigkeit, aus eigener Kraft mit dem Trinken aufzuhören. Ich wusste genau, wovon sie sprachen.

Ich konnte die Wahrheit nicht mehr leugnen. Als der Verantwortliche sagte: „Nur Sie können entscheiden, ob Sie Alkoholiker sind oder nicht", war ich bereit, ein schmerzliches Eingeständnis zu machen. *Ja*, stimmte ich innerlich zu, *mein Name ist John und ich bin Alkoholiker.*

Die Anonymen Alkoholiker sprechen sehr viel von Heiterkeit, die sich auch in ihrem Leben zeigt. Und immer wieder ist auch die Rede von einer „höheren Macht", oder „Gott, wie Sie ihn verstehen". Vorher hatte ich nicht viel über Gott nachgedacht, abgesehen von dem seltsamen Zwischenfall auf dem Tanzboden und meinem kurzen Intermezzo als Christ in der Highschool, aber ich merkte, dass diese Leute ein echtes Gottesbewusstsein hatten.

„Es ist die Kraft Gottes, die uns nüchtern hält und uns unsere Gesundheit zurückgibt", wurde häufig in aller Aufrichtigkeit geäußert. „Du musst mit einer höheren Macht in Kontakt kommen", ermutigten sie mich. „Du musst lernen, dich auf etwas zu verlassen, das größer ist als du."

Anne

Der Sommer brach an und damit mein Abschluss an der Uni im Fach Sport. Wie konnte ich ihn besser feiern als mit einem Wiedersehen mit Mary? Für mich war die Reise nach China ein Traum, der in Erfüllung ging. Sechs Wochen sollte mein Besuch bei ihr dauern. Meine Freude und Aufregung waren nicht zu beschreiben. Mary und ich würden wieder zusammen sein.

Doch bereits nach wenigen Tagen wurde mir klar, dass Mary in der Zwischenzeit eine enge Beziehung zu einer Chinesin entwickelt hatte, einer Frau mit Namen Han. Für mich war es unglaublich, dass sie sich nach so kurzer Zeit bereits genauso eng an jemanden angeschlossen hatte, wie sie sich an mich angeschlossen hatte. Ich weiß nicht, welches Gefühl stärker war, meine Eifersucht oder meine Enttäuschung.

Ich war am Boden zerstört. Monatelang hatte ich mich auf diese Reise gefreut und mir vorgestellt, Mary und ich würden die wundervollen Aspekte unserer Freundschaft wieder aufgreifen. Doch gleich vom Augenblick meiner Ankunft an war klar: Zwischen uns würde es nie wieder so sein, wie es früher gewesen war. Nach ein paar Tagen tiefster Enttäuschung schloss ich mich deshalb vorzeitig der Missionsgruppe an, mit der ich durch das Land reisen wollte.

Je mehr ich darüber nachdachte, desto mehr gab ich Gott die Schuld. Was mich betraf, hatte er mir emotional den Boden unter den Füßen weggezogen. Wie hatte er nur zulassen können, dass wir uns so nahe kamen, und dann zusehen, wie Mary eine ähnlich tiefe Beziehung zu dieser anderen Frau aufbaute? Meine ganze Welt war auf den Kopf gestellt. Da ich meine Beziehung zu Mary nie als das gesehen hatte, was sie tatsächlich war, konnte ich Gottes Absicht in dem Ganzen natürlich nicht erkennen. Stattdessen war ich zornig auf ihn.

Da war ich nun in China, eine Jugendmissionarin mit der Absicht, anderen Menschen zu helfen, zu Jesus zu kommen. Doch für den Rest der Reise hatte ich anderen wenig anzubieten. Ich verlor mich in Trauer über das, was ich als doppelten Betrug empfand – sowohl Mary wie auch Gott hatten mich verlassen. Die anderen Mädchen in der Gruppe bemerkten, dass es mir nicht gut ging und waren deshalb sehr freundlich zu mir. Manchmal kam eine von ihnen zu mir, legte ihren Arm um mich und versuchte, mich zum Sprechen zu bringen.

Ich erzählte ihnen so viel, wie es in dieser Situation möglich war. Ich erklärte ihnen, dass eine enge Freundschaft anscheinend doch nicht so eng gewesen sei, wie ich angenommen hatte. Diese lieben jungen Frauen standen mir wirklich bei, litten und beteten mit mir.

John

Nachdem ich mehrere Monate nüchtern geblieben war, begann sich mein Leben zu verändern. Ich verhielt mich nicht mehr verantwortungslos und vertrauensunwürdig, behielt meine Stelle im Kopierladen an der Uni und mir wurde sogar die Leitung eines eigenen Geschäftes anvertraut. Ich hatte auch keine Erinnerungslücken und Blackouts mehr, sondern konnte mich, wenn ich morgens aufwachte, genau an die Ereignisse vom vorhergehenden Abend erinnern. Anstatt jedes Mal nach einem Drink zu greifen, wenn ich das Bedürfnis danach empfand, lernte ich mich abzulenken, bis das Bedürfnis nachließ.

Mir fiel immer wieder die Heiterkeit der Anonymen Alkoholiker auf, wenn ich an ihren Treffen teilnahm, und meine Gedanken wanderten manchmal zu der „Höheren Macht", von der sie sprachen. Nachdem ich mit meiner Mutter über meine Fortschritte gesprochen hatte, suchte auch sie sich eine Gruppe der Anonymen Alkoholiker und es dauerte nicht lange, bis sie widerstrebend eingestand, ebenfalls Alkoholikerin zu sein. Eine Überraschung für mich war nur, dass sie es zugab.

Sogar *Candi* veränderte sich. Sie war nicht mehr so wild und grausam wie früher und obwohl sie mit ihren Freiern noch immer fröhlich feierte, verhielt sie sich doch klüger und vorsichtiger als früher.

Meinem Vater hatte ich von meinem Alkoholproblem lange nichts erzählt, doch dann nahm ich all meinen Mut zusammen und erklärte ihm in einem Brief, ich sei auf dem Wege der Besserung und nun schon seit sieben Monaten nüchtern. Kurz darauf erhielt ich seinen Antwortbrief:

John,

es war eine schöne Geste deinerseits, mir von deinem Alkoholproblem zu erzählen. Es ist verständlich, dass mein Schweigen dich in dem Glauben ließ, ich sei entweder schockiert oder wüsste aus irgendeinem Grund nicht mit der Situation umzugehen.

In meinem letzten Brief war es mir ein Anliegen, dir zu sagen, wie stolz ich darauf bin, dass du versuchst, deine Probleme aufzuarbeiten, anstatt die Schuld auf die Hindernisse zu schieben, die sich dir in den Weg gestellt haben. John, nichts im Leben kann mich schockieren oder auch nur überraschen. Es gibt wenig, das ich noch nicht miterlebt habe. Ich weiß sehr gut um den Zustand der Menschheit.

Keinesfalls sollst du den Eindruck haben, ich würde das Problem des Alkoholismus herunterspielen. Es ist ein großes Problem und verschwindet nicht einfach wieder von allein. Einige Menschen sind empfänglicher dafür als andere; ob der Grund dafür nun Krankheit ist, eine chemische Reaktion oder ein schlechtes soziales Umfeld, ist nicht wichtig. Wenn der Alkohol für dich falsch ist, dann ist es gut, dass du das erkannt und Schritte unternommen hast, dich selbst zu schützen.

John, alles Liebe und Gute für dich. Das Leben ist lang. Finde heraus, was für dich wichtig ist und wachse in der Freude.

Liebe Grüße,
dein Vater

Unmittelbar auf diesen Brief folgte eine ganze Reihe von besonderen Ereignissen. Als Erstes lernte ich Matt kennen. Er war ein gut aussehender blonder junger Mann, der meine Aufmerksamkeit erregte, als ich mal wieder *Candi* war. Schon bald erfuhr ich, dass er sich im Laufe des vergangenen Jahres bereits mehrmals nach *Candi* erkundigt hatte, weil er Fotos von mir machen wollte – nur zu gern willigte ich ein. Also gab er mir seine Telefonnummer und ich versprach, ihn anzurufen.

Nach mehreren missglückten Versuchen kamen Matt und ich endlich zusammen und ich begann zu glauben, dass etwas ganz Besonderes zwischen uns passieren würde. Wir hatten eine Menge Spaß miteinander – wir mochten dieselben Filme, dieselbe Musik und dasselbe Essen. Besonders interessant war, dass Matt John genauso zu schätzen schien, wie er *Candi* bewunderte. Er nannte mich sogar John, wenn ich in die Rolle der *Candi* geschlüpft war.

Kurz nachdem ich Matt kennen gelernt hatte, machte ein anderer Freund eine interessante Bemerkung. Eines Abends kam er in der Bar auf mich zu und sagte: „John, es ist toll, wie beliebt *Candi* ist. Hast du schon einmal darüber nachgedacht, was passieren würde, wenn du dich wie *Candi* verhieltest, selbst wenn du wie John gekleidet bist? Ich wette, alle würden dich lieben."

Seine Bemerkung brachte mich dazu zu überlegen, warum ich mich eigentlich als *Candi* verkleidete. Wenn ich Frauenkleider trug, verhielt ich mich vollkommen anders. Ich war zuversichtlich, beliebt und akzeptiert. Konnte es sein, dass *Candi* nur ein Ausdruck meiner Persönlichkeit war? Sie war ein Kostüm, eine Maske – eigentlich eine Krücke. Vielleicht musste ich mich gar nicht mehr hinter ihrem Bild verstecken.

Das war ein vollkommen neuer Gedanke für mich, doch ich war noch nicht bereit, mich von *Candi* zu lösen, denn noch immer hatte ich vor, als *Candi* zur diesjährigen Parade der Homosexuellen zu gehen. Matt mietete zu diesem Anlass ein rotes Mustang-Cabriolet und schmückte es mit Krepppapier, Bändern und Ballons. Er trug einen weißen Frack und spielte meinen Chauffeur, während ich im Fond saß. Der *Goodale Park* war der Ausgangspunkt des Umzugs und angeregt durch die festliche Stimmung des Tages sagten uns viele der Zuschauer, wie gut wir aussahen. Tausende Menschen nahmen teil; die Parade würde sich über mehrere Meilen erstrecken.

Die *Stonewall Union*, die Aktivistengruppe der Homosexuellen am Ort, hatte zwei grob wirkende Lesben als Wachen abgestellt, die neben unserem Wagen hergehen sollten für den Fall, dass es irgendwelche Unruhen geben würde. Zuerst lief alles gut. Die Zuschauer riefen mir zu: „Du bist die Königin der Königinnen!", während ich Bonbons in die Menge warf. Als wir uns aber der Brücke über den *Oentangy* näherten, hörten wir auf einmal Gesang. Ein unheimliches Gefühl machte sich breit; ein Schaudern überlief mich und ich bekam richtig Angst.

Schon bald kam die Parade zu einem Stillstand und ich steckte auf einmal mitten in einer Gruppe wütender und protestierender Christen fest. Viele von ihnen hielten Schilder mit Bibelversen oder Sprüchen hoch wie „Kehrt um oder brennt in der Hölle!". Einige in der Menge schrien, andere weinten und wieder andere beteten mit gesenkten Köpfen. Einen dieser Leute erkannte ich als einen Trainer aus meinem Sportstudio, der normalerweise immer sehr nett zu mir war. *Wie kann er zu dieser Gruppe gehören?*, fragte ich mich. *Und warum können diese Leute uns nicht einfach in Ruhe lassen?*

„Warum belästigen uns diese Leute?", fragte ich Matt. Und ganz plötzlich fühlte ich mich klein und der Verdammung preisgegeben, so als würde Gott mich tatsächlich hassen.

Unsere Wachen blieben zum Glück ruhig. „Sprecht nicht mit ihnen!", forderten sie uns auf. „Seht sie nicht einmal an. Das sind Idioten. Benehmt euch besser als sie." Mit diesen beiden Wachen als Schutz fühlte ich mich sicher und es dauerte dann auch nicht lange, bis sich die Parade wieder in Bewegung setzte.

Doch egal was ich sagte oder dachte, diese Christen hatten mir das Gefühl gegeben, schmutzig zu sein. Ich schämte mich und dafür hasste ich sie. Welches Recht hatten sie, mir ihre Selbstgerechtigkeit aufzudrücken?

Zum Glück verlief diese unangenehme Begegnung ohne ein größeres Unglück, doch nur wenige Tage später gab es erneut einen Zwischenfall. Nachdem ich einen großartigen Auftritt in einem Club gehabt hatte, versuchte ein Mann, auf *Candi* einzuschlagen. Diese Situation wühlte mich innerlich sehr auf und aus irgendeinem Grund war sein Angriff der letzte Tropfen für mich, der das Fass zum Überlaufen brachte.

Mehrere Monate lang ließ daraufhin die Faszination, in Frauenkleidern aufzutreten, merklich nach. Es war nicht mehr aufregend und der langwierige Prozess, mich in eine Frau zu verwandeln, in eine atemberaubend schöne Frau, war mir langweilig geworden. Während ich immer mehr mit mir selbst, mit John, in Berührung trat, löste ich mich mehr und mehr von meinem anderen Ich. Ich hatte mir selbst bewiesen, dass ich eine überzeugend bezaubernde Frau sein konnte, deshalb lag darin nun keine Herausforderung mehr. Außerdem fing ich an, mich über die Aufmerksamkeit zu ärgern, die die Männer *Candi* schenkten, ohne etwas von John zu wissen oder sich auch nur für ihn zu interessieren.

Aus einer Reihe von Gründen, die ich damals selbst nicht verstand, hatte ich *Candi* satt. Doch noch mehr stank mir das gesamte Verkleidungsspiel und das Leben mit einer gespaltenen Identität.

Mit eiserner Entschlossenheit packte ich die Garderobe und das Make-up, die ich in vier Jahren als *Candi* angesammelt hatte, in eine Kiste und warf alles auf den Müll. *Candi* war tot und ich hatte das Gefühl, aus einem kalten, dunklen Gefängnis entlassen worden zu sein.

Einige meiner Freunde waren schockiert, vor allem die, die ebenfalls in Frauenkleidern herumliefen.

„Du kannst *Candi* doch nicht einfach wie ein Gepäckstück wegwerfen, John", argumentierten sie. „*Candi* ist doch ein Teil von dir! Ohne sie wirst du nicht mehr derselbe sein!"

„Ihr habt Unrecht", widersprach ich ihnen. „Ich brauche *Candi* nicht mehr. Sie ist nicht ich – und ich werde, so lange ich lebe, nie wieder Frauenkleider anziehen."

Anne

Nach meiner Reise nach China blieb ich Gott gegenüber verbittert, denn ich fühlte mich von ihm betrogen. Und als Reaktion darauf sprach ich ein Jahr lang nicht mehr mit ihm. Diese Entfremdung hatte gleichzeitig zur Folge, dass ich wieder so handeln konnte, wie ich wollte, ohne ihn zu fragen oder ihm zu gehorchen.

Es ist deshalb auch nicht verwunderlich, dass Melissa und ich uns in diesem Jahr verstärkt unsere körperliche Zuneigung zeigten. Wir verabschiedeten uns auf einmal immer mit einer Umarmung. Wir waren stets die Letzten, die von einer Veranstaltung nach Hause gingen und wir umarmten uns immer am längsten. Ich spürte nun ganz deutlich die sexuelle Spannung zwischen uns und wusste, dass sie gegenseitig war. Aber noch gaben wir ihr nicht nach.

Und dann, eines Abends, übernachteten Melissa und ich im selben Zimmer im Haus einer Freundin. Melissa lag auf dem Boden, ich im Bett. Als wir schlafen wollten, beugte ich mich noch kurz zu ihr hinunter, um ihr gute Nacht zu sagen.

„Zum Teufel damit", sagte sie darauf leise und begann mich auf die Lippen zu küssen. Schließlich zog sie mich auf sich und damit begannen wir unsere lang ersehnte sexuelle Beziehung. Von diesem Augenblick an war Melissa sexuell sehr anhänglich und das sogar, wenn wir mit anderen Leuten zusammen waren. Auf unsere Freunde wirkte das nur wie spielerische Neckereien, aber die Wahrheit war, dass wir direkt vor ihrer Nase eine lesbische Beziehung miteinander hatten. Doch obwohl ich es meistens genoss, empfand ich oft auch Verlegenheit.

So kam es, dass ich nach vielen emotionalen Höhen und Tiefen und nachdem ich jahrelang um den heißen Brei herumgeschlichen war, meine erste richtige lesbische Beziehung eingegangen war, die auch ein sexuelles Verhältnis mit einschloss. Und eine kurze Zeit lang war ich davon auch überaus fasziniert. Mindestens einen Monat dachten Melissa und ich nicht daran, unser Verhalten zu ändern, denn wir empfanden keinerlei Schuldgefühle. Wir hatten stattdessen sogar den Eindruck, dass wir unser

Doppelleben sehr erfolgreich führen konnten. Niemand schien etwas zu bemerken.

Alle meine Kindheitsträume waren auf einmal in Erfüllung gegangen und es war sogar noch besser, denn ich lebte diese Beziehung als Frau und tat nicht mehr so, als wäre ich ein Mann. Aber wir spielten ein Spiel, versteckten die Wahrheit vor anderen Menschen und das fordert irgendwann seinen Tribut. Und es dauerte nur so lang, wie auch unsere ersten Hochgefühle anhielten, bis uns unsere Geheimnistuerei daran erinnerte, dass wir etwas taten, das unserem Glauben zuwiderlief. Wir hatten unsere moralischen Wertmaßstäbe verbogen, um unsere Gefühle zuzulassen.

Da wir nun alles gemeinsam taten, besuchte ich mit Melissa zusammen ihre Gemeinde. In dieser Gemeinde war es üblich, prophetische Gaben auszuüben, und jedes Mal, wenn ich das Gemeindehaus betrat, hatte ich schreckliche Angst, Gott würde irgendwie den Himmel öffnen und vor Hunderten von Menschen sagen: „Anne, du bist eine lesbische Beziehung eingegangen!"

Tief in meinem Inneren wusste ich, dass Gott das nicht tun würde, aber trotzdem konnte ich diese Ängste nicht beiseite schieben. Ich dachte immer mehr darüber nach, meine lesbische Beziehung zu Melissa abzubrechen in der Hoffnung, auf diese Weise meine lesbischen Neigungen zu verlieren. Darum sagte ich immer häufiger zu ihr: „Sieh mal, wir müssen wirklich damit aufhören." Woraufhin sie einmal sogar mit Selbstmord drohte oder mich mit anderen Dingen zu manipulieren versuchte. Sie hatte einfach Angst, mich zu verlieren.

Anstatt unsere Beziehung jedoch abzubrechen, begannen Melissa und ich, uns einander zu versagen. Immer wieder gaben wir nach und dann hielten wir uns wieder zurück. Aber unser Widerstand war insgesamt gesehen nicht sehr stark, weshalb uns unsere Gefühle und körperlichen Sehnsüchte jedes Mal erneut überwältigten. Mein Fleisch wollte Befriedigung; mein Herz wollte Melissa. Es war eine schwierige, ja hoffnungslose Schlacht.

Rückblickend erkenne ich, dass eine Heilung niemals möglich gewesen wäre, wenn ich mich in dieser aussichtslosen Situation mit Melissa nicht selbst gefunden hätte. In dem nutzlosen Versuch, das Richtige zu tun, wurde ich tief gedemütigt. Mein Versagen stieß mich von meinem eigenen Thron und nahm mir ein für alle Mal die Illusion, ich würde alles richtig machen, indem ich nur den Deckel auf meine Sexualität drückte, während ich gleichzeitig mit lesbischen Gefühlen herumspielte.

Schließlich erkannte ich, dass ich keines der Probleme aufgearbeitet hatte, die schuld daran waren, dass ich mich zu Frauen hingezogen fühlte. Und es gab eine Reihe von Aspekten in Bezug auf meine Geschlechtsverwirrung, bei denen ich die Hilfe anderer brauchte. Bis zu diesem Sommer, als ich meinen eigenen Sehnsüchten schließlich nachgab, hatte ich eigentlich nie ernsthaft nach Antworten gesucht. Ich merkte nun, dass mein Problem tiefer ging, als ich angenommen hatte, denn ich konnte offensichtlich nicht allein damit fertig werden. Und meine lesbischen Neigungen waren kein Gedanken- oder Verhaltensmuster mehr, das ich kontrollieren konnte.

Doch gleichzeitig wurde mir in diesen Monaten eine wundervolle Wahrheit bewusst: Gott verlässt einen Menschen nicht, der in seiner gewohnheitsmäßigen Sünde verharrt. Er nahm sich meiner auf einer tiefen Ebene an, trotz meiner Sünde. Am Ende von vier Monaten sexueller Aktivität mit Melissa sagte ich zu ihm: „Gott, ich liebe diese Sünde. Ich liebe diese Sünde einfach. Sie ist für mich so erfüllend. Ich kann nicht davon lassen, das weiß ich. Ich habe sie geschmeckt und finde sie wunderbar. Ich kann nicht mehr dagegen ankämpfen. Es ist eine Abhängigkeit. Ich kann nicht Nein sagen. Du wirst etwas tun müssen. Ich möchte, dass du die erste Liebe in meinem Leben bist und das bist du im Augenblick nicht. Du wirst mein Herz verändern müssen. Du wirst die Veränderungen für mich vornehmen müssen."

Und genau das tat er. Ein paar Tage später telefonierte ich von Melissas Zimmer aus mit der Gruppenleiterin unserer christlichen Studentengruppe. Sie plauderte mit mir und versuchte mir in Bezug auf Beziehungen und christliche Gemeinschaft neue Gedankenmodelle zu erläutern, von denen sie vor kurzem erfahren hatte. Es war, glaube ich, eine neue Strategie, um Menschen, die Gott noch nicht kennen, zu erreichen.

Wegen meiner Schuldgefühle dachte ich jedoch, sie würde mit dem Finger direkt auf mich deuten. In der Annahme, sie wüsste bereits Bescheid, erzählte ich ihr von meiner Beziehung zu Melissa. Ich fing an: „Vermutlich sagen Sie das wegen Melissa und mir ...", und erklärte ihr alles.

Die arme Frau hatte jedoch keine Ahnung gehabt. Still hörte sie zu und ließ mich reden und als ich fertig war, war sie zum Glück reaktionsschnell genug, mir einige Fragen zu stellen. Am Ende dieses Telefongesprächs wusste sie alles.

Als Melissa hereinkam, sagte ich: „Weißt du was, ich habe gerade unser Geheimnis gelüftet."

„Du hast was?", rief sie entsetzt. „Jetzt sind wir in großen Schwierigkeiten! Damit werden wir nicht davonkommen."

Obwohl ich das damals nicht erkennen konnte, hatte Gott mich als Antwort auf mein eigenes Gebet zu dieser Öffnung gebracht. Denn es war wirklich ein ehrliches Gebet gewesen, der Schrei meines Herzens.

Kurze Zeit später setzten Melissa und ich uns mit einigen Leuten von der Studentengruppe zusammen, die in ihrer Reaktion sehr hart blieben: „Ihr zwei müsst eure Beziehung sofort aufgeben. Legt es in Gottes Hände. Er stellt sie in der Zukunft vielleicht in einer gesunden, neuen Form wieder her, aber im Augenblick dürft ihr so nicht weitermachen."

Als Reaktion auf ihre Forderungen flammte der Zorn auf Gott, den ich wegen des Verlusts von Mary gehabt hatte, wieder auf. Auf emotionaler Ebene war Melissa mir zu der Partnerin geworden, die bereits Mary gewesen war, und jetzt verlor ich auch sie. Aufgebracht eilte ich nach diesem Gespräch nach draußen. Meinen Wagen hatte ich am Ufer eines Sees geparkt und ich schleuderte meine Schlüssel hoch in die Luft auf die Gefahr hin, dass sie im See landeten und ich sie nie wieder finden würde.

Schnell wurde mir klar, wie dumm ich gewesen war, und ich machte mich auf die Suche nach meinem Schlüsselbund. Schließlich fand ich ihn und stieg in meinen Wagen. Ich weinte hemmungslos. Ich betete: „Gott, es ist schon wieder passiert – sie ist die Einzige, die mich wirklich kennt. Und wieder verliere ich den

Menschen, der mich richtig versteht, die Liebe, nach der ich gesucht habe!"

Dieser Tag war das Ende meiner Beziehung zu Melissa und der Anfang meiner Heilung; ich sollte ein neuer Mensch werden. Ich sollte auch eine ganz neue Gruppe von Freunden finden, die mir durch mein Tief hindurchhalf. Aber eine Veränderung ist nicht leicht. Wenigstens nicht für mich und ganz bestimmt geschah sie nicht über Nacht.

Liebe in Aktion

John

Der Begleitservice, den Racine und ich begonnen hatten, kam niemals richtig in Schwung. Außerdem führte ich tagsüber den Kopierladen an der Uni, was sehr langweilig war, aber es war ein ruhiger Job und ich lief nicht Gefahr, dabei verhaftet zu werden oder mir eine Geschlechtskrankheit zuzuziehen. Schon bald kannte ich eine Reihe regelmäßiger Kunden mit Vornamen, doch vor allem zog ein bestimmtes Paar meine Aufmerksamkeit auf sich.

Tom und Denise Walters arbeiteten als Seelsorger an der *Ohio State University*, weshalb ich sie in die Kategorie „Religiös" einstufte. Aber es machte Spaß, sich mit ihnen zu unterhalten und ich freute mich immer, wenn sie in den Laden kamen. Doch das Interessante war, dass ich sie anscheinend durch Zufall auch immer wieder außerhalb des Ladens traf. Auf diese Weise wurden wir nach und nach Freunde. Es war eine seltsame Freundschaft: Sie waren konservativ, ich war schwul und trotzdem schienen sie mich zu mögen. Wenn ich krank war, brachten sie mir etwas zu essen, wenn ich niedergeschlagen war, machten sie mir Mut. Ich fühlte mich auf unerklärliche Weise zu ihnen hingezogen. Doch immer leuchtete eine kleine gelbe Lampe im Hintergrund meines Bewusstseins auf, die mich warnte, dass sie Absichten hatten, die nichts mit Fotokopien zu tun hatten.

Eines Nachmittags fragte mich Tom, ob er mich in meiner Wohnung besuchen könnte. „Ich möchte gern mit dir über etwas reden", sagte er.

„Worüber denn?", fragte ich und blickte ihn misstrauisch an. „Warum können wir nicht hier darüber sprechen?" Ich wusste sehr gut, was Christen über Homosexuelle dachten und bei mir brannten alle Alarmlampen an. Ich nahm zwar an, dass er mir die „große Bekehrungsrede" halten wolle, doch ich war trotzdem damit einverstanden, dass Tom mich zu Hause besuchte? Warum? Ich hatte wirklich keine Ahnung.

Als er an diesem Tag an meine Tür klopfte, kam mir der Gedanke, so zu tun, als sei ich nicht zu Hause. Ich war gerade dabei, Valentinsgrüße für meine schwulen Freunde zu schreiben. Doch nach einer Minute beschloss ich, ihn in meine Wohnung zu lassen, in der überall Poster hingen, die mich als Homosexuellen entlarvten. Und Tom holte seine große schwarze Bibel hervor.

Anhand des Johannesevangeliums begann er, von Gottes Liebe für jeden Menschen zu sprechen. Er wies mich darauf hin, dass Jesus Gottes Sohn war und dass wir alle einen Erlöser brauchen, jemanden, der die Stücke unseres zerbrochenen Lebens für uns aufsammelt. Obwohl Tom ganz allgemein von Unrecht sprach, das wir alle tun, wanderten meine Gedanken sofort zu meinem homosexuellen Verhalten

„Tom", sagte ich, „ich bin schwul, darum kann Gott mich nicht lieben."

Tom begann zu lachen. „Wer hat dir denn das gesagt?", fragte er. „Er liebt dich auf jeden Fall."

Ich erzählte ihm von meiner Bekehrung mit fünfzehn und sagte dann: „Ich möchte nur wissen, wenn ich jetzt sterben würde, werde ich dann in den Himmel kommen?"

„Ja", antwortete er. „Du bist all diese Jahre Christ gewesen. Aber das ist nur ein Teil der Geschichte. Es ist eine Sache, sein Leben Gott anzuvertrauen", antwortete er. „Etwas anderes ist es aber, ein Leben zu führen, das ihm auch gefällt. Du kommst vielleicht in den Himmel, aber du wirst dann nichts vorzuweisen haben. Aber wenn du Gott liebst, wirst du ihm gehorchen."

Daraufhin las er mir Bibelstellen wie 1. Johannes 2 vor, um seine Aussagen zu unterstreichen, und andere wie Römer 8, wo auf Gottes nie endende Liebe zu uns hingewiesen wird.

Plötzlich erkannte ich, dass ich tatsächlich an die Grundsätze des Christentums glaubte. Ich glaubte, dass ich ein Sünder war und Vergebung brauchte; ich hatte das alles nur jahrelang in meinem Unterbewusstsein vergraben und mich einer Gehirnwäsche des homosexuellen Lebensstils und seiner Rhetorik unterzogen. Jetzt fühlte ich mich *schuldig*.

Während Tom sprach, erkannte ich, dass ich Gott noch immer liebte. Durch die Liebe und Zuneigung, die mir Tom und Denise in den vergangenen Monaten gezeigt hatten, hatte ich gelebte christliche Liebe erfahren und meine tiefe Liebe zu Gott wurde wieder freigelegt. Es war eine verblüffende Offenbarung.

„Kann ich einen Liebhaber haben und trotzdem Christ sein?", fragte ich als Nächstes.

„Diese Frage kann ich dir nicht beantworten", erwiderte Tom. „Ich weiß nur, dass Gott dein Lebensstil nicht gefallen würde." Dann zeigte er mir verschiedene Stellen in der Bibel, in denen von Homosexualität die Rede war. Danach ging er.

In den folgenden Tagen musste ich immer wieder an Clara denken und die Entscheidung, die ich in der Highschool für Jesus getroffen hatte. Ich dachte an die „höhere Macht" der Anonymen Alkoholiker und dass diese Macht mir anscheinend geholfen hatte, als ich nicht die Kraft hatte, mir selbst zu helfen.

Auch erinnerte ich mich an den seltsamen Gedanken, der mir gekommen war, als ich im „K" tanzte: *Ich möchte, dass du zu mir zurückkommst. Ich kann dich von all dem befreien und dein Leben verändern.*

Als ich eines Abends über all das nachdachte, liefen mir Tränen die Wangen hinunter. Konnte dies die Antwort sein, nach der ich suchte? Impulsiv kniete ich neben meinem Bett nieder und hoffte, dass etwas Wundervolles geschehen würde.

„Herr", betete ich, „ich weiß nicht, was du vorhast. Ich weiß nicht, wie ich aufhören kann, homosexuell zu sein, und ob das überhaupt möglich ist. Aber ich möchte dir mein Leben zurückgeben. Wenn du mir helfen wirst, will ich dir vertrauen und mich niemals wieder von dir abwenden."

Es war der 10. Februar 1987 und ich war 23 Jahre alt.

Anne

Meine Liebschaft mit Melissa war nicht so leicht zu überwinden. Nun, da ich mich an sexuelle Erfahrungen erinnern konnte, geriet ich immer wieder in Gefahr, mir unser Zusammensein gedanklich vorzustellen. Ich hatte Rückblenden und wurde allein bei den Gedanken daran sexuell erregt. Aber mein Wunsch, Gott zu gehorchen, war sehr stark und ich war entschlossen, alles in meiner Macht Stehende zu tun, um diese Impulse zu überwinden.

Ich war dankbar für meine Bibelgruppe in der Gemeinde, wo ich vollkommen aufrichtig sein konnte. Dort bekam ich sehr viel Unterstützung von den Menschen um mich herum – Menschen, die mir zuhörten und mir Mut machten. Ihre Unterstützung bestärkte mich in dem Wunsch, Jesus aus all der Verwirrung zwischen meinen sexuellen und meinen geistlichen Wünschen zu folgen. Zum ersten Mal in meinem Leben war mir klar, dass ich nicht alle Antworten hatte. Ich erkannte, dass ich die Hilfe und Gebete anderer tatsächlich brauchte. Und mittlerweile war ich demütig genug, auch darum zu bitten.

Manchmal, wenn mir unterwegs eine sexuelle Erinnerung kam, begann meine körperliche Reaktion meist schon, bevor ich überhaupt Zeit hatte, darüber nachzudenken. Um diesen Mechanismus zu stoppen, sah ich dann in die Gegend und sagte zum Beispiel: „Sieh nur, Herr, da ist ein Baum! Dieser Baum ist grün und hat Blätter. Er hat eine braune Rinde."

Weil meine Gefühle so verzehrend waren und bereits einen Abhängigkeitscharakter hatten, musste ich mit aller Strenge und Konsequenz gegen meine Besessenheit von Melissa ankämpfen. Ich musste jeden Gedanken, der mir unerwartet in den Sinn kam, überprüfen und das über Monate hinweg. Ich musste aufhören, bei den Erinnerungen zu verweilen, die mir immer noch kamen, obwohl Melissa und ich uns schon lange nicht mehr sahen.

Im Laufe der Zeit entwickelte ich eine derartige geistige Disziplin, dass es mir gelang, alle meine lesbischen Gedanken beiseite zu schieben. Doch das war nur möglich, indem ich jeden Gedanken in jeder Sekunde des Tages Gott unterstellte. Damals wusste ich es noch nicht, aber ich folgte einer biblischen Anweisung auf einer ganz praktischen Ebene.

So hilfreich die *Exodus*-Treffen für mich auch waren, seltsamerweise besuchte ich das erste Treffen nur, weil ich keine andere Wahl hatte. Es geschah kurz vor der Beendigung meiner Beziehung mit Melissa. Damals versuchten wir beide noch erfolglos, zu unserer reinen, nichtsexuellen Freundschaft zurückzukehren.

Melissa hatte von einer Frau mit Namen Sheila Hanson gehört, einer Therapeutin, die eine *Exodus*-Gruppe in San Rafael leitete. Eines Abends fuhren Melissa und ich dorthin und wir gingen zusammen essen. Wir erzählten ihr von unserem Wunsch, unsere Beziehung beizubehalten, doch ohne die sexuelle Ebene. Sie lächelte in dem Wissen, dass dies nicht möglich war. Und während sie uns so zuhörte, konnte sie bestimmt alle möglichen Verhaltensmuster bei uns erkennen. Aber sie wusste damals, dass wir nicht viel verkraften konnten, deshalb machte sie uns nur Mut, Gott zu gehorchen.

Nach diesem Abendessen folgten wir Sheila aus dem Restaurant. Ich wollte mich gerade von ihr verabschieden, als Sheila meinte: „Melissa, Sie können mir mit dem Wagen zu dem Haus folgen, wo sich unsere Gruppe trifft“, sagte sie. „Es ist nicht weit.“

Verärgert sah ich Melissa an mit einem Blick, der sagte: „Was meint sie damit? Welche Gruppe?“

Melissa ignorierte meine Reaktion und sagte zu Sheila: „Ist gut, ich fahre einen roten VW. Warten Sie mit Ihrem Wagen an der Ecke.“

Auf dem Weg zu Melissas Käfer gerieten wir in eine hitzige Auseinandersetzung, denn ich war fuchsteufelswild.

„Was machst du hier eigentlich?“, fragte ich. „Du weißt, dass ich Therapiegruppen hasse, Melissa. Ich möchte nicht hingehen, aber da du gefahren bist, hänge ich jetzt hier fest. Es ist ein weiter Weg bis nach Hause. Ich hasse das!“

Melissa ließ sich aber nicht beirren. „Ich weiß, dass dir diese Treffen nicht gefallen, aber wir gehen nur heute Abend hin und sehen es uns mal an“, schlug sie vor. „Es kann ja nicht schaden, eine Sitzung zu besuchen.“

Den Rest des Weges legten wir schweigend zurück. In dem Augenblick, als Melissa und ich zur Tür hereinkamen, wussten alle im Raum genau, wo unser Problem lag.

Bei *Exodus* lernte ich Menschen kennen, die dieselben Kämpfe auszufechten hatten wie ich, und doch war Veränderung bei ihnen zu bemerken. Ich fühlte mich zu ihnen hingezogen und kam immer wieder. Melissa dagegen ging nur dieses eine Mal hin.

Einige Wochen später brachen Melissa und ich miteinander, nachdem wir von den Leitern unserer Studentengruppe auf unser Problem angesprochen worden waren. Aber nach diesem ersten *Exodus*-Treffen kannte ich einen Ort, wo ich Hilfe suchen konnte. Ich war nicht mehr allein in meinem Kampf, denn die Gruppe gab mir Hilfestellung, weil jeder Einzelne dort verstand, woher ich kam. Zu irgendeinem Zeitpunkt in ihrem Leben hatten alle einmal ähnliche Gefühle erlebt und sie überwunden. Trotz der weiten Anfahrt von über einer Stunde besuchte ich jeden Freitagabend diese Gruppenstunde. In all meiner Verwirrung wusste ich, dass ich dort die Antworten finden konnte, die ich so verzweifelt suchte.

John

War es möglich, als Christ schwul zu sein? Meine homosexuellen Gefühle hatten sich seit meinem Gebet nicht verändert. Meine Seele war vielleicht errettet, aber ich spürte keine Veränderungen und ich wusste nicht, was ich dagegen unternehmen konnte.

Denise und Tom beteten auch weiterhin für mich. Sie gaben mir Liebe und machten mir Mut, in der Bibel zu lesen. Ich versuchte, mit einigen Leuten von den Anonymen Alkoholikern zu sprechen, um zu erfahren, ob einer von ihnen vielleicht als Christ seinen homosexuellen Lebensstil beibehalten hatte. Niemand schien eine Antwort darauf zu haben, aber auch ohne die Hilfe eines Menschen zog ich mich allmählich von meinem alten Lebensstil, meinen alten Freunden und alten Gewohnheiten zurück.

Von irgendeiner unsichtbaren Quelle schien ich eine neue Perspektive bezüglich des Lebens als Homosexueller und dem egozentrischen Wesen seiner Beziehungen zu bekommen. Und bei meinem Versuch, mich zu ändern, stieß ich entweder auf großen Zorn oder eisige Zurückweisung von Menschen, die ich seit Jahren kannte.

Ein Mann aus meiner Alkoholiker-Gruppe lud mich eines Abends zu sich nach Hause zum Essen ein. Ich sollte mir gemeinsam mit ihm einige neue pornografische Videos mit Homosexuellen ansehen. Als ich ihm sagte, ich sei daran nicht interessiert, wurde er furchtbar wütend.

„Was ist dein Problem, John?", fragte er mit beißendem Spott. „Bist du jetzt zu rechtschaffen für deine Freunde?"

„Das ist es nicht, Carl", widersprach ich. „Ich versuche nur, ein paar Dinge etwas anders zu machen ..."

„John, lass mich dir etwas sagen", unterbrach er mich zornig. „Du spinnst!"

Trotz solcher Reaktionen schrieb ich an fünfzig meiner homosexuellen Freunde. In meinen Briefen teilte ich ihnen mit, ich hätte beschlossen, die Welt der Homosexualität zu verlassen. Ich hatte sie bis dahin für meine besten Freunde gehalten, aber zu meiner Verblüffung hielt es nicht einer von ihnen für nötig, mir zu antworten. Die meisten von ihnen sah ich nie wieder.

Ich sprach mit Ben und wenigstens er schien mich ernst zu nehmen. Aber er fühlte sich mir entfremdet und obwohl ihm meine Freundschaft noch immer viel bedeutete, wusste er nicht, wie er mit meinem neu gefundenen Glauben umgehen sollte. Er war mein einziger noch verbliebener homosexueller Freund und der plötzliche, unerwartete und vollkommene Verlust aller sozialen Beziehungen stürzte mich in eine Einsamkeit und Isolation, die ich noch nie zuvor kennen gelernt hatte.

Während ich nach und nach in meinem Verständnis geistlicher Wahrheiten weiterkam, wurden mir die Augen geöffnet und ich konnte erkennen, dass meine Freundschaften viel oberflächlicher gewesen waren, als ich gedacht hatte, und dass der homosexuelle Lebensstil emotional extrem gefährlich war. Mein wachsendes

Bewusstsein geistlicher Dinge gab mir ein seltsames Gefühl, als ob ich ein Forscher wäre, der ein Land verließ, ohne zu wissen, was ihn im nächsten erwartete.

In diesen ersten Monaten meines erneuerten Glaubenslebens beschäftigte ich mich kontinuierlich mit der Bibel. Ich lernte Jesus kennen, indem ich das Matthäusevangelium las, und meine Liebe und mein Respekt ihm gegenüber wurden mit jedem Abschnitt und mit jedem Gespräch, das er mit Sündern führte, größer. Die Geschichte von seinem Tod und seiner Auferstehung überzeugte mich von seiner Liebe und Tom und Denise halfen mir zu verstehen, dass nichts, was ich tat, sie mindern würde.

Es ist schwer zu beschreiben, welchen Einfluss Jesu Liebe auf mich hatte. Ich war mein ganzes Leben lang auf der Suche nach Liebe gewesen und jetzt fühlte ich mich zum ersten Mal vollkommen geliebt und akzeptiert. Das allein veränderte mich tief in meinem Inneren und ohne dass ich es so recht verstand, wurde meine gesamte Lebensperspektive verwandelt.

Eines Tages telefonierte ich mit meiner Mutter. „Mama, du wirst es nicht glauben. Erinnerst du dich noch, dass ich mich damals, als ich fünfzehn war, dieser christlichen Gruppe angeschlossen habe? Nun, ich versuche, Gott wieder kennen zu lernen. Und weißt du was? Ich glaube nicht, dass ich jetzt noch homosexuell sein muss. Vielleicht wurde ich doch nicht mit einer solchen Veranlagung geboren."

Meine Mutter schnappte nach Luft. „Das ist ja unglaublich!", rief sie. „Ich weiß, dass du nie richtig glücklich gewesen bist, John, darum habe ich Gott gebeten, dir zu helfen. Ich betete: ‚Gott, wenn es dich gibt und wenn du John helfen kannst, nicht mehr homosexuell zu sein, dann tue es bitte.'"

„Du machst Witze!", erwiderte ich, verblüfft darüber, dass sie überhaupt betete, geschweige denn um so etwas.

Was konnten wir sagen? Wir beide waren erstaunt und aufgeregt. Vor allem hatten wir neue Hoffnung bekommen. In meinem Inneren tat sich etwas. Sogar mein sexuelles Verlangen schien abgenommen zu haben. Gott war am Werk und ich konnte mir nicht vorstellen, was er als Nächstes tun würde.

Doch obwohl Jesus sehr real für mich war, litt ich unter einer tiefen Einsamkeit, die mit jedem Tag schlimmer zu werden schien. Manchmal griff ich nach dem Telefon, doch dann schüttelte ich traurig den Kopf, als ich mir bewusst machte, dass ich keine Freunde mehr hatte, die ich anrufen konnte. Ich saß dann zu Hause und kämpfte gegen die Tränen an, weil ich niemanden hatte, mit dem ich ausgehen, und keinen Ort hatte, wo ich allein hingehen konnte. Unwillkürlich fragte ich mich, was Gott mit meinem Leben vorhatte. An diesem Punkt war ich nicht mehr vollkommen davon überzeugt, dass er das Richtige tat!

Immer wieder wurde ich von Versuchungen geplagt, nachdem ich mein Leben Christus wieder neu übergeben hatte. Ich empfand eine große Anspannung, weil ich zwischen zwei Welten gefangen zu sein schien und zu keiner richtig gehörte. Tom und Denise, die meinen Kampf miterlebten, gaben mir ein Buch. Es trug den Titel *Beyond Rejection* (Jenseits der Ablehnung). Hinten in diesem Buch war der Name einer Organisation genannt, die Homosexuellen hilft, wieder zur Heterosexualität zurückzufinden, sie trug den Namen *Exodus International*. Und die von ihnen ins Leben gerufene therapeutische Lebensgemeinschaft nannte sich *Love in Action* (kurz: *LIA*).

Neue Hoffnung flackerte in mir auf, als ich Informationsmaterial von ihnen anforderte. Außerdem fuhren Tom und Denise in der Zwischenzeit auf einer Reise nach Nordkalifornien bei *LIA* vorbei und berichteten mir, dass dies ein Ort sei, wo tatsächlich tiefe Heilung im Leben von homosexuellen Männern und Frauen geschehen würde. Nachdem ich das Informationsmaterial erhalten hatte, kam ich schließlich zu der Erkenntnis, dass dies vielleicht die Gelegenheit war, die ich brauchte, um mich zu ändern. Ich rief an und bat um ein Anmeldeformular.

Mit dem Anmeldeformular kam eine Broschüre, in der erklärt wurde, wie der Unterricht, die Therapie und die Bibelstunden zusammenwirkten, um Homosexuellen zu helfen, die ihrer Homosexualität zu Grunde liegenden Ursachen zu erkennen und aufzuarbeiten. Wenn ich angenommen wurde, würde ich mit anderen Männern zusammen wohnen, die ebenfalls versuchten, ihre homosexuellen Neigungen zu überwinden; ein Hausvater und sein Assistent würden uns überwachen. Während dieser Zeit würde ich mir einen Job in der Nähe suchen und für meinen Lebensunterhalt selbst aufkommen müssen.

Anfang Herbst bekam ich dann die Nachricht, dass meine Bewerbung angenommen worden war. Kurz vor Weihnachten gab ich meinen Job auf, packte meine Sachen zusammen, suchte mir einen neuen Job in der Nähe von San Rafael und nahm ein Flugzeug nach San Francisco. Von dort fuhr ich mit dem Bus nach San Rafael.

Als ich mit meinen Koffern in der Hand aus dem Bus ausstieg, fiel mir ein Mann in den Sechzigern auf, der die aussteigenden Passagiere beobachtete. „John? John Paulk?", fragte er.

„Ja, ich bin John", antwortete ich. Ich streckte die Hand aus, doch er nahm mich stattdessen fest in den Arm.

„Ich bin Frank Worthen von *Love in Action*", erklärte er mir. „Willkommen zu Hause!"

Frank, der *LIA* gegründet hatte, fuhr mich zum *New Hope House* (Haus neuer Hoffnung), meinem Heim für das kommende Jahr. Als wir ankamen, war niemand da. Frank zeigte mir mein Zimmer und das einzige noch freie Bett war das obere eines Etagenbettes. Nachdem er gegangen war, stieg ich hinauf und fragte mich wieder einmal, wie die anderen Männer wohl sein würden. *Was für seltsame Männer werden hier wohl leben? Zurückgewiesene*, stellte ich mir vor, *die es in der Welt der Homosexualität einfach nicht geschafft haben. Aber wen kümmert's*, sagte ich mir schließlich. *Je weniger attraktiv sie sind, desto besser für mich.*

Bald schlief ich ein. Als ich aufwachte, waren die anderen Bewohner zurückgekehrt. Es war der Silvesterabend und wir feierten gemeinsam einen Anbetungsgottesdienst. Während das neue Jahr begann, beteten wir und baten Gott, uns allen zu helfen, das Programm erfolgreich zu beenden und den homosexuellen Lebensstil hinter uns zu lassen.

Ich freute mich auf das, was vor mir lag. Was mir jedoch gar nicht gefiel, war die Vorstellung, in die Kirche gehen zu müssen, denn meine Erfahrung mit Leuten wie den Demonstranten bei der Loveparade hatten mich dazu gebracht, die Christen zu hassen, obwohl ich Gott liebte. Nachdem ich mich Jesus wieder zugewandt hatte, waren Tom und Denise meine „Gemeinde" gewesen. Doch bei *LIA* wurde von uns erwartet, dass wir die nahe gelegene *Church of the Open Door* (Kirche der offenen Tür) besuchten. Frank versicherte uns, die Leute dort würden uns lieben und akzeptieren, aber ich blieb skeptisch – und hatte Angst.

An dem ersten Sonntag, an dem wir diese Gemeinde besuchten, stellte Pastor Mike Riley die neue Gruppe von *LIA* vor. Er erklärte der Gemeinde, warum wir dort waren, und bat die Gottesdienstbesucher, für uns zu beten. Sie reagierten mit lautem Applaus und viele begrüßten uns nach dem Gottesdienst sehr herzlich. Ich war angenehm überrascht und seither liebe ich diese Gemeinde.

Anne

In jenen ersten Monaten meiner Teilnahme an der *Exodus*-Gruppe erlebte ich eine ganze Reihe positiver Veränderungen. An einem Abend sah ich zum Beispiel ein Video über Mütter, das von Starla Allen von *Desert Stream Ministry* (Wüstenstrom), einem Zweig von *Exodus,* in Südkalifornien gedreht worden war. Starla wies darin darauf hin, dass zu einigen Aspekten der lesbischen Neigungen die Ablehnung der eigenen Mutter als Vorbild gehörte. Je mehr sie erklärte, desto tiefer traf mich ihre Botschaft.

Ich erinnerte mich an meine Zeit in der Highschool, als ich gedacht hatte, nur eine Supermutter sei eine richtige Mutter. Frauen, die ihrem Beruf nachgingen, gebildet waren und an den Wänden lauter Diplome hängen hatten, hatte ich immer respektiert. Meine Mutter dagegen war in der Zeit der Weltwirtschaftskrise aufgewachsen und hatte nicht einmal einen Schulabschluss. Vor ihr als Person hatte ich keinerlei Achtung. Folglich hatte ich sie lange als mein Vorbild abgelehnt.

Das Video rief mir das alles wieder in Erinnerung. Danach fragte Anita Worthen, die Leiterin der Freitagsgruppe: „Möchte jemand, dass für ihn gebetet wird?" Wir waren an diesem Abend nur zu dritt und als niemand sich meldete, sagte ich schließlich: „Wenn sonst niemand etwas sagt, könnten Sie für mich beten."

Anita stellte mich mitten in den Raum und die anderen Frauen legten mir die Hände auf und begannen für mich zu beten. Nach einigen Minuten sagte Anita: „Anne, ich glaube, du musst deiner Mutter vergeben."

Diese Bemerkung löste einen heftigen Kampf in mir aus. Ich wollte nun einmal nicht wie sie sein und außerdem konnte ich ihre Art zu leben beim besten Willen nicht respektieren. Trotzdem schienen mir meine Gefühle nicht so hässlich und zornig zu sein, dass ich sie hätte bereuen müssen. Nachdem ich eine ganze Weile mit diesen Gedanken gekämpft hatte, gab ich nach. „Ich möchte meiner Mutter vergeben. Du sollst wissen, Gott, dass ich sie als die Person annehmen werde, die sie ist, und anfangen werde, ihre guten Seiten zu schätzen, anstatt mich immer über die Dinge zu beklagen, die mir nicht gefallen."

Nach diesem Gebet spürte ich keinerlei Veränderung, aber am folgenden Tag fragte mich meine Mutter, ob ich mit ihr einkaufen gehen wollte. Damals wohnte ich noch immer bei meinen Eltern. Ich antwortete ihr: „Gern, lass uns einkaufen gehen." Doch nachdem ich diese Worte ausgesprochen hatte, konnte ich kaum glauben, dass ich das gesagt hatte.

Ich kann keinen bestimmten Grund dafür nennen, aber zum ersten Mal in meinem Leben machte mir das Einkaufen Freude. Es war erstaunlich, aber ich war ganze drei Stunden mit meiner Mutter zusammen. Während unseres Ausflugs hatte ich die Führung übernommen und ich fand tatsächlich drei Kleider, die mir gefielen. Seit ich vier Jahre alt war, hatte ich nicht mehr den Wunsch gehabt, ein Kleid zu tragen. Und bis zu diesem Einkaufsbummel hatte ich mich strikt geweigert, ein Kleid anzuziehen. Doch jetzt, nach einem einfachen Gebet, hatte sich offensichtlich eine wichtige emotionale Veränderung in mir vollzogen.

Damals war dieser plötzliche Umschwung in meinen Gefühlen seltsam für mich, aber jetzt verstehe ich es viel besser. Dadurch, dass ich beschlossen hatte, meiner Mutter zu „vergeben" und zu akzeptieren, dass sie war, wer sie war, begann ich sie in einem positiveren Licht zu sehen. Und im Laufe der Zeit schwanden auch meine Ablehnung und meine kritische Haltung ihr gegenüber.

Im April 1988 besuchte ich die Lebensgemeinschaft der Frauen von *Love in Action* (Liebe in Aktion). Ich verbrachte ein ganzes Wochenende mit ihnen, um zu sehen, ob es für mich gut sein könnte, im folgenden Jahr dort einzuziehen. Das war ein richtiges Abenteuer, denn ich erlebte, wie ein paar Frauen einen Streit miteinander hatten und beinahe mit den Fäusten aufeinander losgegangen wären. Es ging um den Trockner. Ich fand mich daraufhin sofort im Wohnzimmer auf den Knien wieder und betete, dass sie sich nicht gegenseitig umbrachten.

Das Problem war Folgendes: Eine Texanerin hatte meine Freundin Renee geärgert, weil sie ihre noch feuchte Wäsche einfach aus dem Trockner genommen hatte. Anstatt Renees Wäsche wieder hineinzulegen und den Trockner wieder anzustellen, nachdem ihre trocken war, hatte die Texanerin sie einfach auf einem Haufen liegen gelassen. Renee hatte daraufhin ihrem Missfallen lautstark und mit deftigen Worten Ausdruck verliehen. Während des Streits hielt sich eine andere Mitbewohnerin in der Küche auf. Sie kochte irgendwas, summte dabei ein kleines Lied vor sich hin und ignorierte die ganze Angelegenheit.

Als ich sie entdeckt hatte, eilte ich in die Küche und sagte: „Megan! Was machst du? Warum lässt dich das alles kalt? Warum versuchst du nicht, zwischen den beiden zu vermitteln?"

Sie hob die Schultern und antwortete nur lapidar: „Oh, das interessiert mich nicht. Lass sie doch machen."

Während all das passierte, war die Hausmutter leider nicht da, doch sobald sie von dem Zwischenfall hörte, verhängte sie eine schwere Strafe: Keine Waschmaschine und keinen Trockner mehr in der Wohnung. Ihre Erklärung war ganz einfach: „Ihr habt eure Privilegien verloren, ihr alle gemeinsam."

Bei dem Kampf war zum Glück nichts passiert, aber es war knapp gewesen. Ich bin davon überzeugt, dass sie nur aufgehört hatten, weil ich betend auf den Knien lag. Denn als sie ins Wohnzimmer kamen und mich sahen, brachen sie in schallendes Gelächter aus.

Trotz dieses Zwischenfalls konnte ich erkennen, dass die Frauen sich während ihres Aufenthaltes in der Lebensgemeinschaft veränderten. Es war, als würde Gott zu mir sagen: „Anne, dort geht etwas unglaublich Wertvolles vor. Du hast das Hässliche gesehen, aber du weißt, es gibt auch noch anderes – schöne Dinge, die du nicht immer sehen kannst."

Alle, einschließlich Renee, sagten immer wieder: „Ich kann kaum glauben, dass du trotzdem mit uns zusammen wohnen willst!" Aber ich hatte das Gefühl, als würde Gott mich führen, und außerdem war es das reale Leben. Diese Frauen waren nicht darauf programmiert, auf eine bestimmte Weise zu reagieren. Im Gegenteil, sie arbeiteten ihre Probleme gemeinsam auf. Und das machte einen großen Eindruck auf mich.

Ich beschloss also, mich im kommenden Jahr für dieses Programm zu bewerben. Doch bevor ich einzog, betete ich: „Herr, ich möchte das alles gern mit meinen Eltern besprechen. Ich möchte ihnen erzählen, womit ich zu kämpfen habe, ich möchte gern alles offen aussprechen." Aber allein der Gedanke daran ließ mich zittern. Es war besonders schwierig, weil sie nur zu gern die Augen vor harten Tatsachen verschlossen.

„Herr", betete ich, „bitte hilf mir. Ich möchte meinen Eltern gegenüber ehrlich sein, aber es wäre sehr hilfreich, wenn du sie dazu bringen könntest, mich zu fragen, ob ich homosexuell bin."

Eine knappe Woche später fragte mich meine Mutter wie aus heiterem Himmel: „Anne, bist du homosexuell?"

Eine solch persönliche Frage war vollkommen untypisch für sie; deshalb war es eine wirklich erstaunliche Gebetserhörung. „Nun, Mama, ich habe fast mein ganzes Leben mit solchen Gefühlen zu kämpfen gehabt, aber ich möchte von nun an nicht mehr so sein. Ich bin Christ geworden und möchte mit Gottes Hilfe diese Gefühle überwinden."

Wir setzten uns gemeinsam ins Wohnzimmer und unterhielten uns eine ganze Weile. Als dann später mein Vater dazukam, erzählte ich auch ihm, was mir auf dem Herzen lag. Wir sprachen über die Situation und beide sagten: „Du sollst nicht das Gefühl haben, du müsstest dich ändern. Du sollst wissen, dass wir dich so akzeptieren, wie du bist, ob du dich nun veränderst und die Homosexualität hinter dir lässt oder nicht."

Es war ein wundervolles Gespräch, denn es gab mir die Freiheit, jede Entscheidung zu treffen, die ich für notwendig erachtete. Wichtiger noch, es zeigte mir die bedingungslose Liebe meiner Eltern, nach der ich mich immer gesehnt hatte.

Im September desselben Jahres ging ich zu einem Konzert des christlichen Sängers Michael Card. Irgendwann im Laufe seines Programms sagte er: „Wisst ihr, wir beten viel und bitten Gott um viele Dinge. Aber wir sollten ihm auch gleichzeitig sagen: ‚Was möchtest du von mir? Sprich zu mir, Gott.' Und das wollen wir jetzt tun."

Michael betete und es herrschte absolute Stille im Publikum. Da hörte ich plötzlich Worte, die nicht von mir stammen konnten: *Ich werde dich heilen, Anne. Ich möchte dich heilen.*

Daraufhin dachte ich erstaunt bei mir: *Du meine Güte, das klingt aber nicht wie meine eigene Stimme. Wer ist das?* Dies war das erste Mal, dass Gott direkt zu mir gesprochen hat. Als ich anschließend das Konzert verließ, fragte ich mich nicht mehr, ob es tatsächlich möglich ist, meine Homosexualität zu überwinden. Denn ich hatte jetzt die Zusage, dass Gott dies in mir wirken würde.

Zusammen mit mehreren anderen Frauen, die mit denselben Problemen wie ich zu kämpfen hatten, zog ich am 30. Dezember 1988 in die Lebensgemeinschaft *Love in Action* ein. Als ich nach und nach die anderen Teilnehmerinnen an diesem Programm besser kennen lernte, wurde mir klar, dass jede von uns ihre einzigartige Geschichte hatte, dass jede ein Päckchen mitbrachte, das sie nicht einfach draußen vor der Tür lassen konnte. Wir alle waren gekommen, weil wir heil werden wollten. Und wir waren bei *Love in Action* willkommen.

Im Januar 1989 planten die Mitglieder der Lebensgemeinschaft einen Ausflug nach San Francisco zum so genannten Pier 39, einem Einkaufszentrum in der Nähe der Golden Gate-Brücke. Ich fuhr auch mit und da ich bereits seit vierzehn Jahren in diesem Gebiet lebte, wusste ich genau, wo ich hinwollte. Einige Zeit vor unserem Ausflug hatte ich unsere Hausmutter gebeten, ob ich meinen Freundinnen einige besondere Geschäfte zeigen könnte. Mein Hauptziel war dabei der Süßwarenladen am Ende des Piers.

„Nun, wenn ihr euch in Dreiergruppen aufteilt, könnt ihr gehen", erlaubte sie uns. Denn bei *LIA* wurde der Wunsch der Frauen nach Veränderung respektiert und deshalb auch alles getan, um ihn zu schützen und zu erhalten.

Als wir bei dem Einkaufszentrum ankamen, fiel mir jedoch auf, dass unsere Hausmutter nicht bei der Gruppe war. Die Hausväter der Männerwohngemeinschaft hatten diesmal die Verantwortung für den Ausflug übernommen und leider hatte niemand ihnen gesagt, dass ich die Erlaubnis hatte, mit meinen Freundinnen allein loszuziehen.

Ein Mann mit Namen John Paulk, der die Verantwortung für unseren Ausflug trug, teilte uns deshalb in Gruppen von jeweils acht Leuten auf. In dieser Zusammensetzung sollten wir während der ganzen Zeit zusammenbleiben und mir war klar, dass wir bei dem Tempo, das wir vorlegten, nicht dorthin kommen würden, wo ich unbedingt hinwollte. Darum fragte ich John: „Kann ich nicht mit diesen beiden Mädchen zum Süßwarenladen vorgehen?"

John schüttelte den Kopf und erklärte: „Nein."

Ich war aber beharrlich. „Ich habe doch Joan bereits gefragt", argumentierte ich, „und sie hat es uns erlaubt."

John interpretierte mein Verhalten als eine rebellische Reaktion meinerseits und glaubte, ich wollte mich seiner Führung nicht unterstellen. Ich dagegen hatte das Gefühl, dass er sehr unvernünftig und herrisch war.

Doch auch John hielt mich an diesem Tag für recht herrisch und man kann durchaus nicht sagen, dass es bei uns damals schon gefunkt hätte – eher im Gegenteil. Dieser Ausflug nach San Francisco war unsere erste „große" Begegnung und keiner von uns war vom anderen besonders positiv beeindruckt.

John

Bereits kurz nachdem ich mich zu Beginn des Jahres 1988 *LIA* angeschlossen hatte, konkretisierte sich meine Sorge in Bezug auf die Attraktivität der homosexuellen Männer dort. Denn ich entdeckte Brad, einen gut aussehenden blonden jungen Mann, der mich sofort schmerzlich an Matt erinnerte. Mein Blick folgte ihm, wo er ging und stand, und ich wollte so schnell wie möglich seine Bekanntschaft machen. Ich fühlte mich dermaßen stark zu ihm hingezogen, dass mein Wunsch nach Veränderung recht schnell durch meine Sehnsucht nach Brad verdrängt wurde. Aber ich verbarg das so gut wie möglich und machte mit dem Programm weiter. Gleichzeitig hegte ich jedoch die stille Hoffnung, dass wir beide zusammenkommen würden.

Es tat so gut, wieder einmal verliebt zu sein!

An diesem ersten Sonntag in der *Church of the Open Door* wanderte mein Blick zu Brad. Unsere Blicke trafen sich und wir lächelten uns fröhlich zwinkernd an.

Brad und ich spielten mehrere Wochen mit unserer Zuneigung zueinander herum. Heimlich hielten wir Händchen, schrieben uns kleine Zettel und streichelten uns sogar ab und zu. Beinahe hätten wir uns sexuell miteinander eingelassen.

Doch so geheim war unser Geheimnis gar nicht, denn die Leiter unserer Gruppe schritten ein. Unter Tränen gestand ich unserem Hausvater John Smid: „Ich hätte nie gedacht, dass ich mich hier zu jemandem hingezogen fühlen würde!"

„Warum erstaunt dich das, John?", erwiderte er sanft. „Dieses Programm soll dir helfen zu erkennen, wodurch Gefühle der Anziehung in dir ausgelöst werden, woher diese Gefühle kommen und was du dagegen tun kannst."

Anschließend wurden Brad und mir Einschränkungen auferlegt, die mir gar nicht gefielen, doch noch weniger gefiel mir, dass er sich plötzlich einem anderen Mann zuwandte. Aber das Gute war, dass ich trotz meiner Eifersucht und Enttäuschung klar und deutlich erkannte: *So möchte ich nicht mehr leben.*

Ich hatte genug von den wilden, quälenden Gefühlen, die

unweigerlich mit einer homosexuellen Anziehung einhergehen. Ich wollte wieder gesund und frei sein. Mein kleiner Flirt mit Brad hatte sich also als etwas Gutes erwiesen, weil mir dadurch ein für alle Mal das eigentliche Wesen des homosexuellen Lebens klar geworden war – eines Lebens, das ich für immer hinter mir lassen wollte.

Anne

Zu Beginn des *Love in Action*-Programms erregte eine Frau in meinem Haus meine Aufmerksamkeit. Zuerst war ich beunruhigt und hatte Gewissensbisse, doch es dauerte nicht lange, bis sich die Situation als ideale Gelegenheit für mich erwies, alle Elemente eines solchen Angezogenseins durchzuarbeiten.

Als ich meine Gefühle entdeckte, ging ich zu meiner Hausmutter und erklärte ihr, dass ich mich zu Karen hingezogen fühlte.

Zu meiner Überraschung waren die beiden Hausmütter nicht verärgert, sondern begannen mit mir zu arbeiten. Sie halfen mir, einige grundlegenden Prinzipien im Umgang mit einer solchen Anziehung zu verstehen. Sie waren überhaupt nicht überrascht, denn so etwas kam bei neuen Bewohnern immer wieder vor und sie waren froh über jede Gelegenheit, die ihnen half, mir etwas über mich selbst beizubringen.

Je mehr ich die unterschiedlichen Faktoren und Gefühle untersuchte, die mich in Karens Arme treiben wollten, desto mehr schwand meine Zuneigung zu ihr. Ich musste Karen so sehen wie sie war, nicht mehr und nicht weniger. Und während ich mir alle ihre Eigenarten, Probleme und ihre Paranoia bewusst machte und je mehr ich erkannte, wie sie die Leute manipulierte, desto mehr ließ ihre Anziehungskraft auf mich nach.

Unsere Hausmütter halfen uns dabei, unsere Gefühle aufzuarbeiten, indem sie uns baten, die Namen der Frauen, zu denen wir uns hingezogen fühlten, aufzuschreiben und Gründe zu nennen, warum wir uns von ihnen angezogen fühlten. Wir sagten zum Beispiel: „Sie hat so schöne Augen" oder „Ihr Haar ist so schön weich", womit wir äußerliche Dinge beschrieben. Und dabei erkannten wir, dass wir uns, ungeachtet der körperlichen Attribute, immer zu einem verzerrten Bild hingezogen fühlten, zu einem idealisierten Bild von uns selbst.

Während ich meine Liste durchging, stellte ich fest, dass das auch auf mich zutraf. Ich bewunderte Eigenschaften, die ich mir für mich selbst wünschte. Von den anderen bei *LIA* erfuhr ich, dass man, wenn man eine lesbische Beziehung eingeht, versucht, durch die intime Beziehung die Eigenschaften des Partners in sich aufzunehmen. Und das ist keine Liebe.

Mittlerweile war ich davon überzeugt, dass Gottes Liebe wirkliche Liebe ist, die Liebe, nach der ich mich sehnte. Mit jedem Tag war ich fester entschlossen, meine Vergangenheit zu überwinden und diese Liebe zu erfahren.

John

Das Jahr 1989 war harte Arbeit für mich im *LIA*-Programm. Wir verbrachten viele Stunden mit Bibelstudium und Gebet, aber wir beschäftigten uns auch mit unseren homosexuellen Trieben, deckten ihre Ursachen auf und trainierten bewusst unsere Reaktionen. In diesen Gesprächen erfuhren wir, inwiefern die Erziehung eine Schlüsselrolle in unserem Leben gespielt hat. Wir sprachen auch über die Verletzungen und Schäden, die einem Menschen durch Pornografie und sexuelle Belästigung zugefügt werden. Außerdem diskutierten wir über den Einfluss unserer Freunde und Klassenkameraden auf uns und dachten über die Leute nach, deren Gesellschaft wir in der Vergangenheit gesucht hatten, um das Wesen unserer Sehnsüchte zu verstehen.

Im Laufe der Monate begann ich Veränderungen bei mir zu bemerken, fast unmerkliche Veränderungen, die mir vielleicht nicht aufgefallen wären, wenn sie nicht so neu und meinem alten Ich so vollkommen unähnlich gewesen wären. Eines Tages beschloss ich, auf einen schwulen Geschäftsmann so zu reagieren, als hätte ich keine homosexuellen Neigungen. In der Vergangenheit hätte ich sein Spiel sicher mitgespielt. Aber dieses Mal verhielt ich mich anders.

Bei einer anderen Gelegenheit bemerkte ich, als ich mit einem Mann in den Fahrstuhl stieg, dass er mich prüfend ansah, mir recht deutliche Signale gab, die besagten: „Ich bin schwul und zu haben. Bist du interessiert?" In der Vergangenheit hätte ich mich geschmeichelt gefühlt, aber jetzt empfand ich nur Empörung. Deshalb sandte auch ich ein Signal aus, indem ich meinen Ring von der linken an die rechte Hand steckte, um den Eindruck zu vermitteln, dass ich verheiratet war, verschränkte die Arme und wandte mich ihm zu, sodass er den Ring unweigerlich sehen musste. Meine Botschaft war klar: „Nicht mit mir, Junge. Du vergeudest deine Zeit."

Als ich über diesen und ähnliche Zwischenfälle nachdachte, wurde mir klar, dass sich in meinem tiefsten Inneren etwas veränderte. Gott tat, was ich selbst nicht hatte schaffen können – ich wollte nicht mehr als Schwuler angesehen werden.

LIA organisierte Abendveranstaltungen, in denen die Männer der Lebensgemeinschaft in verschiedenen Gemeinden in und um San Francisco unsere Organisation vorstellten. Da ich eine recht offene Persönlichkeit besitze, machte mir das Sprechen vor großen Gruppen nichts aus und so war ich oft mit von der Partie.

In diesem Jahr wartete während einer solchen Veranstaltung eine erstaunliche Überraschung auf mich, die mich und meine Familie für immer veränderte. Ein paar von uns waren nach Eugene in Oregon gefahren, um in den Gemeinden dort von unserer Arbeit zu erzählen. Ich freute mich sehr auf den Abend, weil meine Schwester Vicky kommen wollte. Mittlerweile hatte sie ihr Examen an der *Georgetown University* gemacht und wohnte wieder in Portland. Meine Entscheidung, mich *LIA* anzuschließen, war ihr überhaupt nicht recht gewesen und ich wollte mich gern mit ihr darüber unterhalten.

„Kannst du nicht von Portland herunterkommen? Ich werde an diesem Abend dort singen", hatte ich sie gefragt.

„Ich werde da sein", hatte sie versprochen.

Und sie war tatsächlich da. Das Lied, das ich vortrug, hieß *Can You Reach My Friend* (Kannst du meinen Freund erreichen?). Der Text des Liedes handelt davon, wie man einen Menschen erreichen kann, der Gott noch nicht kennt.

Nach der Veranstaltung sah ich, dass Vicky weinte, aber ich wusste nicht, warum. Anita Worthen stand währenddessen neben mir und sagte: „Ich sehe, dass Gott in deiner Schwester am Werk ist. Frag doch, ob du mit ihr beten sollst."

„Nein", erwiderte ich, „in meiner Familie möchte bestimmt niemand Christ werden." Aber Vicky war so durcheinander, also ging ich zu ihr und legte ihr den Arm um die Schulter.

„Als du gesungen hast, hast du ausgesehen wie ein Engel", sagte sie unter Tränen. „Du bist so anders."

Und plötzlich fand ich den Mut, ihr von der Liebe Gottes zu erzählen und davon, wie er mich veränderte und mit Freude erfüllte. Dann fragte ich: „Möchtest du zu Gott beten und auch Christ werden?"

„Ja", erwiderte sie und ich hatte die Freude, meiner Schwester zu helfen, ihr Leben Jesus anzuvertrauen. Wie ich konnte sie erfahren, dass ihre Sünden von einem gnädigen Gott vergeben wurden. Und wenn Vicky bereits eine Veränderung an mir bemerkte, dann war ich tatsächlich auf dem Weg aus der Homosexualität heraus.

Anne

Im Juni 1989 besuchte ich zusammen mit fünf anderen Frauen eine *Exodus*-Konferenz in San Antonio, was für mich eine unglaubliche Erfahrung war! Denn dort wurde mir klar, welche Fortschritte wir in nur sechs Monaten gemacht hatten. Wir alle konnten sehen, dass einige der anderen Teilnehmer, die zu wöchentlich stattfindenden Selbsthilfegruppen gehörten, in der Aufarbeitung ihrer Probleme nicht halb so weit waren. Es war wirklich die Mühe wert gewesen. Bei allem Argumentieren und Kämpfen lernten wir tatsächlich, und zwar schnell. Das war sehr gut.

Viele der Teilnehmerinnen dieser nationalen Konferenz hatten offensichtlich ihre Vernarrtheit in das Aussehen anderer Frauen noch nicht überwunden. In unserer Gruppe waren wir jedoch dahingehend sehr geschult worden, dass wir durch die äußere „attraktive" Fassade der Frauen, die wir kennen lernten, hindurchsahen. Wir bemühten uns, andere Frauen weniger zu idealisieren und mehr auf reale, langfristige und gesunde Freundschaften zu bauen.

Nach dieser Konferenz erhielt ich einen Brief von einer jungen Frau namens Joy, der zeigte, wie wichtig diese Bemühungen waren. Joy war Mitglied einer *Exodus*-Gruppe im Mittleren Westen und in San Antonio hatte sie sich sofort zu mir hingezogen gefühlt. Sie schrieb:

Liebe Anne,

ich habe mich gefreut, dich kennen zu lernen, und ich wollte dir nur sagen, dass ich mich freuen würde, wenn ich irgendetwas für dich tun kann. Lass es mich also wissen. Ich meine, falls du jemals krank wirst und jemanden brauchst, der für dich sorgt, ruf einfach an und ich steige sofort ins nächste Flugzeug und fliege zu dir …

Ich schrieb ihr zurück:

Liebe Joy,

ich möchte dir für dein freundliches Angebot danken, aber ich kenne dich kaum und man braucht viel Zeit, um eine Freundschaft dieses Kalibers aufzubauen. Auch ich habe mich in deiner Gesellschaft wohl gefühlt. Aber ich bekomme viel praktische Hilfe von den Freunden, die Gott mir hier an die Seite gestellt hat

Dieser Austausch während der Konferenz war eine schöne Belohnung und zeigte mir, dass ich tatsächlich Fortschritte gemacht hatte. Allmählich lernte ich, dass wirklich gute Freundschaften über einen langen Zeitraum hinweg aufgebaut werden müssen, langsam und nicht besitzergreifend, und dass sich gesunde Beziehungen durch einen Kreislauf von Missverständnissen, Enttäuschung und Vergebung entwickeln. Ich hatte genug gelernt, um zu erkennen, dass Joys Aufmerksamkeit vermutlich vorübergehender Natur war. Sie hatte sich zu einem Bild, das sie sich von mir gemacht hatte, hingezogen gefühlt und keine Ahnung, wer ich eigentlich war, welche Fehler und Schwächen ich hatte.

Eines Abends während der Konferenz kam ich zu spät zu einem Anbetungsgottesdienst. Es waren mindestens fünfhundert Menschen anwesend und als ich den Saal betrat, konnte ich keine meiner Bekannten finden. Einer der Männer aus unserer Lebensgemeinschaft entdeckte mich jedoch und winkte mich zu seiner Gruppe. Sie machten Platz für mich und ich setzte mich zu ihnen.

Nach dem Gottesdienst ging ich allein zurück zu meiner Unterkunft. Als ich über meine Schulter sah, bemerkte ich einen Mann, der etwa fünfzig Schritte hinter mir herging. Plötzlich bekam ich schreckliche Angst – meine alte Furcht vor einer Vergewaltigung überwältigte mich wieder. Verstandesmäßig wusste ich, dass diese Furcht aus meiner Kindheit herrührte, aber emotional erfasste mich in diesem Moment schreckliche Panik. Mein Herz klopfte zum Zerspringen.

Doch an diesem Abend beschloss ich, mich meiner Angst zu stellen. Also blieb ich stehen und wartete, um ihn an mir vorbeigehen zu lassen. Und zu meinem Erstaunen war dieser Mann kein anonymer Angreifer oder ein Fremder, sondern einer der Leiter der *Exodus*-Arbeit, Bob Brown aus Seattle.

„Oh, hallo Anne!", begrüßte mich Bob. Er hatte keine Ahnung von meinen Ängsten. Dann sagte er etwas Ungewöhnliches: „Weißt du, als ich dich heute Abend bei den Männern sitzen sah, musste ich unwillkürlich denken, wie schön es für eine Frau ist, von einem Mann beschützt zu werden. Du warst da inmitten aller dieser Männer, die dir ihren Schutz boten."

Noch nie zuvor war mir in den Sinn gekommen, dass ein Mann – oder Männer – mich beschützen könnten. *Was?*, dachte ich. *Soll das etwa heißen, dass man Männern trauen kann?* Je mehr ich darüber nachdachte, desto mehr erkannte ich, dass ein Mann der Frau gegenüber eine Beschützerrolle einnimmt. Das ist von Gott so gewollt. Bob hatte mich mit einem neuen Gedanken bekannt gemacht und Gott hatte ihn so geführt, dass dies in einer Situation geschah, in der ich eigentlich Angst hatte.

Bob ging danach wieder seiner Wege und ich meiner. Aber dieser Gedanke ließ mich für den Rest des Abends nicht mehr los und führte mich zu einem weiteren neuen Gedanken: Vielleicht würde zu irgendeinem Zeitpunkt ein Mann in meinem Leben eine bedeutende Rolle spielen und vielleicht wäre das gar nicht so übel. Vielleicht brauchte ich die Gesellschaft eines Mannes gar nicht zu fürchten. Für mich waren das revolutionäre Gedanken, weil sie die Möglichkeit einer ernsthaften Beziehung beinhalteten. Bis dahin hatte ich schreckliche Angst vor einer Heirat gehabt.

Durch bestimmte Umstände in unserer Lebensgemeinschaft bewirkte Gott noch einen weiteren Aspekt meiner Heilung: Ich erkannte, dass ich meinem Vater seine kritische Haltung mir gegenüber vergeben musste. Lange Zeit hatte ich mich über seine Angewohnheit geärgert, mich immer nur auf meine Fehler hinzuweisen und meine Stärken zu ignorieren. Vermutlich ging er davon aus, ich würde wissen, dass er mich liebte, darum hat er es niemals ausgesprochen. Und das traf übrigens auf seine Beziehung zu allen seinen Kindern zu. Aber ich empfand trotzdem einen großen Zorn auf ihn und es war an der Zeit, diesen Zorn bei Gott abzugeben.

Weil die Veränderungen in meinem Innern so umwälzend waren, zeigten sie sich auch in meinem Aussehen. Von Zeit zu Zeit gaben die Frauen der Gemeinde uns Tipps in Bezug auf unser Aussehen, unsere Kleidung und unsere Frisuren. Eine von ihnen beriet uns, welche Farben wir tragen sollten, eine andere zeigte uns, wie man Make-up auflegt. Einige von uns waren an solchen Dingen mehr interessiert als andere, zum Beispiel wollte meine Freundin Donna mit Make-up nichts zu tun haben und wusch sich die ganze Pracht hinterher wieder ab. Wir anderen hingegen waren begeistert dabei. Es war neu und machte Spaß. Hinter all dem stand jedoch kein Zwang und wir brauchten nichts davon anzunehmen, wenn wir es nicht wollten. Aber wir bekamen die Chance zu erleben, wie es ist, eine „normale" Frau zu sein.

Ich hatte die Angewohnheit, in einem Waldstück auf dem Gelände zu joggen. Und obwohl ich mich an jenem Abend mit Bob Brown meiner Angst gestellt hatte, war ich noch immer nicht frei von der Angst, jemand könnte aus dem Gebüsch springen und mich sexuell missbrauchen. An diesem Punkt wäre ich eher bereit gewesen zu sterben, als mich vergewaltigen zu lassen.

Während des Laufens sah ich mich stets aufmerksam um und ich wappnete mich innerlich, jeden Angreifer abzuwehren. Diese Wachsamkeit ließ auch nicht nach, wenn ich nicht joggte, und dabei war mir nicht klar, dass sie sich auch in meiner ganzen Körperhaltung ausdrückte. Ich hatte gelernt, robust auszusehen; meine Ellbogen waren stets nach außen gedreht, meine Schultern gestrafft und mein Gesichtsausdruck abweisend. Meine ganze Haltung war maskulin und bereit zu Selbstverteidigung.

Dann eines Tages beim Joggen fiel mir ein Vers aus den Psalmen ein: *Der Herr ist meine Burg, er ist mein Fels, er ist mein Beschützer, meine Festung.* Und mir wurde klar, dass ich eigentlich meine eigene Festung war. Ich war mein eigener Beschützer und das war mir nie zuvor bewusst gewesen. Was für eine Offenbarung, doch gleichzeitig gab sie mir das Gefühl, sehr verletzlich zu sein.

Ich sprach mit Gott über diesen Gedanken.

„Aber Gott, sollte ich nicht selbst auf mich aufpassen?", fragte ich. „Du willst doch nicht, dass ich wieder schutzlos bin, oder? Bist du sicher, dass du für mich da sein und mir helfen wirst?"

Das, was ich abends in der Bibel las, schien diesen Gedanken nur noch zu untermauern: „Es soll nicht durch Heer oder Kraft, sondern durch meinen Geist geschehen, spricht der Herr Zebaoth" (Sacharja 4,6).

Ich sprach mit Annie, einer meiner Freundinnen, über mein Problem mit der Angst.

„Hältst du es für gefährlich, einfach darauf zu vertrauen, dass Gott mich beschützt?", fragte ich. „Ich meine, wenn ich jogge, habe ich schreckliche Angst, jemand würde mich packen, angreifen oder so etwas."

Annie nickte und erwiderte: „Ja, ich weiß, auch ich habe solche Ängste. Aber ich glaube, Gott möchte, dass wir uns ihm ganz anvertrauen und glauben, dass er sich um uns kümmert. Immerhin hat er gesagt, er würde uns niemals im Stich lassen."

„Ja, das weiß ich. Aber es macht mir so viel Angst."

„Auch für mich ist das beängstigend", gestand Annie. „Aber ich denke, wir können uns auf Gottes Zusagen, uns zu beschützen, verlassen – davon gibt es in den Psalmen nun wirklich genug. Und er ist unser Beschützer, das bedeutet, wir können uns entspannen."

Nachdem ich meine Ängste auch noch mit mehreren anderen Freundinnen durchgesprochen hatte, beschloss ich, Gott beim Wort zu nehmen, wenn auch mit „Zittern und Zagen". Ich nahm mir vor, in Zukunft mit einer anderen Haltung zum Joggen zu gehen. Ich würde mich dabei nicht verantwortungslos verhalten und zum Beispiel um Mitternacht oder in einsamen Gegenden joggen, aber ich wollte auch nicht mehr diese Angst haben. Ich würde mich zwingen, nicht mehr hinter jeden Busch zu sehen.

„Gott", betete ich, „ich will glauben, dass du mein Schutz bist. Und ich werde mich danach verhalten." Wegen dieses Versprechens begann Gott mich von diesem Zeitpunkt an von innen heraus umzugestalten. Er gab mir das Gefühl, beschützt und geliebt zu sein. Das wiederum half mir, mich mehr als Frau zu fühlen.

Dieses neue Gefühl der Sicherheit wirkte sich dann auch auf meine Haltung aus. Ungefähr zu diesem Zeitpunkt erkannten wir alle in der Lebensgemeinschaft, dass unsere Körpersprache sehr zu wünschen übrig ließ. Eine unserer Hausmütter bemerkte nicht gerade freundlich: „Ihr alle geht wie Männer." Ich sehe noch immer vor meinem inneren Auge, wie drei von uns versuchten, sich einen weiblicheren Gang anzugewohnen und ihre Fortschritte dabei bewerteten. Wir bemühten uns, den Unterschied zwischen unserem Gang und dem Gang anderer Frauen herauszufinden und dann begannen wir zu üben. Es war eine interessante Erfahrung, fast so wie Tanzstunden.

Um mein Aussehen zu verändern, beschloss ich außerdem, mir die ersten Schuhe mit Absätzen zu kaufen. Ich nahm einen der Männer aus der Lebensgemeinschaft zum Einkaufen mit, weil ich dachte, dass er mehr modischen Sachverstand hatte als ich. Tatsächlich glaube ich sogar, dass er mehr von Mode verstand als wir Frauen zusammen.

„Ich möchte gern ein Paar Schuhe mit einem niedrigen Absatz", erklärte ich ihm, „vielleicht aus schwarzem Leder."

Zusammen kauften wir ein Paar Schuhe mit einem flachen Absatz, die perfekt saßen. Als ich sie zum ersten Mal im Gottesdienst trug, fiel das allen auf. Alle Männer kamen zu mir und sagten: „Oh Anne, du siehst großartig aus!" Leider fühlte ich mich durch dieses Kompliment eher beschämt, weil ich aus der Art, wie sie es sagten, schloss, dass ich vorher schrecklich ausgesehen hatte. Es war mir peinlich, dass der Kontrast in meinem Aussehen so sichtbar war.

John Paulk war der fünfte, der auf mich zukam und sagte: „Oh Anne, diese Schuhe stehen dir aber wirklich sehr gut!"

Da ich mittlerweile genug von den Komplimenten hatte, fuhr ich ihn an: „Lass mich in Ruhe! Ich will kein Kompliment mehr hören. Ich möchte einfach in Ruhe gelassen werden."

Brummend zog John ab mit dem Vorsatz: „Nie in meinem Leben mache ich dieser Frau noch einmal ein Kompliment!"

John

Die Männer bei *LIA* sprachen immer wieder davon, dass sie sich ihren Vätern entfremdet hatten und welche Rolle ihr Vater bei der Entwicklung ihrer Homosexualität gespielt hatte. Ich begann mich zu fragen, ob ich meinen Vater überhaupt je richtig verstanden hatte. Eines Tages schließlich holte ich alle Briefe hervor, die er mir im Laufe meines Lebens geschrieben hatte, ordnete sie chronologisch und las sie langsam durch. Immer wieder stieß ich auf Sätze wie: „Ich liebe dich. Kann ich etwas für dich tun?", und so weiter.

Nachdem ich mir den letzten Brief vorgenommen hatte, wurde mir plötzlich klar: *Mein Vater liebt mich!* Ich hatte das vorher nie akzeptieren können, weil er seine Liebe nicht so häufig und überschwänglich ausgedrückt hatte, wie ich es hören wollte. Aber jetzt erkannte ich, dass mein Vater mich auf seine Weise liebte und das war gut.

Ich rief ihn an und erzählte ihm, was ich getan hatte. Ich sagte, es täte mir Leid, dass ich ihm nicht geglaubt hatte, als er sagte, er würde mich lieben. Dann bat ich ihn um Vergebung.

„John", antwortete er, „ich liebe dich wirklich und ich glaube nicht, dass es etwas zu vergeben gibt. Aber wenn du es gern hören willst, ich vergebe dir."

Dieser Anruf erwies sich als sehr bedeutsam für meinen inneren Fortschritt. Und später konnte ich auch anderen Männern sagen: „Nehmt die Liebe an, die euer Vater euch geben kann, und überlasst es Gott und anderen Christen, die Lücken zu füllen."

Mein Vater kann noch immer seine Liebe nicht in begeisterte Worte fassen. Übrigens kann ich das ihm gegenüber auch nicht. Er ist eben, wie er ist. Aber Gott hat mich in die Lage versetzt, ihn als einen Menschen zu sehen, der Vergebung für sein Versagen braucht, so wie ich Gottes Vergebung brauche.

In diesem Jahr stellte ich fest, dass ich mich, nachdem ich mich mit meinem Vater ausgesöhnt hatte, noch einer anderen „Person" in meinem Leben annehmen musste. Denn noch immer zog ich *Candi* wie eine Kette mit Kugel hinter mir her. Immer wieder sprach ich von ihr und betonte, wie gut ich in Frauenkleidern ausgesehen hatte. Und eines Tages fragte ein Hausgenosse mit Namen Jerry: „John, wir haben dich als *Candi* nie kennen gelernt. Wann willst du sie denn endlich loslassen?"

Verblüfft erkannte ich, dass er Recht hatte. So begann ich, Gott zu bitten, dass er mir half, *Candi* zu begraben und aufzuhören, an sie zu denken und von ihr zu sprechen. „Gott, hilf mir", betete ich. „Du weißt, wie sehr ich mich danach sehne, mich als heterosexuellen Mann zu sehen und als Mann respektiert zu werden. Hilf mir, alle geistlichen und emotionalen Bindungen an *Candi* zu kappen. Ohne dich schaffe ich das nicht."

Und in den folgenden Tagen und Wochen bewirkte er auch diese Veränderung.

Anne

Anfang 1990 zog eine der Hausmütter von *LIA*, die mich nie besonders hatte leiden können, aus. Jetzt waren wir nur noch zu viert und wir beschlossen zu bleiben und das zweite Jahr mit minimaler Struktur in unserem Haus zu verbringen. Wir wollten uns nur noch einmal pro Woche als Wohngemeinschaft treffen und miteinander austauschen, um doch noch eine gewisse Rechenschaftspflicht beizubehalten.

Die verbleibende Hausmutter hatte mir gegenüber immer sehr viel Mitgefühl gezeigt und so dauerte es nicht lange, bis ich eine starke Zuneigung zu ihr entwickelte und die Freundlichkeit, die sie mir gegenüber an den Tag legte, sexualisierte. Über mehrere Wochen fuhren meine Gefühle in mir Achterbahn und eigentlich hätte jeder, der sich nur ein wenig mit mir befasste, merken können, dass ich wieder in mein altes Verhaltensmuster der Verliebtheit zurückfiel. Aber niemand sah zu – nur Gott.

Eines Abends traf ich mich mit meiner Freundin Renee und einigen anderen zum Gebet. Wir beteten gerade für eine andere Person, da hatte Renee plötzlich das Gefühl, mir sagen zu müssen: „Anne, schwierige Zeiten stehen dir bevor und ich bin nicht sicher, wie du sie überstehen wirst. Ich möchte dich nur warnen, dass Gott mir diese Information gegeben hat, damit du dich darauf vorbereiten kannst. Er wird dich prüfen und es wird sehr schwer werden."

Ich wusste genau, was diese Botschaft bedeutete, denn ich hatte bereits gemerkt, was meine innersten Wünsche mir antaten. Die anderen *LIA*-Bewohner würden gegen Ende des Jahres aus der Wohngemeinschaft ausziehen und ich hatte immer noch keine Ahnung, was ich machen sollte. Zu gern hätte ich weiterhin mit meiner Hausmutter zusammengelebt, aber ich war nicht sicher, ob das funktionieren würde. Ich wusste nicht einmal, ob ich es überhaupt schaffen würde.

Zudem hatte ich mittlerweile den Eindruck gewonnen, dass auch sie eine gewisse Zuneigung zu mir empfand. Dieses emotionale Entgegenkommen ihrerseits machte mich in meiner Situation, in der ich nicht wusste, wie es mit mir weitergehen sollte, nur noch unsicherer. Meine Zimmergenossinnen hatten mittlerweile alle eine Wohnung gefunden. Und ich hatte trotz aller Gebete das ungute Gefühl, dass ich schließlich heimatlos sein würde. Kein Wunder, dass meine Zuneigung zu dieser Frau immer größer wurde.

Gott wartet manchmal bis zur letzten Minute, ehe er handelt. Er wartete bei mir, bis alle anderen bereits ausgezogen waren und ich nur noch eine Woche bleiben konnte. Ich suchte während dieser Anspannung vor allem bei unserer Hausmutter emotionale Unterstützung in dem Wissen, dass ich eines Tages nicht mehr mit ihr zusammen sein würde.

Eines Abends gingen wir alle zum Abendessen aus und amüsierten uns prächtig. Als wir anschließend jedoch wieder nach Hause zurückkehrten, waren wir irgendwie traurig, da wir wussten, dass wir uns bald trennen mussten. In dieser Situation konnte ich einfach nicht widerstehen und ging in das Zimmer dieser Frau, um mich von ihr zu verabschieden.

„Ich bin so traurig", sagte ich, als ich eintrat. „Ich werde dich vermissen."

Ich war mir meiner Gefühle für sie voll bewusst und auch bei ihr spürte ich eine ähnliche Reaktion – sexuelle Energie hing knisternd in der Luft. Obwohl sie am anderen Ende des Zimmers stand, spürten wir beide unsere Erregung. Als wir uns dann aufeinander zu bewegten, wurden unsere Gefühle immer stärker – wir waren einer alten, wohl bekannten Versuchung ausgesetzt und reagierten nicht in der angemessenen Art und Weise darauf.

Als ich sie schließlich umarmte, dachte ich: *Du meine Güte, von hier aus kann es so schnell bergab gehen. Ich weiß, was als Nächstes passiert.* Gott wusste auch, was passieren würde, und er drängte Wendy, eine andere Frau aus dem Haus, genau in diesem Augenblick nach uns zu sehen.

Während dies passierte, war Wendy dreimal mit dem Gedanken aufgewacht, sie solle ins Zimmer unserer Hausmutter gehen, aber jedes Mal hatte sie den Gedanken verworfen und gedacht: „Gott, was tust du? Bist du das wirklich? Ich bin müde." Schließlich war Wendy widerstrebend aufgestanden, den Flur entlanggegangen und stand nun am Eingang des Zimmers, in dem ich die andere Frau umarmte, bereit, sie zu küssen.

Eine Weile stand Wendy einfach nur sprachlos in der Tür. Dann sagte sie: „Gott hat mir gesagt, ich solle aufstehen und nach euch sehen." Und das war das Ende der Versuchung.

Ich war am Boden zerstört über das, was passiert war. Ich hatte so vieles gelernt, war so weit gekommen und jetzt fühlte ich mich so elend und war genau wieder da, wo ich angefangen hatte. Immer wieder schrie ich im Gebet: „Gott, wie konnte ich das tun? Ich dachte, ich würde so gute Fortschritte machen und sieh nur, wo ich jetzt bin. Ich habe überhaupt keine Selbstkontrolle. Ich hätte beinahe Sex mit ihr gehabt."

Gott erhörte schließlich mein Gebet und zeigte mir die idealen Lebensumstände für die nächste Zeit – einen stillen Ort mit einem Garten, wo ich auch eine Katze haben konnte. Nachdem ich dort eingezogen war, trauerte ich mindestens zwei Monate lang wegen meines Versagens und mein Gewissen drückte mich nieder. Ich betete immer wieder: „Herr, diese Sünde sitzt so tief in meinem Herzen. Ich habe mich überhaupt nicht verändert! Wie wird es mit mir weitergehen?"

John

„Anita und ich leiten *Love in Action* hier in San Rafael nun seit siebzehn Jahren und wir haben beschlossen, auf den Philippinen eine ähnliche Arbeit zu beginnen. Wir werden nach Manila ziehen."

Frank Worthen verblüffte uns sehr mit dieser Ankündigung und wir schnappten nach Luft. Später nahm er mich beiseite und fragte mich: „John, wärst du bereit, Anitas Platz in der Verwaltung zu übernehmen? Würdest du darüber beten?"

Franks Vertrauen in mich war die Bestätigung für alles, was Gott in meinem Leben tat. Erstaunlicherweise sah er mich als einen neuen Mann, der keinerlei Ähnlichkeit mehr mit *Candi* aus meiner homosexuellen Vergangenheit hatte. Mein Traum von einer vollständigen Heilung wurde Wirklichkeit, und zwar schneller, als ich es mir je hätte vorstellen können.

Die Auswirkungen meines neuen Lebens wurden in vieler Hinsicht deutlich und erreichten sogar Leute, die ich in meinem früheren Leben gekannt hatte. Ben war der Einzige, zu dem ich während meines Heilungsprozesses Kontakt gehalten hatte, und mehr als einmal hatte ich ihm von dem erzählt, was Gott in meinem Leben getan hatte. Ich war jedoch erschüttert, als er mir anvertraute, dass der neue John Paulk ihn traurig machen würde. Gleichzeitig gab er aber auch zu, dass sein eigenes Leben ihn nirgendwohin führte.

„Ich kann sehen, dass du etwas wirklich Lebenswertes hast", sagte er. „Du scheinst so voller Frieden zu sein und es ist offensichtlich, dass du dich veränderst – nicht nur äußerlich, sondern auch innerlich. Hast du irgendwelche spirituellen Erlebnisse gehabt oder was ist es?"

Ich erklärte ihm, dass Jesus Christus seit einiger Zeit in meinem Herzen am Werk sei und mich von innen heraus zu einem neuen Menschen umgestalte. Bei diesem Gespräch sagte er mir zu meiner großen Freude, er wünsche sich dasselbe für sein Leben. Daraufhin betete ich mit Ben und er nahm Jesus Christus als seinen Erlöser und Herrn an.

Mit neuer Hoffnung schlug ich ihm vor: „Wer weiß, vielleicht kommst du auch eines Tages zu *LIA*." Und er versprach, nach seinem Collegeabschluss darüber nachzudenken.

Während meiner Zeit bei *LIA* empfand ich keinerlei Druck von außen, mit einer Frau ausgehen zu müssen. Zudem war mir diese Vorstellung so fremd – und beängstigend –, dass ich die Möglichkeit, ich könnte mich eines Tages in eine Frau verlieben, gar nicht ernstlich in Betracht zog.

Doch schon bald bemerkte ich, dass meine Wünsche, nur mit Männern zusammen zu sein, sich veränderten. Die alleinige Gemeinschaft mit Männern bot mir einfach nicht mehr dieselbe Herausforderung und dasselbe Vergnügen wie früher. Ich fühlte mich mittlerweile sehr wohl als Mann und ich wollte mehr. Als ich noch homosexuell lebte, hatte ich mich gern mit Frauen über sehr intime Einzelheiten ihres Lebens unterhalten, doch jetzt spürte ich eine natürliche Barriere zwischen Männern und Frauen und ich wollte diese Dinge gar nicht mehr hören. Gott hatte mir geholfen, mehr als vier Jahre lang sexuell abstinent zu bleiben und jetzt bereitete er mich vor, den nächsten Schritt in meinem Heilungsprozess zu unternehmen.

So kam es, dass eines Nachmittags während einer Bibelstunde mein Blick auf eine Frau mit Namen Melanie fiel. Ihr weiches, blondes Haar glänzte in der Sonne. Ihre Schönheit war atemberaubend und ich konnte meinen Blick nicht von ihr abwenden.

So zu empfinden war eine komplett neue Erfahrung für mich. Ihre Weiblichkeit unterschied sich vollkommen von den maskulinen Eigenschaften, die ich immer bei meinen männlichen Partnern gesucht hatte. Und je mehr ich darüber nachdachte, desto mehr war ich davon überzeugt, dass ich bereit war, mit einer Frau auszugehen. Diese Vorstellung machte mir zwar Angst, aber die Zeit war reif.

„Was er zusagt, das hält er gewiss ...“

Anne

Obwohl ich mich zu meiner Hausmutter hingezogen gefühlt hatte und trotz der schrecklichen Trauer, die ich empfand, wurde mein Herz weiterhin verändert. Eines Tages kam ein junges Paar in das Versicherungsbüro, in dem ich mittlerweile arbeitete, und beantragte bei einer meiner Kolleginnen eine Versicherung. Der junge Mann trug ein enges Muskelshirt und die beiden waren ständig miteinander beschäftigt. Während ich sie so beobachtete, dachte ich bei mir: *Oh, sie sind frisch verliebt. Wie nett.* Doch dann drehte sich auf einmal der „Mann“ um und ich sah, dass er in Wirklichkeit eine Frau war. Doch was das Wichtigste an diesem Ereignis war, war meine für mich ganz untypische Reaktion – ich fühlte mich abgestoßen und war traurig über diese Szene.

Jahrelang war eine lesbische Beziehung mein größter Traum gewesen, ja eigentlich bereits seit ich sieben oder acht Jahre alt war. Mir war auch die Rollenaufteilung in dieser möglichen Beziehung klar gewesen – ich wäre der Part gewesen, der wie ein Mann aussah. Und jetzt zuckte ich auf einmal beim Anblick einer solchen Beziehung zusammen.

Einige Tage nach diesem Erlebnis wurde ich zu einem Frauenvolleyballturnier eingeladen. Ich saß unter den Zuschauern und beobachtete, wie die Frauen auf das Spielfeld kamen und ihre Plätze einnahmen – Frauen, die, wie ich wusste, alle Lesbierinnen waren. Und doch ich fühlte mich nicht im Mindesten von ihnen angezogen; stattdessen empfand ich Mitleid mit ihnen. Sie versteckten ihre Verletzlichkeit unter einer äußeren männlichen

153

Schale und falls ihre Bedürfnisse durch diese Art zu leben überhaupt erfüllt wurden, dann doch nur auf unzureichende Weise. Auch diese Reaktion traf mich vollkommen überraschend.

Nach diesen beiden Zwischenfällen wusste ich, dass Gott mich tief in meinem Inneren verändert hatte. Ich war keine Lesbierin mehr. Und mir wurde klar, dass diese letzte und endgültige Veränderung nur durch die Trauer über mein Versagen möglich geworden war. Nur kurze Zeit später betete während einer Bibelstunde einer der Pastoren für mich und fühlte sich anschließend von Gott geführt, mir zu sagen: „Gott wird etwas für dich tun, Anne – etwas so Aufregendes und Wundervolles, dass du es kaum glauben wirst, wenn es passiert."

Wenige Tage später nahm ich an einem sehr bewegenden Gottesdienst teil, in dem sich ein Mann, der homosexuell gewesen war, wieder neu zu seiner Frau und zu seiner Ehe bekannte. John Paulk war einer der Mitwirkenden und sang das Lied: „Mein Erlöser ist treu und wahrhaftig, und was er zusagt, das hält er gewiss ..." Der wundervolle Text des Liedes rührte mich an und während ich John beim Singen zuhörte, war ich zu Tränen gerührt. Plötzlich wurde ich mir der Reinheit seines Herzens bewusst und ich merkte, wie offen er Gott gegenüber war.

An ihm sah ich Dinge, die ich bewunderte und schätzte. Und wie aus dem Nichts heraus begann mein Herz zu klopfen und meine Hände wurden vor Aufregung ganz feucht. Ich saß in meiner Bank und fragte mich: *Was um Himmels willen ist nur los mit mir?* Noch nie zuvor hatte ich solche Gefühle für einen Mann gehabt.

In seiner Funktion als Hausvater bei *Love in Action* hatte John mittlerweile gelernt, Führungsqualitäten zu entwickeln. Ich hatte seine Entwicklung aus der Ferne beobachtet und mitbekommen, wie Gott ihn umgestaltet hatte. Er war nun nicht mehr herrisch, kontrollierend oder schwierig. Und wann immer ich mich in seiner Nähe aufhielt, fiel mir auf, dass sein Umgang mit anderen sanfter geworden war. Eines Tages beobachtete ich, wie er sich nach dem Gottesdienst neben Madeleine setzte, deren Sohn im Teenageralter vor kurzem seinen homosexuellen Neigungen nachgegeben hatte, und wie er seinen Arm um sie legte.

„John, ich fühle mich so sehr als Versagerin!", schluchzte sie. „Ich weiß nicht, was ich tun soll."

„Du brauchst dir nicht die Schuld zu geben", sagte er tröstend. „Dein Sohn ist erwachsen und er trifft die Entscheidung eines Erwachsenen. Das Wichtigste, was wir für ihn tun können, ist, für ihn zu beten."

„Ich weiß, aber es ist so schrecklich!", jammerte sie. „Und wenn er nun Aids bekommt? Und was wird sein Vater sagen?" Sie war vollkommen durcheinander.

Johns Stimme blieb ruhig, weich und beruhigend. „Weißt du, Madeleine, Gott kann Rich auch in diesem Lebensstil begleiten und ihn schließlich auch wieder zu sich zurückholen", erklärte er ihr. „Das hat er für mich getan und er kann es auch für Rich tun. Wollen wir miteinander beten?"

Während Madeleine weinte, drückte John sie fest an sich. Er begann zu beten: „Herr, wir kommen zu dir und bitten dich um Hilfe für Madeleines Sohn Richard. Sie ist traurig darüber, dass er sich auf die Homosexualität eingelassen hat. Bitte erreiche ihn und hilf ihm, dich inmitten seines Kampfes zu finden. Bewahre ihn vor Versuchungen und ziehe ihn zu dir. Hilf ihm zu erkennen, wie sehr du ihn liebst, Herr. Und führe Christen in sein Leben, die ihm helfen, seinen Weg zu finden."

John konnte nicht nur Menschen in Not helfen, er war auch in seiner Führungsrolle gereift. Während er in der Vergangenheit häufig eigensinnig und impulsiv reagiert hatte, fragte er jetzt andere um Rat, ehe er eine Entscheidung traf. Ja, ich begann, diesen Mann zu bewundern.

Trotzdem – die Vorstellung, eine Beziehung mit ihm einzugehen, erschien mir absurd. Deshalb vertaute ich Gott meine Gefühle für ihn an und beließ es dabei. Ich betete: „Herr, ich werde diesem Typen nicht hinterherlaufen. Wenn diese Gefühle von dir sind, dann wirst du das in die Gänge bringen müssen. Von mir aus werde ich nichts unternehmen."

Kurz darauf, noch bevor er seine Arbeit im *LIA*-Büro begann, hatte John eine zeitlich begrenzte Stelle in einer Firma ganz in meiner Nähe angenommen. Weil er kein eigenes Auto hatte, fragte er mich, ob ich ihn zur Arbeit mitnehmen könnte. Also fuhren wir Tag für Tag gemeinsam zur Arbeit und wieder zurück und wir stellten fest, dass wir viele Gemeinsamkeiten hatten. Wir genossen die Gesellschaft des anderen und es entwickelte sich langsam eine Freundschaft zwischen uns.

Eines Tages sagte ich: „Hey, vielleicht sollten wir mal gemeinsam etwas unternehmen. Hast du Lust, mal ins Kino zu gehen oder so etwas?" Das war für mich ein großer Schritt in eine ganz neue Richtung.

John

Meine Antwort auf Annes Frage lautete: „Ja, vielleicht mal irgendwann", aber später fragte ich mich: *Möchte ich überhaupt mit Anne ins Kino gehen?* Zuerst verwarf ich diesen Gedanken. Dann dachte ich noch einmal darüber nach. *Ich genieße Annes Gesellschaft …, vielleicht ein anderes Mal. Wir werden sehen, was passiert.*

In der Zwischenzeit forderte ich andere Frauen auf, mit mir auszugehen. Wir machten nichts Großartiges, zum Beispiel einen Bummel in *Sausalito* oder eine Wanderung über die Golden Gate-Brücke. Aber noch immer faszinierte mich Annes Wunsch, etwas gemeinsam zu unternehmen und immer wieder dachte ich über unsere Beziehung nach. Ich bewunderte ihre vielen guten Eigenschaften und hatte die Veränderungen bemerkt, die sich bei ihr vollzogen hatten. Zwar arbeitete ich mittlerweile bei *LIA* und fuhr nicht mehr mit ihr zur Arbeit, doch ich stellte fest, dass ich den Wunsch hatte, mehr über sie und ihre Vergangenheit zu erfahren.

Meine Neugier in Bezug auf Frauen wurde größer und obwohl ich mich zu Anne hingezogen fühlte – mehr als mir damals klar war –, interessierte ich mich auch für andere Frauen. Zum Beispiel zog Molly sehr schnell meine Aufmerksamkeit auf sich, die mit ihrem sandfarbenen Haar und ihrem dramatischen Stil einfach atemberaubend aussah.

Molly war erst vor kurzem Christ geworden und schon sehr bald erkannte ich, dass sie sehr viel Zuwendung und Fürsorge brauchte. Wir gingen mehrmals miteinander aus und obwohl ich mich körperlich zu ihr hingezogen fühlte, hatten wir doch keinerlei gemeinsame Interessen. Denn mein Herz gehörte meiner Arbeit und sie teilte diese Vision nicht. Zudem war sie in der Vergangenheit von einer Reihe von Männern benutzt und missbraucht worden, was sich auch auf unsere Beziehung auswirkte. Es dauerte deshalb nicht lange, bis ich mir ziemlich sicher war, meine Beziehung zu Molly abbrechen zu müssen. Aber ich wusste nicht, wann ich es tun, was ich sagen und wie ich es angehen sollte. Also tat ich gar nichts.

Anne

Molly hatte in der Vergangenheit viele Beziehungen mit Männern gehabt und sie zeigte ein großes Maß an körperlicher Zuneigung für John. Aus irgendeinem Grund beunruhigte mich das ein wenig. Ich fragte ihn sogar danach und er versicherte mir, dass alles in Ordnung sei. Aber es dauerte nicht lange, bis er mir bei einer Mitarbeiterversammlung gestand, er würde seine Beziehung zu Molly am liebsten beenden und so schnell er könnte davonlaufen, ohne ihr einen Grund dafür zu nennen.

„Oh nein, tu das bitte nicht!", drängte ich ihn. „Sag ihr einfach, was dein Problem ist." Er wirkte ziemlich verzweifelt, deshalb fügte ich hinzu: „Ich werde für dich beten. Ich werde Gott bitten, dass er dir den Mut gibt, mit ihr zu sprechen."

John

Wir gingen hinaus ins Foyer, wo überall Leute herumliefen. Anne nahm mich zur Seite und wir suchten uns ein stilles Plätzchen. Wir neigten die Köpfe und sie betete: „Herr, ich bitte dich, John in seinem Gespräch mit Molly die richtigen Worte zu geben. Hilf ihm, dieses Gespräch in der richtigen Weise zu führen. Und Herr, ich bitte dich, zeige ihm, wer die richtige Frau für ihn ist."

Unmittelbar auf diese Worte sprach Gott zu meinem Herzen: *Sie sitzt gerade vor dir. Es ist Anne.*

Ich sah sie an, während sie weiterbetete, und hörte nicht mehr, was sie sagte. Stattdessen wurde ich ganz aufgeregt und fragte zurück: *Wow, bist du das wirklich, Gott? Sagst du mir, Anne sei die Richtige für mich?* Ich dachte an all das, was ich an ihr bewunderte – ihre weiche Art, die sich in ihr entwickelt hatte, nachdem Gott sie geheilt hatte, ihr Umgang mit Kindern, die Tatsache, dass sie niemals etwas Schlechtes über einen anderen Menschen sagte. Außerdem strebte sie danach, das Richtige zu tun.

Und plötzlich sah ich Anne in einem ganz neuen Licht.

Noch am selben Tag ergab sich dann auch eine Gelegenheit, um mit Molly zu sprechen. Es war ein gutes Gespräch und wir trennten uns als gute Freunde. Bevor wir auseinander gingen, sagte sie noch etwas, was mich überraschte: „Hast du jemals an Anne Sutton gedacht? Du sprichst dauernd von ihr."

„Tatsächlich?", fragte ich erstaunt. „Das war mir gar nicht aufgefallen."

Sie nickte und fuhr fort: „Ihr scheint auch so viele Gemeinsamkeiten zu haben."

Von ganz unerwarteter Seite kam die Bestätigung für das, was Gott mir gesagt hatte.

Anne

Eine meiner ehemaligen Mitbewohnerinnen, Sheila, war nach Florida gezogen und in den vergangenen Wochen hatte ich ihr viel von John geschrieben. Als sie wieder in die Nähe von San Francisco zurückkehrte, fuhren John, Sheila und ich eines Nachmittags zusammen in die Stadt. Wir schlenderten im Hafen herum und setzten uns schließlich in ein Restaurant.

Nachdem wir bestellt hatten, sah Sheila zuerst John an, dann mich und sagte: „Okay, ihr zwei, jetzt mal Butter bei die Fische. John, du hast mich nach Anne gefragt. Anne, du hast mir von John geschrieben. Also, was ist los mit euch?"

Von einer Minute auf die andere senkte sich ein unbehagliches Schweigen auf uns herab und wir konnten uns kaum noch ansehen. Schließlich brach ich das Schweigen: „Du hast Recht, Sheila. Ich habe dir wirklich von meinen Gefühlen geschrieben ..."

Dann sah ich John an, voller Angst, was er wohl denken mochte. „Ja", fuhr ich fort, „ich bin an dir interessiert, John, aber ich weiß nicht, was du empfindest."

„Und mir geht es dir gegenüber nicht anders, Anne."

Von diesem Zeitpunkt an unternahmen wir vieles gemeinsam. Und da wir beide dem Anbetungsteam angehörten, ergab sich vieles von selbst. Trotzdem „gingen" wir noch nicht miteinander; denn wir brauchten noch den Schutz der Gruppe, während wir uns gegenseitig immer besser kennen lernten. Aber je mehr dies der Fall war, desto häufiger dachte ich: *Du meine Güte, ich würde nicht mit diesem Typen gehen, wenn ich nicht auch irgendwann ans Heiraten denken könnte. Und ich fange tatsächlich allmählich an, so etwas für möglich zu halten.*

Im Laufe der vergangenen ein oder zwei Jahre hatten auch andere Männer ihr Interesse an mir bekundet und ich war mit einigen von ihnen ausgegangen, aber John hatte alle in den Schatten gestellt. Er war faszinierend, ganz anders und in vieler Hinsicht ergänzten wir uns sehr gut. Er hatte Stärke, wo ich Schwäche zeigte. Außerdem schämte er sich nicht, maskulin zu sein, und er war alles andere als passiv.

Hinzu kam, dass wir beide die Vergangenheit des anderen kannten. Ich wusste sogar, dass er in Frauenkleidern herumgelaufen war. Doch das machte mir nichts aus, weil ich jetzt den Mann sah, zu dem er geworden war, und seit unserer ersten Begegnung hatte er sich wirklich sehr verändert. Er entwickelte sich immer mehr zu einem neuen, respektablen und integren Mann und man konnte sich gut seiner Autorität unterordnen. Außerdem hatte er keine Scheu, von anderen Korrektur anzunehmen. Alle diese Eigenschaften sah ich aus der Distanz und sie beeindruckten mich sehr. Deshalb konnte ich es ihm auch gestatten, mir näher zu kommen und ihm in unserer Beziehung die Führung zu überlassen.

Eines Abends, als John und ich mit unserem Anbetungsteam für den Gottesdienst probten, hätte ich gern neben ihm gesessen, doch ich widerstand dem Drang, ihn darum zu bitten. Ich war dann auch ein wenig enttäuscht, als er mit einem anderen Mitarbeiter ein Gespräch begann und sich nicht zu mir in meine Reihe setzte. Doch als wir am Ende der Veranstaltung zu unseren Autos gingen, rief er mir zu: „Anne, ich werde dir nach Hause folgen. Ich möchte nur sicher gehen, dass du wohlbehalten dort ankommst."

Ich sah ihn erstaunt an. „Das ist nett von dir, John", erwiderte ich. „Warum willst du das tun?"

„Na ja, manchmal habe ich den Eindruck, dass du abends nicht gern allein draußen bist. Du sollst dich sicher fühlen."

Verblüfft erkannte ich, dass John den natürlichen Wunsch verspürte, mich zu beschützen, und dass ich mir wünschte, von einem Mann beschützt zu werden. Ich wusste aber auch, dass ich, falls John nicht daran interessiert war, über einen gewissen Punkt unserer Beziehung hinauszugehen, diese abbrechen und beenden könnte. Mittlerweile hatte ich genügend Respekt vor mir selbst entwickelt, um nicht eine jahrelange Freundschaft hinzunehmen, die letztlich zu nichts führte.

John

Immer wenn Anne und ich zusammen waren, hatte ich den seltsamen Drang, sie zu umsorgen, die Tür für sie zu öffnen und an der Außenseite des Bürgersteigs zu gehen, um sie vor dem Verkehr zu schützen. Immer wieder trat ich für sie ein, wenn jemand sie kritisierte, und ich merkte, dass ich eifersüchtig wurde, wenn ein anderer Mann mit ihr flirtete. Ihre Weiblichkeit half mir, mich mehr als Mann zu fühlen. Einfach ausgedrückt, sie brachte das Beste in mir zum Vorschein.

Eines Tages im Juli 1991 saßen Mike Riley und ich draußen auf einer Bank. Es war warm und wir unterhielten uns angeregt miteinander. Irgendwann fragte ich ihn: „Denkst du, dass ich jemals bereit sein werde, zu heiraten und eigene Kinder zu haben?"

Mike erwiderte: „Gott hat die wundervolle Eigenschaft, dich da abzuholen, wo du stehst, John." Und dann fügte er voller Überzeugung hinzu: „Wenn die Zeit reif ist, wirst du bereit sein."

Kurze Zeit später saßen Anne und ich in einem Fastfood-Restaurant ganz in der Nähe ihrer Arbeitsstelle (obwohl wir unserer Meinung nach noch nicht miteinander gingen) und aßen unser Mittagessen. Ich sah sie an und war verblüfft darüber, wie lieb sie mir in den vergangenen Wochen geworden war.

„Anne", sagte ich leise, „ich denke, man kann sagen, dass sich unsere Freundschaft entwickelt hat – zu etwas ganz Neuem."

„Und wie nennen wir dieses Neue?", fragte sie mich verwirrt.

Ich hielt einen Augenblick inne und versuchte, die richtigen Worte zu finden. „Ich denke, ich würde sagen, du bist meine *Freundin*. Wie klingt das?"

„Klingt gut, finde ich", erwiderte sie mit einem Lachen. „Dann bist du wohl mein *Freund*, richtig?"

Wir sahen uns in die Augen und in diesem Augenblick schien die ganze Welt um uns herum zu versinken. Ich hätte gerne ihre Hand genommen, aber ich war viel zu nervös. *Meine Freundin*, sagte ich mir immer wieder. *Anne ist meine Freundin.* Ich konnte es kaum glauben.

Anne

Aufgrund unserer ungewöhnlichen Erfahrungen hatten John und ich mit mehr Variationen von Furcht, Verlegenheit und Unsicherheit zu kämpfen als jedes andere Paar. Aber schließlich fand John den Mut, mich zu einem ersten richtigen Rendezvous einzuladen. Am folgenden Sonntag fuhren wir nach dem Gottesdienst ins *Napa Valley*, wohl die berühmteste Weingegend Kaliforniens, mit sanften Hügeln, friedlichen Weinbergen und eleganten Weinlokalen. Gemeinsam besichtigten wir eine der Weinkellereien und zum ersten Mal nahm John meine Hand. Doch selbst in dieser einfachen Geste spürten wir eine ganz besondere Art der Spannung zwischen uns.

John versuchte, entspannt zu wirken, aber ich spürte, dass er sehr unsicher war. Er hatte gezögert, mich auch nur einzuladen, weil er sich nicht sicher war, ob er sich auch richtig verhalten würde. Es war das erste Mal, dass er ernsthaft mit einem Mädchen ging. Er war fast genauso nervös wie ich.

Im Laufe des Tages begann John dann irgendwann, meine Hand sanft zu streicheln. Doch ich musste ihn bitten, damit aufzuhören, denn seine Berührung war so stimulierend für mich, dass es mich beinahe erschreckte. Noch nie in meinem Leben hatte ich eine solche Reaktion bei mir erlebt. Ich hatte das Gefühl, als wäre die Luft um uns herum elektrisch aufgeladen. Ganz offensichtlich fühlten John und ich uns in jeder Hinsicht voneinander angezogen – Geist, Seele und Körper. Aber die Furcht ist ein mächtiger Feind der Liebe und ich hatte noch immer Angst, von ganzem Herzen Ja zu ihm zu sagen. Wer konnte schon wissen, was als Nächstes passieren würde?

John

Der Pastor unserer Gemeinde, Mike Riley, war mir in meinem Prozess der Veränderung und des Wachstums aus der Homosexualität heraus eine große Stütze gewesen. Er hatte mich auch nach Abschluss meiner Therapie bei *Love in Action* im Auge behalten und mittlerweile hatte er sehr wohl bemerkt, was zwischen Anne und mir vorging. Zum einen war ihm aufgefallen, dass wir im Gottesdienst immer nebeneinander saßen, und außerdem funktionierte das Nachrichtensystem bei *LIA* sehr gut, sodass er von anderen aus der Lebensgemeinschaft gehört hatte, wir würden miteinander ausgehen.

„Wie ich höre, gehst du mit Anne Sutton aus", sagte er eines Tages zu mir.

Da für mich das alles noch so schrecklich neu war, brachte mich seine Frage in Verlegenheit. „Ja", sagte ich, „wir sind miteinander ausgegangen."

„Da dies für euch beide eine ungewöhnliche Situation ist, wie wäre es, wenn wir drei einmal zusammen über eure Beziehung sprechen würden?", fragte er.

„Ich halte das für eine großartige Idee. Es ist eine ganz neue Erfahrung für uns", stimmte ich ihm zu, „und um ehrlich zu sein, wir wissen nicht so genau, was wir da eigentlich tun!"

Mike schlug vor, sich in einem Park zu treffen und miteinander zu picknicken.

„Das ist wirklich eine ungewöhnliche Situation", sagte er, als wir uns trafen. „Was bedeutet sie euch?"

„Ich weiß nicht", antwortete ich, „aber es gefällt uns. Ich meine, wir mögen uns."

„Zwischen uns ist etwas Besonderes", fügte Anne hinzu, „und ich weiß nicht so genau, wie ich das nennen soll. Aber Gott hat seine Hand im Spiel, das merke ich."

Mike freute sich, uns zusammen zu sehen, und er schien sich über unser teenagerhaftes Verhalten zu amüsieren. Aber verständlicherweise machte er sich Gedanken, ob wir es schaffen würden, zum ersten Mal so unbekannte Gewässer zu durchfahren. Er fragte uns, ob wir bereit seien, uns alle paar Wochen mit ihm zu treffen und miteinander auszutauschen. Wir beide waren für sein Interesse sehr dankbar und natürlich damit einverstanden.

Nach und nach öffneten Anne und ich uns einander immer mehr. Eines Tages kam sie zum Beispiel in meinem Büro vorbei, um mich nach meiner Meinung zu einem Kleid zu fragen, das sie sich gerade gekauft hatte. Am liebsten spielten wir jedoch gemeinsam Gitarre und sangen dazu unsere Lieblingslieder. Von Zeit zu Zeit trafen wir uns auch zum Schach. Und wir werden wohl nie vergessen, wie sich bei einem dieser Spiele zum ersten Mal unsere Knie berührten.

Eines Abends, als ich sie zu ihrem Wagen brachte, legte ich meine Arme um sie und drückte sie an mich. Währenddessen hörte ich mich sehr zu meinem Erstaunen zum ersten Mal sagen: „Ich liebe dich, Anne." Noch nie hatte ich diese Worte zu einer Frau außerhalb meiner Familie gesagt.

Sie war sprachlos und ich wusste nicht, was ich tun sollte. „Du brauchst jetzt nicht zu antworten", sagte ich. „Ich wollte nur, dass du weißt, wie ich empfinde."

In meinem Werben um Anne ließ ich mir immer wieder etwas Neues einfallen, womit ich sie überraschen konnte. So lud ich sie zum Beispiel an ihrem Geburtstag zu einem Amy-Grant-Konzert ein. Immer wieder kaufte ich kleine Geschenke für sie und ich plante sorgfältig jede unserer Begegnungen. Außerdem las ich so gut wie jeden nur erhältlichen christlichen Ratgeber zum Thema Freundschaft zwischen Mann und Frau, denn ich wollte auf keinen Fall einen Fehler machen.

Anne dagegen empfand meine Bemühungen, „alles richtig zu machen", als ein wenig bedrängend. Ihr ging alles zu schnell. „Vielleicht sollten wir einen Gang zurückschalten", schlug sie deshalb vor.

Ich war daraufhin am Boden zerstört. Mein heftiges Werben um Anne hatte sie in Angst und Schrecken versetzt und doch war alles, was ich getan hatte, von Herzen gekommen. Hatte ich unsere Beziehung zerstört? Hatte ich mich zu sehr mitreißen lassen und jeglichen Sinn für die Realität verloren?

An diesem Abend fiel ich vor Gott auf die Knie und schüttete ihm mein Herz aus: „Herr, Anne ist so wundervoll. Wenn ich mit ihr zusammen bin, empfinde ich solche Freude, eine solche sexuelle Lust und ein überwältigendes Gefühl meiner eigenen Männlichkeit. Es ist ein Wunder, Herr. Aber ich brauche deine Hilfe bei unserer Beziehung. Ich möchte sie nicht durch meinen Übereifer zerstören. Wirst du mir helfen, Herr?"

Ich hielt einen Augenblick inne und fasste die Gedanken in Worte, die mich am meisten beschäftigten. „Und Herr", schloss ich, wenn es dein Wille ist, würdest du es so führen, dass Anne und ich eines Tages heiraten können? Ich möchte sie wirklich gern zu meiner Frau haben."

Anne

Mittlerweile waren John und ich ständig zusammen und es war einfach wundervoll, ein Paar zu sein. Manchmal gingen wir im *Mill Valley* im Regen spazieren. Dann wieder saßen wir nur zusammen und unterhielten uns. Wir beide mochten dieselben Dinge und wir freuten uns an der Gesellschaft des anderen. Aber ich war noch immer beunruhigt – verliebten wir uns ineinander oder hatten wir uns nur in die Vorstellung des Verliebtseins verliebt? Das war der Zeitpunkt, als ich John sagte, wir sollten etwas zurückschalten.

Aber es gab auch noch einen anderen Grund. Meine Reaktion auf ihn war so stark, dass es mir Angst machte. Egal was wir taten, meine emotionalen und sexuellen Reaktionen waren schier überwältigend. Ich sprach mit Mike, unserem Pastor darüber. Ich bat ihn: „Könntest du John bitte ein wenig zurückpfeifen, weil er bestimmt nicht weiß, was er mir antut?"

Mike sprach daraufhin mit John und gab ihm ein Buch mit dem Titel *Too Close, Too Soon* („Zu schnell, zu nah"), das für uns beide sehr hilfreich war. Mit Mikes Hilfe sprachen wir über Grenzen und trafen eine Vereinbarung in Bezug auf das, was zu diesem Zeitpunkt zwischen uns passieren und nicht passieren sollte. Nach diesem Gespräch begann ich mich zu entspannen und es dauerte nicht lange, bis mir Johns Liebesbekundungen nicht mehr unangenehm war. Wochen wurden zu Monaten und auch ich freute mich jetzt darauf, in die nächste Phase unserer Beziehung einzutreten.

Als John und ich eines Tages miteinander durch ein Einkaufszentrum bummelten, trafen wir eine Bekannte von John. Beverly war Kosmetikerin, eine schon etwas ältere Südstaatenschönheit. Sie war fröhlich, hatte ein ansteckendes Lachen und ein sehr offenes Wesen.

Beverly bemerkte, dass wir befreundet waren, und erkundigte sich nach unserer Beziehung. „Süße, hat er dich schon geküsst?", fragte sie mit einem Augenzwinkern.

John und ich waren jedoch übereingekommen, uns das Küssen für die Ehe oder zumindest für die Verlobungszeit aufzuheben.

Ich weiß nicht mehr, was ich ihr antwortete, aber Beverly lachte und sagte: „Ach, komm schon, Süße! Ich werde dich schminken und so richtig hübsch machen. Danach wird er dich sicher küssen wollen!"

Also setzte ich mich in das Kosmetikgeschäft, in dem sie arbeitete, obwohl ich mich dabei ziemlich unwohl fühlte. Zum Glück waren nicht mehr viele Leute da, weil bald geschlossen werden sollte, und sie hatte Zeit für mich. An diesem Tag wurde ich zum ersten Mal in meinem Leben so richtig geschminkt und Beverly machte ihre Sache hervorragend. Das Ergebnis war wirklich bemerkenswert und ich merkte, dass John seinen Blick nicht von mir wenden konnte. Er verhielt sich, als sei ich die schönste Frau der Welt. Immer wieder sah er mich bewundernd an.

Anschließend fuhren wir in ein Restaurant, wo wir zusammen eine Kleinigkeit essen wollten. Wir saßen noch im Wagen, als John mir ganz plötzlich mit zitternden Fingern einen kleinen Ring ansteckte.

„Den möchte ich dir schenken", erklärte er. Dann beugte er sich zu mir herüber und gab mir einen Kuss. Dieser erste Kuss war unglaublich! Er dauerte gut zehn Minuten, denn wir konnten einfach nicht aufhören. So saßen wir im Auto, küssten uns und schwebten beide auf Wolke sieben.

Schließlich gingen wir doch noch ins Restaurant, setzten uns an einen Tisch und sahen uns nur in die Augen, denn uns fehlten einfach die Worte. Verliebt hielten wir uns an den Händen und sahen uns an. Währenddessen schafften wir es irgendwie, unseren Kaffee zu trinken und eine Kleinigkeit zu essen. John brachte mich anschließend zurück zu seiner Wohnung, wo ich meinen Wagen geparkt hatte, und zum Abschied küssten und umarmten wir uns erneut. Glauben Sie mir, alle meine Systeme waren in Alarmbereitschaft!

John

Ich beschloss, meinem Vater davon zu erzählen, dass ich eine Freundin hatte. Ich rief ihn also an und erzählte ihm die große Neuigkeit. Ihr Name sei Anne, sagte ich und ich erzählte ihm ein wenig von ihr. Er reagierte recht verhalten, ungläubig, ja sogar ein wenig skeptisch.

„Oh, toll ... aha ... das ist schön", mehr brachte er nicht heraus. Gleichzeitig spürte ich jedoch, dass er es gut fand.

Meine Mutter dagegen reagierte viel aufgeregter und zeigte, wie sehr sie sich für mich freute.

Ich verstand die Reaktion meiner Eltern, denn die ganze Situation war wirklich höchst ungewöhnlich. Noch nie hatten sie mich sagen hören: „Ich habe eine Freundin." Doch an diesem Punkt in meinem Leben konnte sie nichts mehr schockieren, was aus meinem Mund kam. Sie ließen sich vorsichtig darauf ein, wussten allerdings nicht so genau, was sie davon halten sollten. Jeder von ihnen versuchte auf seine Weise, mir so gut es ging zur Seite zu stehen.

Mike Riley traf sich auch weiterhin mit Anne und mir. Eines Nachmittags im August saßen wir wieder einmal an einem Picknicktisch im Park, da fragte er mich: „Nun, John, angenommen, diese Beziehung entwickelt sich so weiter wie bisher, wann würdest du Anne einen Heiratsantrag machen?"

Anne und ich sahen uns an, verblüfft und verlegen, dass er so offen ein Thema ansprach, das wir noch sorgfältig mieden. Aber er erkannte, dass wir mittlerweile die Voraussetzungen zu einer guten Ehe hatten.

Anne und Mike starrten mich abwartend an, während ich noch nach einer Antwort suchte. „Ich werde dich an Erntedank fragen."

Diese Antwort traf sie ziemlich unvorbereitet und sie meinte, das sei wohl noch zu früh für sie. Anschließend schäkerten wir noch eine ganze Weile miteinander herum und kicherten dabei die ganze Zeit, weil das alles für uns so neu und ungewohnt war. Dann sagte sie halb im Scherz: „Wenn du mich heiraten willst, musst du erst bei meinem Vater um meine Hand anhalten."

„Du erwartest doch nicht im Ernst von mir, dass ich deinen Vater frage", erwiderte ich in gespieltem Entsetzen. „Immerhin bin ich fast dreißig Jahre alt."

„Wenn du mir einen Heiratsantrag machen willst, musst du meinen Vater besuchen und ihn fragen", beharrte sie.

Ich fand es blöd, dass ich erst zu ihrem Vater gehen und um ihre Hand bitten sollte, aber ich merkte, wie wichtig ihr das war. Also würde ich wohl oder übel zu gegebener Zeit diesen Besuch bei ihrem Vater machen müssen. Und dieser Zeitpunkt würde ganz bestimmt kommen, weil ich tief in meinem Inneren sicher war, dass ich sie heiraten wollte.

Anne

Ich ging vollkommen in dem Zustand des „Umworbenseins" und „Richtigmachens" auf. Als ich John sagte, ich würde mir wünschen, dass er bei meinem Vater um meine Hand anhält, wusste ich, schon, was mein Vater antworten würde: „Prima, wie ihr wollt." Aber zwischen uns sollte alles so laufen, wie es sich gehörte.

Bevor wir meine Eltern besuchten, nahm John mich zu seiner Familie in Oregon mit, was für mich sehr aufregend war. Dort lernte ich alle seine Geschwister kennen – sein Vater hatte mit seiner zweiten Frau noch Kinder gehabt –, und ich dachte: *Ich könnte in diese Familie hineinpassen.* Sie hatten so viele bunte Erfahrungen gemacht, dass es auf einen Paradiesvogel mehr in der Familie auch nicht mehr ankam. Im Vergleich zu ihnen war ich sogar recht langweilig. Sie waren richtig lustig und ich freute mich darüber, wie gut ich mich einfügte.

Eines Tages während unseres Aufenthalts dort fuhren wir zu den Multnomah-Wasserfällen. Ich trug bei dieser Gelegenheit kein Make-up, weil ich davon ausging, die Mitglieder seiner Familie erst am Abend zu sehen. Auf dieser Reise hatte ich sowieso nicht so viel Lust auf Make-up gehabt und mich meist nur sorgfältig frisiert.

Aus irgendeinem Grund jedoch verhielt sich John mir gegenüber kalt und abweisend.

„Was ist denn los, John?", fragte ich ihn nach einer Weile. „Warum bist du heute so distanziert?"

Er sagte etwas über mein Make-up und einige andere, für mich unverständliche Dinge. Darum fragte ich nach.

Seine Antwort führte schließlich zu einer heftigen Diskussion über seine Aufmachung in der Zeit, als er als *Candi* losgezogen war, und über seine Vorstellung von der „idealen" Frau. Kurz gesagt, er verglich mich mit *Candi* und seiner Mutter. Seine Worte verletzten mich tief.

So gut ich konnte, versuchte ich ihm zu erklären, dass seine Reaktion sehr befremdend war.

„John, du musst mich so lieben, wie ich bin", beharrte ich. „Du musst mich als den Menschen lieben, der ich bin – mit oder ohne Make-up."

Wir redeten, stritten und weinten, aber es gab keine Lösung, sodass sich dieser Zwischenfall schließlich zu einem großen Konflikt entwickelte.

Als wir wieder beim Haus seiner Eltern ankamen, eskalierte die Sache. An diesem Tag war ich ständig den Tränen nahe. Wir setzten uns draußen in den Wagen, um uns auszusprechen, weil ich mich vor seiner Familie nicht zusammennehmen konnte. Ich konnte nicht so tun, als wäre alles in Ordnung, obwohl das nicht so war.

„John", sagte ich, „du weißt, dass ich dich aufrichtig liebe, aber diese ganze Geschichte ist für mich als Frau sehr deprimierend. Du musst begreifen, dass ich zu mir selbst finden muss ohne den Druck, diese vollkommene Frau werden zu müssen, die dir vorschwebt. Du musst mir Raum geben, mich zu entwickeln. Und ich kann dir nichts versprechen. Ich weiß nicht, wie ich später sein werde, aber mir gefällt es jetzt ganz gut, eine Frau zu sein. Dabei möchte ich jedoch auch die Freiheit haben, mich von Gott verändern zu lassen. Aber bis er damit fertig ist, erwarte nicht von mir, dass ich dir eine Vorstellung liefere!"

Als John sagte, er wollte doch nur, dass ich möglichst gut für ihn aussah, wurde mir klar, dass er mir gar nicht zuhörte.

„John, ich liebe dich wirklich", wiederholte ich. „Aber ich brauche einen Mann, der mich genau so annehmen kann, wie ich bin. Ich kann jemanden finden, der mich mit und ohne Make-up liebt. Und ich liebe dich genug, um dir dabei zu helfen, eine gute Frau zu finden. Dazu wäre ich bereit."

John war sehr zerknirscht. Er erkannte allmählich, dass er mich aufrichtig liebte und eigentlich keine Barbiepuppe wollte.

„Anne, ich möchte nicht irgendein ‚Bild', ich möchte dich", bestätigte er mir. „Ich liebe dich sehr und ich habe nicht angefangen, dich zu lieben, weil du zu einem bestimmten Zeitpunkt Make-up getragen hast."

Am nächsten Tag setzten wir unsere Reise fort und versöhnten uns wieder. Aber ich war längst nicht sicher, ob das Problem tatsächlich gelöst war. Dies war ein wichtiges Thema in Johns Leben, geistlich und emotional. Glücklicherweise arbeiteten einige Dinge für uns: John war bereit, sich dem Problem zu stellen, und ich wusste, dass es dabei eigentlich gar nicht um mich ging – es ging um ihn und seine Vergangenheit. Doch es war damals bestimmt nicht der richtige Zeitpunkt für John, bei meinem Vater um meine Hand anzuhalten.

John

Anne und ich schafften es irgendwie, diese Reise zu meinen Eltern zu überstehen, ohne unsere Beziehung vollkommen zu zerstören. Und als wir nach San Rafael zurückkamen, bat ich sofort Mike Riley um ein Gespräch. Ich war sehr niedergeschlagen, denn ich wusste, dass ich Anne verlieren könnte.

Während wir drei miteinander sprachen, konnte ich meine Tränen beim besten Willen nicht zurückhalten. Doch ich begann einzusehen, dass ich versuchte, Anne in eine Rolle zu drängen, die sie zu spielen nie beabsichtigt hatte. Ich hatte *Candi* auf sie projiziert und wollte sie zu der „perfekten" Frau formen, die auf dem glorifizierten Bild, das ich mir von meiner Mutter gemacht hatte, basierte. Ich selbst zog keine Frauenkleider mehr an, aber durch

Make-up, Frisur und Kleidung sollte sie die ideale Frau für mich sein. Aber wahre Liebe hat mit äußerem Schein nichts zu tun, das erkannte ich; und es ging auch nicht darum, in der Identität eines anderen aufzugehen. Ich liebte Anne aufrichtig und keinesfalls wollte ich sie verlieren.

„Anne, verzeihst du mir, dass ich versucht habe, dich zu jemandem zu machen, der du gar nicht bist?", fragte ich.

„Ich vergebe dir, John", versicherte sie mir.

Dann betete ich: „Herr, ich liebe diese Frau und nehme sie so an, wie sie ist. Bitte vergib mir, dass ich versucht habe, sie zu jemand anderem zu machen. Hilf mir, sie als die wunderschöne Frau zu sehen, als die du sie geschaffen hast, und sie nicht an irgendeiner Idealvorstellung zu messen."

Nach diesem Gespräch umarmten wir uns. Und nachdem Anne gegangen war, sprachen Mike und ich darüber, wann, wo und wie ich ihr einen Heiratsantrag machen sollte.

Anne

John hatte schwer an seinen Problemen aus seiner Vergangenheit zu knacken und auch ich hatte mein Päckchen zu tragen. Bevor wir uns verloben oder heiraten konnten, musste ich mich meiner Angst stellen, dass mein Vater mich womöglich nicht liebte.

Jedes Mal, wenn ich mit ihm telefonierte, verlief unser Gespräch distanziert und ohne jegliche Emotionen, beinahe so, wie sich ein Chef mit seinem Angestellten unterhalten würde. Meine Reaktion darauf war, dass ich dieses Problem mit meinem Vater auf John projizierte – es fiel mir einfach schwer zu glauben, dass er mich wirklich liebte. John wies mich darauf hin und sagte, so wie *Candi* immer wieder in seinem Leben auftauchen würde, wären meine Zweifel in Bezug auf meinen Vater für mich ein Problem. Und er hatte Recht.

Bei einem der nächsten Gespräche mit ihm versuchte ich deshalb, wie eine Tochter mit meinem Vater zu reden. „Papa", sagte ich, „ich bin so glücklich! Die Sache mit John und mir ist ernst.

Ich habe sogar schon angefangen, mich nach einem Brautkleid umzusehen. In einem Geschäft habe ich eines gefunden, das aussah, als sei es für eine Prinzessin gemacht!"

Nach einer langen Pause sagte daraufhin mein Vater nur: „Wie läuft es denn auf der Arbeit, Anne? Ich habe mir übrigens einen neuen Computer gekauft."

Eines Abends, als John und ich meine Eltern besuchten, hatte ich mich extra mit besonderer Sorgfalt zurechtgemacht, ich hatte Make-up aufgelegt und trug ein tolles schwarz-weißes Kleid. Doch als ich ins Wohnzimmer kam, nahm mein Vater kaum Notiz von mir und sagte kein einziges Wort zu meinem Aussehen. Er konnte mich einfach nicht als Frau sehen und ich empfand sein Verhalten als enorme Zurückweisung.

John und ich überlegten uns daraufhin, dass ich meinen Vater einmal direkt auf seine Gefühle mir gegenüber ansprechen sollte. Bei einem Telefongespräch eines Abends wusste ich, dass nun der richtige Zeitpunkt gekommen war. Ich hatte Angst, weil er mir gegenüber noch nie offen gewesen war, aber ich schaffte es, die Frage herauszubringen: „Papa, liebst du mich eigentlich?"

Mein Vater hatte mein Leben lang immer nur gesagt: „*Wir* lieben dich", aber niemals, „Ich liebe dich." Doch jetzt war er tief verletzt, dass ich eine solche Frage stellte, und seine Reaktion zeigte mir seine Liebe zu mir.

„Ich kann kaum glauben, dass du mich so etwas fragst!", rief er. „Natürlich liebe ich dich. Daran kann es überhaupt keinen Zweifel geben!"

„Und *magst* du mich auch, Papa?"

Wieder reagierte er, ohne zu zögern: „Natürlich mag ich dich. Und ich bin so stolz auf dich."

Das war eine sehr bewegende Erfahrung für mich. Nur selten hatte ich mich meinen tiefsten Ängsten stellen können, stattdessen war ich immer vor ihnen davongelaufen. Aber Johns Unterstützung hatte mir ungeheuer geholfen. Er hatte keine Angst, sich seinen Ängsten zu stellen, und sein Mut hat mir den Anstoß gegeben, den ich gebraucht hatte.

John

Eines Samstags im Dezember 1991 fuhr ich nach einem ausführlichen Gespräch mit Mike Riley nach Hause und nahm nervös den Telefonhörer zur Hand, um Annes Vater in Spokane im Staat Washington, anzurufen.

Nach einigen einleitenden Worten sagte ich schließlich: „Ich denke, Sie wissen, dass ich Anne sehr liebe und den Wunsch habe, sie zu heiraten, Mr. Sutton. Ich habe vor, ihr einen Heiratsantrag zu machen. Doch zuvor möchte ich Sie um Ihre Erlaubnis bitten. Ist es Ihnen und Ihrer Frau Recht, wenn ich Anne bitte, mich zu heiraten?"

Er lachte leise und erwiderte: „Es ist etwas altmodisch, dass Sie bei mir um Annes Hand anhalten, John, aber wir sind durchaus damit einverstanden, dass Sie Anne heiraten."

„Vielen Dank, Mr. Sutton!", erwiderte ich aufgeregt.

„Und übrigens", fügte er hinzu, „Annes Mutter und ich würden eure Hochzeit gerne ausrichten und bezahlen."

Nach diesem Gespräch mit Annes Vater, dessen Einverständnis bezüglich unserer Hochzeit mich sehr beruhigte, zog ich los und kaufte einen Ring.

Dan, ein Mann, der viele Jahre zuvor ebenfalls in der *LIA*-Lebensgemeinschaft gelebt hatte, mittlerweile verheiratet war und drei Kinder hatte, hatte vor einiger Zeit in San Rafael einen Juwelierladen eröffnet. Jemand hatte mir erzählt, er würde Leuten helfen, die ihre Homosexualität überwunden hatten und heiraten wollten. Also ging ich in seinen Laden, erzählte ihm von Anne und mir und erklärte, sie würde Diamanten lieben. Unsere Geschichte schien ihm zu gefallen und er sagte, er hätte gerade bei einem günstigen Ausverkauf zugeschlagen und vielleicht das Richtige da. Daraufhin holte er einen Ring mit einem etwas größeren Diamanten in der Mitte, der von vierundzwanzig kleineren Steinen umrahmt war. Er bot mir diesen Ring zu einem guten Preis an und da ich wusste, dass er Anne gefallen würde, kaufte ich ihn auf der Stelle.

Zu Weihnachten nahm ich den Ring mit nach Hause, um ihn meiner Mutter, meiner Großmutter, meinem neuen Stiefvater und allen anderen zu zeigen, die sich mit mir freuten. Mein Plan war, ihn Anne am Silvesterabend an den Finger zu stecken. Ich wählte ein wundervolles Restaurant aus, kaufte Karten für ein Konzert und suchte einen geeigneten Platz für das große Finale – meinen Heiratsantrag. Alles war geregelt. Jetzt musste ich nur noch die Tage bis zum 31. Dezember zählen.

Anne

Weihnachten verbrachte ich bei meinen Eltern und einige Tage vor Silvester bekam mein Vater von John einen Anruf. Das stachelte natürlich meine Neugierde an. *Ich frage mich, ob er mir einen Heiratsantrag machen will*, dachte ich. *Warum sonst sollte er anrufen?*

Da John und ich vorhatten, den Silvesterabend gemeinsam zu verbringen, und da ich vermutete, es könnte ein ganz besonderer Abend werden, ließ ich mir von Mike Rileys Frau mit dem Make-up und meiner Frisur helfen. Mehr als alles andere wollte ich sie bei einer so wichtigen Gelegenheit in meiner Nähe haben.

Ich hatte ein neues, atemberaubendes blaues Seidenkleid gekauft und als Mona mit mir fertig war, war ich bereit für alles, was an diesem Tag auf mich zukommen würde. John führte mich zum Essen in ein wundervolles italienisches Restaurant, das *Il Fornaio* in San Francisco. Es ist ein sehr romantisches Lokal und das Essen war hervorragend, aber wir waren beide sehr nervös und brachten nur wenig hinunter.

Nach dem Abendessen besuchte John mit mir ein fantastisch schönes Konzert mit Rosemary Clooney, die mit ihrer vollen, sonoren Stimme ein Liebeslied nach dem anderen sang. Irgendwie hatte John es geschafft, Karten für die vorderste Reihe zu bekommen. Als sie bei dem Lied „Our Love Is Here to Stay" auf der Bühne herumging, bemerkte sie, dass John und ich Händchen hielten. Ihr fiel auf, dass wir jung verliebt waren, und sie lächelte uns mit strahlenden Augen an. Mein Herz wurde weit wie das Meer und pochte wie die Brandung und ich brachte es nicht über mich, John anzusehen.

Nach dem Konzert tat John so, als wüsste er nicht genau, wie wir den weiteren Abend gestalten sollten.

„Wir könnten noch einen Spaziergang am Union Square machen", schlug er vor. Und das machten wir auch – eine ganze Stunde lang. Meine Füße taten allmählich weh, aber wir liefen immer weiter und sahen uns jedes Schaufenster an. Ich dachte: *Vielleicht will er mir doch heute Abend keinen Heiratsantrag machen! Warum vergeuden wir nur so viel Zeit?*

Schließlich sagte er: „Nun, vielleicht sollten wir uns jetzt auf den Weg machen." Also liefen wir zum Auto zurück und fuhren in Richtung Golden Gate-Brücke. Wir waren bereits einmal gemeinsam dort gewesen und das war so romantisch gewesen.

Doch in diesem Augenblick fragte John einfach nur: „Und was machen wir jetzt?"

„Ich weiß es nicht", antwortete ich enttäuscht und dachte, ich hätte seine Signale falsch interpretiert.

John

Anne sah an diesem Abend so wunderbar aus, dass ich meinen Blick kaum von ihr wenden konnte. Nachdem wir so viel Zeit wie möglich am Union Square totgeschlagen hatten, fuhren wir in Richtung Golden Gate-Brücke. Kurz bevor wir jedoch dort ankamen, tat ich so, als hätte ich eine Idee.

„Oh Anne, da drüben ist das Kunstmuseum", sagte ich. „Sollen wir hinfahren und dort ein wenig herumlaufen?"

Ihre Augen funkelten vor Freude. „Oh ja, bitte!", stimmte sie zu.

Wir parkten also den Wagen und als ich zur Beifahrerseite ging, um Anne die Tür zu öffnen, sah ich auf die Uhr. Es blieben uns noch fünfundvierzig Minuten bis Mitternacht. Ich wollte meinen Heiratsantrag bis kurz vor Mitternacht aufschieben, damit wir uns dann gemeinsam das Feuerwerk über der Bucht ansehen konnten, aber fünfundvierzig Minuten waren eine Menge Zeit, selbst an einem so wunderschönen Ort. Diese Dreiviertelstunde schien eine Ewigkeit zu dauern, doch dann war der richtige Zeit-punkt gekommen.

Ich begann mit meiner sorgfältig zurechtgelegten Rede, aber sehr zu meinem Kummer musste ich immer wieder nervös lachen.

Anne sah mich beunruhigt an. „John, was ist denn los?", fragte sie.

„Anne, ich muss dir etwas sagen." Ich machte einen neuen Anlauf. „Vor ein paar Tagen habe ich mit deinem Vater telefoniert ..." Meine Stimme zitterte und aus irgendeinem absurden Grund stammelte und kicherte ich wie ein Zwölfjähriger.

„Ach ja? Weshalb?"

„Ich habe ihn gefragt ... was er davon hält, wenn du heiratest ... mich."

„Du hast ihn tatsächlich gefragt? Was hat er gesagt?"

Ich hielt inne, versuchte meine Gedanken zu sammeln und mit dem dämlichen Gekicher aufzuhören.

„Er sagte, er sei damit einverstanden."

Ich war entschlossen, alles so zu machen, wie Anne es erwarte-te, darum kniete ich mich zunächst vor sie hin. Dann fiel mir der Ring ein und ich zog das Schächtelchen aus der Jackentasche.

„Anne ..." Ich sah sie an und hatte plötzlich Angst vor dem, was als Nächstes kommen würde. „Anne, willst du mich heiraten?"

Anne legte daraufhin beide Arme um mich. „Ja!", rief sie. „Natürlich will ich dich heiraten!"

In all der Aufregung hatte sie die kleine Schachtel in meiner Hand vollkommen übersehen.

„Anne", sagte ich, „bist du denn nicht neugierig, was in der Schachtel ist?"

„In der Schachtel? In welcher Schachtel? Oh John, ich bin so glücklich, ich möchte dich einfach nur umarmen."

Schließlich hielt ich es einfach nicht mehr aus. „Anne, um Himmels willen, sieh endlich in die Schachtel! Hier!"

Langsam hob sie den Deckel an und spähte hinein. Sprachlos hielt sie die Luft an. „John, ich kann es kaum glauben!", sagte sie. „Er ist so schön. Vielen Dank. Wow! Ich weiß gar nicht, was ich sagen soll."

„Aber du hast Ja gesagt, nicht?"

„Natürlich habe ich Ja gesagt, John. *Ja*! Ich werde dich heiraten."

Mit zitternden Fingern steckte ich ihr den Diamantring an. Und gerade als wir ihn an ihrer Hand bewunderten, gingen die Lichter um uns herum aus. Das Feuerwerk auf der anderen Seite der Bucht begann und seine bunten Farben spiegelten sich auf dem dunklen Wasser wider. Ich nahm Anne ganz fest in meine Arme und wir küssten uns, während das Feuerwerk den Nachthimmel erleuchtete.

Nachdem wir Hand in Hand zum Wagen zurückgegangen waren, holte ich einen Rosenstrauß aus dem Kofferraum und überreichte ihn ihr. Wir sahen uns beinahe ungläubig an. Wir waren verlobt! Wir würden heiraten! So unglaublich es war: Unser neues gemeinsames Leben hatte begonnen.

Anne

„Ich habe eine ganz besondere Ankündigung zu machen", sagte Pastor Riley am folgenden Sonntag im Anschluss an den Gottesdienst. „Anne und John, würdet ihr bitte aufstehen?"

John und ich sahen uns an, erhoben uns und Mike verkündete: „Ich freue mich, euch mitteilen zu können, dass John und Anne sich verlobt haben!"

Sofort begann die gesamte Gemeinde zu jubeln und zu applaudieren. John und ich wurden umarmt, geküsst und fast jeder Gottesdienstbesucher gratulierte uns. Der Gottesdienst war schon lange zu Ende, als wir endlich das Gemeindehaus verließen. Wir schnappten nach Luft. Jetzt war es offiziell. Wir waren verlobt und alle wussten es.

Es dauerte jedoch nicht lange, bis wir wieder auf den Boden der Tatsachen zurückkamen. Je näher die Hochzeit rückte, desto mehr stritten wir uns über alles Mögliche – angefangen vom Geschirr bis zur Dekoration, über die Art von Bilderrahmen, die wir mochten (ich wollte Holz, er Gold), bis hin zu der Frage, ob wir gemeinsam in ein Dessousgeschäft gehen sollten, um einige Sachen für meine Aussteuer zu kaufen.

„Du meine Güte, das sind aber wirklich sehr intime Sachen", bemerkte ich. Es machte mich verlegen, dass die Dessous so offen im Schaufenster lagen. „Weißt du, ich kann da jetzt nicht einfach mit dir hineinspazieren."

John war sehr geduldig mit mir. Er wusste, ich brauchte Zeit, um mich an unsere Beziehung zu gewöhnen. Und durch die Art, wie er meine Grenzen respektierte, fühlte ich mich wertgeschätzt. Und durch seine Umsicht stärkte er wiederum mein Selbstbewusstsein als Frau.

Im Laufe unserer Verlobungszeit freuten wir beide uns immer mehr auf die Hochzeit. Wir planten die Hochzeitsfeier ganz allein, weil es die schönste Hochzeit werden sollte, die unsere Freunde und Bekannten jemals miterlebt hatten. Wichtiger noch, es sollte das sichtbare Zeugnis für das erstaunliche Eingreifen Gottes in unserem Leben sein. Wie konnten wir der Welt besser verkünden, dass er noch immer Wunder tut?

John

Unsere Verlobungszeit bescherte uns große Freude, aber auch große Herausforderungen. Wir wünschten uns die schönste Hochzeitsfeier, die es je gegeben hatte. Auch sollte unsere Ehe so glücklich werden wie im Märchen, aber das war ohne viel Gebet und Vorbereitung nicht möglich. Überflüssig zu sagen, dass wir gefühlsmäßig sehr aufgeputscht waren und diese Monate deshalb nicht vergingen, ohne bei uns emotionale Narben zu hinterlassen. Anne und ich sind beide sehr sensibel und wir konnten uns sehr leicht verletzen, vor allem in einer so angespannten Zeit.

Wenn ich in dieser Zeit dann und wann doch einmal zur Ruhe kam, hoffte und betete ich, ich möge geistlich so weit gereift sein, dass ich Anne ein guter Ehemann sein konnte. Von Zeit zu Zeit kämpfte ich außerdem mit dem Gedanken, ich würde in einer heterosexuellen Beziehung vielleicht keinen Erfolg haben. Auch

Anne hegte ihre Zweifel und Ängste, weshalb wir noch vor der Ehe mit Mike Riley eine Eheberatung begannen. Wir konzentrierten uns dabei auf unsere Fähigkeiten, miteinander zu kommunizieren, und bestätigten immer wieder neu unsere Bindung aneinander.

Trotz der stressigen Vorbereitungen für unsere Hochzeit waren wir sehr aufgeregt und glücklich. So viele Entscheidungen standen an – wer die Brautjungfern sein sollten, welches Eheversprechen wir uns gegenseitig zusagen, wen wir einladen wollten und alle möglichen anderen Dinge. Wir brachten jeder einen unterschiedlichen Geschmack mit in diese Planungszeit ein und manchmal verliefen die Diskussionen, wie es nun gemacht werden sollte, etwas hitzig. Durch seine Klugheit und Weisheit gelang es Mike jedoch immer wieder, die Spannungen zwischen uns abzubauen, und so haben wir diese Zeit ohne größere Zwischenfälle überstanden.

Auch der Rat und die Ermutigung einiger Freunde, die ebenfalls früher einmal homosexuell gewesen waren, halfen mir sehr. Alle hatten geheiratet und waren nun sehr glücklich. Sie konnten mir sowohl praktischen Rat als auch ein gutes Maß an Optimismus mit auf den Weg geben, dass alles schon irgendwie in Ordnung kommen würde.

Für mich war es erstaunlich, dass ich „Vater-Sohn"-Gespräche mit ehemaligen homosexuellen Männern über die weibliche Anatomie, die sexuelle Empfindungsfähigkeit von Frauen und die Romantik und Intimität führte, die Mann und Frau in ihren Flitterwochen erleben.

Frank Worthen erinnerte mich: „Deine Ehe mit Anne ist eine wundervolle Sache. Gott wollte sie. Und du brauchst dir keine Gedanken zu machen, denn er wird dich nicht in dem Augenblick verlassen, wo du ihn am dringendsten brauchst."

Die Monate flogen nur so dahin und endlich brach unser Hochzeitstag an. Während ich über die bevorstehenden Ereignisse nachdachte, spürte ich plötzlich ganz deutlich die Gegenwart Gottes. Seine Liebe schien mein Zimmer zu erfüllen und ein warmes Gefühl der Vorahnung überwältigte mich mit Freude und

Hoffnung. Gott hatte uns so lange Zeit vor und während unserer Beziehung getragen, sodass wir nun bereit sein konnten, in einen neuen Lebensabschnitt einzutreten. Seine Gnade und Güte würden für den Rest unseres Lebens bei uns sein. Ich wusste und ich fühlte es in meinem Herzen.

Ich zog mich für den Tag an, ganz förmlich in Frack und Fliege, und machte mich auf den Weg zu dem Ort, den wir uns für die Trauung ausgesucht hatten, das Theologische Seminar von San Francisco. Ein paar Dinge gingen mir noch durch den Sinn, doch als ich den Turm der *Stewart Chapel* erblickte, traf mich die Wirklichkeit dessen, was mich erwartete, mit voller Wucht. Ich wurde nervös und fragte mich, wie die Trauung verlaufen und wie wohl die Flitterwochen sein würden.

Mit mir trafen bereits einige Gäste ein. Mike Riley, der die Trauung abhalten würde, war bereits da und begrüßte mich überschwänglich. Ich war froh, sein freundliches Gesicht zu sehen, aber ich wurde noch nervöser, als er begann, mit mir über die Feier zu sprechen. Er spürte meine Nervosität und sagte: „Komm mit, ich werde für dich beten."

Mike nahm mich beiseite, legte den Arm um mich und begann für mich zu beten. Dieses Gebet werde ich nie vergessen.

„Herr, segne diesen Tag und mache ihn zu einem Zeugnis deiner Liebe und Gnade. Bereite jeden Menschen vor, der diese Hochzeit miterleben wird, und gib, dass sein Herz von dem, was er sieht und erlebt, angerührt und verändert wird. Vor allem bitte ich dich für Anne und John, Herr. Möge die Liebe füreinander, die du ihnen ins Herz gelegt hast, wachsen und gedeihen und für dein Reich viel Frucht bringen."

Die Liebe siegt

Anne

An meinem Hochzeitsmorgen ging ich mit meinen Brautjungfern zunächst zur Maniküre und Pediküre.

„Wir werden alles gemeinsam machen", sagte ich ihnen, „und wir werden uns großartig amüsieren."

Ich bat Beverly, die gutmütige Kosmetikerin, die mich schon einmal beim Einkaufsbummel geschminkt hatte, uns zu helfen, uns für die Trauung zurechtzumachen. Drei meiner fünf Brautjungfern hatten früher homosexuell gelebt und waren noch nie zuvor professionell geschminkt worden. Unsere Haare wurden von einigen Friseurinnen aus der Gemeinde frisiert, die immer wieder betonten, es wäre eine Ehre für sie, uns zu helfen.

Es dauerte nicht lange, bis wir alle perfekt frisiert und geschminkt waren und der große Augenblick gekommen war. Das Brautkleid war atemberaubend – strahlend weiß, mit kleinen Puffärmeln und einem weiten, anmutigen Rock. Das Oberteil war mit Perlen und Pailletten bestickt und es hatte eine zwei Meter lange Schleppe. Mein Schleier floss von einem Kranz aus Perlen und Pailletten herab, der genau zum Oberteil des Kleides passte.

Wir hatten vereinbart, die Fotos von mir und meiner Familie bereits vor der Trauung aufnehmen zu lassen. Doch als ich in der Hotellobby eintraf, um meine Familie abzuholen, war mein Vater nirgendwo zu finden. Ich rief in seinem Zimmer an, aber auch dort war er nicht. Nicht einmal meine Mutter wusste, wo er steckte, obwohl sie sicher war, dass er seinen Frack noch nicht angezogen hatte – denn der hing noch in ihrem Schrank. Ich kämpfte gegen meine Enttäuschung an, als sie ihn endlich im Hotelzimmer meines Bruders aufstöberte, wo er sich die Übertragung einer Sportveranstaltung ansah.

Zum Glück nahm sich mein Vater danach zusammen. Seine Verspätung schien ihm aufrichtig Leid zu tun; er beeilte sich mit dem Ankleiden und mit nur einer halben Stunde Verzögerung tauchte er in der Hotellobby auf. Die Limousine hatte draußen vor dem Hotel gewartet und mehr als einmal war mir der Gedanke gekommen, ohne ihn zur Kirche zu fahren. Zum Glück tat ich es nicht. Nichtsdestotrotz hatte mich sein Verhalten tief enttäuscht und ich hatte den Eindruck, ihm nicht einmal so viel wert zu sein, dass er pünktlich zu meiner Hochzeit kam. Ich konnte nicht verstehen, warum das so war.

Während dann die Fotos gemacht wurden, war Beverly immer an meiner Seite und achtete darauf, dass meine Erscheinung perfekt war. Sie war so nett und plötzlich kam mir der Gedanke, dass sie mich beinahe als Tochter adoptiert hatte. Für sie war es das wichtigste, dass ich schön aussah. Ich staunte darüber, dass sie mich so akzeptierte. Meine Vergangenheit war ihr egal. Ihr ging es nur darum, dass ich am schönsten Tag meines Lebens ganz besonders gut aussah.

John

Der Organist begann zu spielen „His Sheep May Safely Graze" (Seine Schafe sollen sicher weiden). Annes und meine Mutter hatten bereits Platz genommen und es würde nicht mehr lange dauern, bis die Brautführer die Kirche betraten. Mein Trauzeuge war John Smid, mein Hausvater, während ich in der Wohngemeinschaft von *Love in Action* gelebt hatte. Er hatte jede Stufe meiner Entwicklung miterlebt und auch jetzt stand er an meiner Seite, als ich einen neuen Schritt wagte.

„Meine Knie sind butterweich, John", flüsterte ich, als wir gemeinsam in Richtung Altar gingen. „Du musst mich auffangen, wenn sie nachgeben."

Er drehte sich zu mir um und lächelte. „Ich bin direkt hinter dir, John", versicherte er mir, „und dir wird es prächtig gehen."

Ich sah mich in der Kirche um und bemerkte, dass Hunderte von Menschen gekommen waren – jeder Platz war besetzt. Der Duft von frischen Blumen, der weiche Schein der Kerzen und der Anblick von so vielen freundlichen Gesichtern ließ eine ungeahnte Freude in mir aufkommen. Ich war ganz ergriffen – Gott hatte das Unmögliche getan und Anne und ich würden es uns gegenseitig und der Welt beweisen.

Alle lächelten erfreut und dankbar sprach ich ein Gebet: „Herr, diesen Augenblick möchte ich nie vergessen. Hilf mir, mich an jedes Detail, an jedes Geräusch, jedes Gesicht zu erinnern, sogar an den Duft der Blumen."

Die Männer von *LIA* hatten zu meiner Rechten Platz genommen – als ich hereinkam, hatte ich bemerkt, dass sie zusammensaßen. Sehr zu meinem Entsetzen – und zur allgemeinen Belustigung – setzten alle gleichzeitig scheußliche, pinkfarbene, dreieckige Sonnenbrillen auf. Die Leute in der Kirche brachen in Gelächter aus und auch ich konnte nicht anders, als mit einzustimmen.

Zu einem Trompetenstück von Purcell wurde ein weißer Läufer im Mittelgang ausgerollt. Die Flügeltüren öffneten sich und Annes Brautjungfern kamen in ihren fließenden blauen Satinkleidern langsam den Mittelgang entlang.

Annes Schwester und gleichzeitig ihre Ehrenbrautjungfer kam als Letzte. Sie war tief bewegt von dem Anlass und der Schönheit der Kirche. Sie weinte und ich berührte sie am Arm, als sie an mir vorbeikam. Sie lächelte mich an und nahm ihren Platz ein. Mit tränenüberströmten Gesicht stand sie da und sah die Gäste an.

Die Musik brach ab. Die Flügeltüren wurden geschlossen. Im Raum wurde es still. Draußen hörte ich die Kirchenglocken fünfmal schlagen. Der große Augenblick war gekommen.

Anne

Ohne Johns Wissen hatte ich veranlasst, dass die Flügeltüren der Kirche wieder geschlossen wurden, nachdem die Brautjungfern ihren Platz eingenommen hatten. Stille senkte sich auf den Gemeinderaum. Und als die Türen erneut geöffnet wurden, war es, als würde eine wunderschöne Prinzessin den Gang entlangschweben. Der Augenblick war unglaublich. Ich konnte kaum glauben, dass ich das war.

Als mein Vater und ich eintraten, schnappte John nach Luft und begann zu weinen. Er sah zu meiner Schwester hinüber, die bereits in Tränen ausgebrochen war. Ich schwebte den Gang entlang, die Schleppe hinter mir herziehend, und es war für alle ein unvergessliches Ereignis.

Unser Freund Mark sang das Lied „My Redeemer" (Mein Erlöser), das Lied, das meine Gefühle für John geweckt hatte, als ich es das erste Mal von ihm gehört hatte. John und ich sahen den Sänger an und unwillkürlich sprach ich den Text mit. Dieses Lied passte haargenau zu uns, weil Gott genau das getan hatte. Er hatte Zusagen gemacht und sie erfüllt. Er hatte mir Versprechen gegeben und sie eingehalten. Ich konnte kaum begreifen, was passiert war, und war einfach überwältigt.

Ich weinte, John weinte und die ganze Gemeinde weinte ebenfalls. Einige von den Anwesenden glaubten nicht einmal an Gott. Andere hatten beschlossen, sich von der Homosexualität abzuwenden und Christus nachzufolgen. Und dann waren da noch unsere Familienmitglieder, die genau wussten, wer wir waren und wie wir gelebt hatten. Aber wir alle hatten mindestens eines gemeinsam – die Schönheit und Erhabenheit des Augenblicks rührte uns zu Tränen.

John

„Liebe Gemeinde", begann Mike, „wir sind heute hier im Angesicht Gottes und dieser Gemeinde zusammengekommen, um diese beiden Menschen in den heiligen Bund der Ehe zu geben ..."

Ich führte Anne die Stufen zum Altar hoch. Wir wandten uns einander zu und hielten uns an den Händen, als wir unser Ehegelübde sprachen.

„John, sprich mir nach", sagte Mike. „Ich, John, nehme dich, Anne ..."

Anne und ich sahen uns an, als wir die Worte aussprachen, die uns für den Rest unseres Lebens aneinander binden würden.

Anschließend an die Trauzeremonie ermutigte Mike uns, uns immer an Gott zu halten: „Anne und John, eure Ehe wird nur so stark sein wie eure persönliche Beziehung zu Jesus Christus. Solange er für jeden von euch die Mitte eures Lebens ist, werdet ihr jedem Sturm standhalten können."

Schließlich sprach er die Worte aus, auf die wir den ganzen Tag gewartet hatten: „Kraft meines Amtes erkläre ich euch nun zu Mann und Frau. Und was Gott zusammengefügt hat, soll der Mensch nicht scheiden."

Mike lächelte mich an und nickte. „John, du darfst die Braut jetzt küssen."

Ich hob Annes Schleier hoch und alle lachten, als ich ihn zurückwarf, sie stürmisch in die Arme nahm und küsste. Die Zuschauer begannen zu applaudieren, als wir uns ihnen zuwandten. In diesem Augenblick ertönte Mikes Stimme: „Meine Damen und Herren, ich habe die Freude, Ihnen ... *Mr. und Mrs. John Paulk* vorzustellen!"

Erneut begann die Gemeinde zu applaudieren. Ich empfand eine solche Freude und Erleichterung, dass ich, als wir die Kirche verließen, meine Faust hob und rief: „Wir haben es getan! Wir haben es getan!"

Nach der Trauung wurden wir mit Liebesbeweisen und guten Wünschen geradezu überschüttet. Unsere Mütter nahmen uns als Erste in den Arm, danach die anderen Familienmitglieder. Meine

Mutter drückte mich an sich und sagte: „John, ich liebe dich so sehr. Und ich kann dir gar nicht sagen, wie stolz ich auf dich bin." Dann gratulierten uns alle anderen. Schließlich fuhren wir in einem schier unendlichen Wagenkorso zum Hotel, in dem wir mit allen feiern wollten.

Anne

Während unserer Trauung hatte meine Freundin und Brautjungfer Renee eine Vision, in der sie Engel über uns schweben sah, als wir uns unser Eheversprechen gaben. Und als Mike Riley, der uns wie ein Vater geliebt und geholfen hatte, uns als Mann und Frau vorstellte, hatten die Engel strahlend vor Freude ihre Schwerter hoch über ihre Köpfe gehoben und gerufen: „Sieg! Sieg!"

Voller Freude begrüßten wir bei dem anschließenden Empfang unsere Gäste. Wir hatten Essen für dreihundert Leute bestellt und später eröffneten John und ich den Tanz zu dem Lied „Our Love Is Here to Stay" (Unsere Liebe wird bleiben), ein Lied, das wir in dem Konzert am Silvesterabend gehört hatten.

Unsere Gemeinde hatte so etwas noch nie erlebt und genau das war unser Wunsch gewesen. Wir hatten davon geträumt, dass alle Familienmitglieder und unsere Freunde aus der Gemeinde und von *Love in Action* diesen Tag mit uns gemeinsam erleben, ihn genießen und ein gutes Essen vorgesetzt bekommen würden. Es sollte ein unvergessliches Erlebnis für sie sein und das wurde es auch.

Was für eine wunderbare Feier! So hatten John und ich es uns vorgestellt, denn wir hatten ja auch einigen Grund zum Feiern.

John

Als sich die Feier schließlich ihrem Ende zuneigte und es an der Zeit für uns war, in unser Hotel zu gehen, wurde ich wieder nervös. Monatelang hatten Anne und ich in unserer Beziehung emotionale und geistliche Nähe erlebt, doch jetzt würden wir eine neue Ebene der Intimität erreichen. Für mich war die Angst vor Versagen fast ebenso stark wie meine Vorfreude.

Wir hatten uns von unseren Gästen verabschiedet. Als ich mich jedoch noch einmal umsah, um sicherzustellen, dass ich niemanden vergessen hatte, sah Anne mich etwas schüchtern an und fragte: „Meinst du nicht, wir sollten jetzt gehen?"

Mein Vater hatte uns die Hochzeitssuite in einem Fünf-Sterne-Hotel aus der Zeit der Jahrhundertwende gebucht. Es war sehr elegant und auf nervöse Hochzeiter gut vorbereitet.

Nachdem wir eingecheckt hatten, trug ich Anne über die Schwelle in unser verschwenderisch mit schönem Holz und eleganten Möbeln ausgestattetes Zimmer. Mitten in der Suite stand ein riesiges Bett mit vier Pfosten. Während Anne im Bad ihren zarten weißen Seidenmorgenrock anzog, machte ich Musik an und ließ das Zimmer in Kerzenlicht erstrahlen. Als sie schließlich aus dem Bad wieder herauskam, nahm ich Anne in meine Arme und drückte sie an mich.

Wir hatten keine Eile und in den folgenden Stunden und Tagen wurden meine Ängste in Bezug auf unsere körperliche Beziehung durch meine immer noch wachsende Liebe zu Anne verdrängt.

Anne

Ich war genauso nervös wie John. Ich konnte es kaum erwarten, die Feier zu verlassen, ins Hotel zu gehen und mit ihm zu schlafen. Wir hatten jedoch beschlossen, uns gegenseitig nicht zu drängen, deshalb musste *es* auch nicht in dieser Nacht geschehen. Wir waren beide so aufgewühlt und gleichzeitig so erschöpft, dass wir keine gute Ausgangsbasis hatten, egal wie sehr wir uns auch wünschten, zusammen zu sein. Es wäre töricht gewesen zu erwarten, unsere Hochzeitsnacht würde das Ereignis schlechthin werden.

Bei unserer Ankunft im Hotel wurden uns Sekt und Himbeeren serviert und die Angestellten behandelten uns überaus zuvorkommend. Als wir dann endlich allein waren, hielten wir uns nur stundenlang in den Armen und küssten uns. Diese Nacht war wundervoll und es war kaum vorstellbar, dass unsere Liebe noch größer werden könnte. Aber wir würden bald herausfinden, dass wir noch mehr geschenkt bekamen, als wir je zu träumen gewagt hatten.

John

Am folgenden Morgen standen wir spät auf und bekamen das Frühstück auf unser Zimmer serviert. Nachdem wir ausgecheckt hatten, fuhren wir in unsere erste gemeinsame Wohnung, in die bereits alle unsere Geschenke gebracht worden waren. Darunter war auch ein Geschenk, das Anne noch nicht gesehen hatte – eine Schmuckkassette im Queen-Anne-Stil mit einer Messingtafel und der Inschrift: „Meiner wunderschönen Braut zu unserem Hochzeitstag, dem 19. Juli 1992."

Anne hatte gerade mein Hochzeitsgeschenk für sie geöffnet, als das Telefon läutete. Es war mein Schwager, Vickys Mann Bruce.

„Sitzt ihr gerade?", fragte er. „Ich werde euch das schönste Hochzeitsgeschenk überhaupt machen."

„Wovon sprichst du?", sagte ich. „Was ist los?"

„Nach dem Empfang kamen deine Mutter und Tom (ihr Mann) noch mit Vicky und mir ins Hotel. Sie waren immer noch fassungslos über alles, was sie an diesem Tag erlebt hatten, und konnten es nicht richtig verstehen. Ich sagte ihnen, die Ursache für all das Wundervolle, das Anne und du erlebt haben, sei Jesus Christus. Ich erklärte ihnen sein Angebot auch für ihr Leben und fragte sie, ob sie Jesus nicht als ihren Herrn annehmen wollten. Und John, sie haben es getan! Beide haben gebetet und Christus angenommen!"

Er hatte Recht. Die Hochzeit war wirklich gesegnet gewesen. Aber das hier überstieg alles. Gott hatte die Veränderung in unserem Leben dazu benutzt, meine Mutter und ihren Mann zu sich zu ziehen. Ein schöneres Geschenk hätten wir wirklich nicht bekommen können.

Anne

Wir verlebten romantische Flitterwochen auf Hawaii. Während dieser ganzen Woche stritten wir nicht ein einziges Mal miteinander. Stattdessen hatten wir eine Menge Spaß, erlebten aber auch viele zärtliche und erfüllende Augenblicke. Ich genoss die Tatsache, dass ich, nachdem ich mit John geschlafen hatte, keine Trennung von Gott empfand. Ich spürte kein Bedauern. Ich hatte nicht das Gefühl, etwas bereuen zu müssen.

Unsere Liebe war so richtig und gut, es war, als würde Gott uns seinen Stempel der Zustimmung aufdrücken und sagen: „Freut euch aneinander. Ich habe das alles geschaffen, damit ihr es genießt."

In mein Tagebuch schrieb ich: „John und ich sitzen auf einer Bank und beobachten den Sonnenuntergang. Zwischendurch ist er auf meinem Schoß eingeschlafen. Mein Herz ist so voller Dankbarkeit. Ich habe Gott gebeten, mich in meinen Schwächen zu stärken, mir zu helfen, dass John mich lieben kann. Als John aufwachte, war er so glücklich, dass er mich geheiratet und dass Gott ihm endlich seine andere Hälfte gegeben hat. Wow, das war eine wundervolle und schnelle Gebetserhörung! Ich liebe es, mit John verheiratet zu sein!"

John

Unsere Flitterwochen waren mit die glücklichste Zeit unseres Lebens. Meine Ängste und Zweifel wurden von einer Welle der Leidenschaft und der Freude aneinander fortgespült. Es war Gottes Geschenk an uns beide und wir nahmen es dankbar an. Wir machten lange Spaziergänge am Strand, schliefen viel und freuten uns daran, vierundzwanzig Stunden am Tag zusammen zu sein. Doch viel zu schnell verging die Zeit und wir mussten nach sieben Tagen voller Glück wieder in die „reale Welt" zurück.

Als wir nach Hause kamen, war bekannt geworden, dass wir die Homosexualität hinter uns gelassen und geheiratet hatten.

Wir bekamen bald die Gelegenheit, in *Good Morning, America* (eine landesweit ausgestrahlte Magazinsendung) aufzutreten. Danach kamen beinahe jede Woche Einladungen zu Interviews. *The 700 Club* und verschiedene andere christliche Sender fragten uns an, auch die *Oprah Winfrey Show* interessierte sich für uns sowie Leute, die eine Dokumentarsendung über unser Leben drehen wollten.

Ganz plötzlich wurden wir bekannt und unsere Beziehung war der Öffentlichkeit ausgesetzt. Und gleichzeitig versuchten wir wie alle frisch verheirateten Paare, unser Leben zu organisieren. Mit neunundzwanzig waren wir beide in unserer Lebensgestaltung schon ziemlich festgefahren, deshalb kam es vor, dass wir uns wegen Nichtigkeiten zankten, zum Beispiel über die Frage, wo die Bilder hängen sollten.

Diese Auseinandersetzungen lösten in uns die Sorge aus, unsere frühere Homosexualität könnte der Grund dafür sein. Deshalb beschlossen wir, eine Eheberatung zu beginnen.

Doch als wir im Büro des Therapeuten saßen und ihm von unseren Auseinandersetzungen und unserem Hintergrund berichteten, begann er zu lachen. „Oh nein, das ist ganz normal! Ihre Probleme sind eigentlich überhaupt keine Probleme!" Dann erklärte er uns, dass dies normale Auseinandersetzungen seien bei dem Prozess, sich zusammenzuraufen. Da wir uns durch die Therapie, die wir gemacht hatten, bereits so gut kannten, fügte er hinzu, hätten wir sogar eine noch stärkere Grundlage für unsere Ehe als die meisten anderen Paare.

Allerdings müssten wir unsere Kommunikation verbessern. Jeder von uns müsse übersetzen können, was der andere sagte, vor allem bei Uneinigkeiten. Aber auch das sei ein ganz normaler Prozess für frisch verheiratete Ehepaare.

Wir freuten uns über das, was wir hörten, denn uns hatte wirklich beunruhigt, dass wir so schrecklich unterschiedlich waren und uns anscheinend auf nichts einigen konnten. Aber der Therapeut machte uns klar, dass wir aufhören mussten, den anderen in das Bild zu pressen, das wir uns von ihm gemacht hatten. Stattdessen sollten wir dafür sorgen, dass unsere Stärken und

Schwächen sich ergänzten. Wir hatten gedacht, um miteinander auszukommen, müssten wir gleich sein; er dagegen erklärte uns: „Nutzen Sie Ihre Unterschiede doch zu Ihrem Vorteil. Lassen Sie den anderen tun, was Sie nicht können. So entsteht eine widerstandsfähige Ehe."

Im Laufe der Zeit fühlte sich Anne immer sicherer und sie begriff, dass ich sie liebte, auch wenn ich mich mal über sie ärgerte. Sie blühte richtig auf und entwickelte eine innere Stärke und Schönheit, die sich auch äußerlich zeigte. Ihre Weiblichkeit wurde ihr mehr und mehr vertraut und sie empfand sie nicht länger als Fremdkörper, so wie mir meine Männlichkeit vertrauter wurde.

Wir lernten, über alles zu sprechen, egal wie unbedeutend es war. Wir lernten zuzuhören, zu diskutieren und zu vergeben. Und wir lernten, die alten, verwirrten Motive zu begreifen, die manchmal Neues ersticken wollten. Aber vor allem lernten wir zu sagen: „Es tut mir Leid. Ich liebe dich und ich möchte es noch einmal versuchen." Mit Gottes Hilfe konnten wir alles durchsprechen und aufarbeiten.

Anne

Kurz nach unserer Hochzeit bat mich Mona Riley, den Anbetungsteil eines Gottesdienstes für Frauen zu leiten. Ich hatte immer davon geträumt, mein musikalisches Talent mehr einzusetzen. Aber obwohl ich gerne sang und Gitarre spielte, hatte ich schreckliche Angst davor, vor einem Publikum zu spielen.

Zu den ehemaligen lesbischen Frauen unserer Gemeinde gehörte auch eine junge Frau, um die sich mehrere von uns kümmerten. Sie spielte sehr gut Schlagzeug, weshalb sie mit mir für die Anbetungszeit probte. Während einer dieser Proben kam sie auf mich zu und machte mir Komplimente bezüglich meiner Stimme. Ganz unerwartet reagierte ich sexuell auf sie und natürlich schämte ich mich ganz schrecklich deswegen. Da war ich nun, frisch verheiratet und alles lief gut – und plötzlich, wie aus dem Nichts, war wieder diese Anziehung da.

Meine Reaktion danach war kategorisch: *Ich will das nicht.* Und als ich John davon erzählte, sagte er: „Natürlich können wir gern darüber reden, aber du solltest dich unbedingt auch an deine Freundin Sheila wenden", riet er mir. „Ihr kannst du dein Herz ausschütten." Das tat ich dann auch. John hatte mich bereits auf ein paar Dinge hingewiesen, die ihm aufgefallen waren, und ich erzählte Sheila, was mich bewegte. Schließlich setzten wir drei uns zusammen und sprachen ausführlich über diese Angelegenheit.

Ich begriff, dass meine körperliche Reaktion auf diese junge Frau nur ein Ersatz gewesen war. Die Musik war Neuland für mich gewesen und ich fühlte mich noch unsicher und hatte Angst davor, den Anbetungsteil des Gottesdienstes zu leiten. Deshalb hatte ich auf ihre Komplimente auf emotionaler und sexueller Ebene reagiert, als würde das mein Problem lösen.

Die Logik oder mangelnde Logik war verblüffend. Ich benahm mich so, als wäre ihre Schmeichelei die Lösung aller meiner Probleme. Ich tat so, als würde ich, wenn ich Sex mit ihr hätte, keine Angst mehr davor haben, mich vor die Gemeinde zu stellen und den Anbetungsteil zu leiten. Es war so absurd, aber genau dies waren meine emotionalen Angewohnheiten gewesen. Sie mussten dringend in andere Bahnen gelenkt werden.

Als ich mich meiner Unsicherheit stellte und dem auf den Grund ging, was tatsächlich in mir vorging, verschwand die Anziehung vollkommen, und wir drei, John, Sheila und ich, lachten darüber. Es war ausgesprochen, kein Geheimnis mehr und vor allem vorbei.

Außerdem half mir John in diesem ersten Jahr unserer Ehe, noch eine andere wichtige Lektion zu lernen. Wir hatten es uns angewöhnt, häufig mit unseren Familien zu telefonieren. Während dieser Telefonate sprach ich immer wieder mit meinem Vater über meine Leistungen und das, was ich tat. Eines Tages bemerkte John nach so einem Telefonat: „Anne, du sprichst mit deinem Vater, als wärst du seine Angestellte. Nie erwähnst du deine Gefühle, die weiblichen Dinge in deinem Leben oder wie du dich als Frau entwickelst. Aber das ist doch, was dich eigentlich beschäftigt. Dein Job ist doch eher nebensächlich. Wenn du mit deinem Vater sprichst, hat man den Eindruck, dein Job wäre dir das Wichtigste im Leben."

„Ja, du hast Recht", sagte ich. „Es ist seltsam, aber das ist mir noch nie aufgefallen. Ich gehe immer in die Welt meines Vaters, wenn ich mit ihm rede. Und er ist noch nie mit in meine gekommen."

Beim nächsten Telefonat mit meinem Vater erzählte ich ihm, was John und ich eines Tages tun wollten, wie ich emotional auf bestimmte Dinge reagiert hatte und wie gern ich ein Baby hätte. Ich plauderte immer weiter über die Dinge, an denen ich wirklich interessiert war, und er war stumm wie ein Fisch. Er brachte es nicht einmal über sich zu sagen: „Oh, das ist aber interessant." Mein Vater war sprachlos, bis ich umschaltete und über Themen wie meinen Job sprach.

Von dieser Zeit an begann ich, meinem Vater gegenüber ich selbst zu sein. Ich war eine Frau und damit würde er sich einfach abfinden müssen. Das war gut für mich und letztlich war es gut für uns alle.

John

In der letzten Hälfte des Jahres 1993 wurde Anne und mir klar, dass es an der Zeit war, aus San Rafael und von *LIA* wegzuziehen. Wir hatten viele wundervolle Freunde dort und eine ganz neue Lebensweise kennen gelernt, vor allem unter der freundlichen Leitung von Pastor Mike Riley. Aber wir steckten noch immer in der Arbeit mit ehemaligen Homosexuellen und unsere Identität als ehemalige Homosexuelle war zu gefährdend und einschränkend.

Mittlerweile wurde in den nationalen Medien immer häufiger von uns gesprochen und wir hatten bereits Dutzende von Fernsehauftritten in unterschiedlichen Sendern hinter uns. All dies hatte dazu geführt, dass wir auf der Straße erkannt wurden. Wir hielten es deshalb für eine gute Idee, an einem neuen Ort in größerer Anonymität noch einmal neu anzufangen.

Unsere beiden Familien wohnten im Nordwesten und mein Vater war mehr als nur bereit, uns zu helfen, uns in Portland, ganz in der Nähe von ihm und meinen Geschwistern, niederzulassen. Er und seine Frau Sue luden uns ein, bei ihnen zu wohnen, während wir uns nach einer eigenen Wohnung umsahen. Da ich, als ich ein Junge war, nicht bei ihm hatte leben können, wollte er nun auf diese Weise etwas für mich tun. Es war eine liebevolle Geste, die mich tief berührte, und wir waren damit einverstanden, eine Weile bei ihnen zu wohnen.

Also zogen wir kurz vor Weihnachten aus San Rafael fort. Es gab einen tränenreichen Abschied von unseren Freunden. Fünf Jahre lang war *LIA* unsere Familie gewesen, doch jetzt waren wir selbst eine Familie. Wir hatten uns und wir mussten als „ein Fleisch", wie es die Bibel etwas altertümlich anmutend sagt, in Christus zusammenwachsen.

Anne

In Portland wollten wir einfach John und Anne sein. Wir wollten an unserer Beziehung arbeiten, ohne dass die Welt uns dabei zusah. Außerdem barg diese Zeit eine sehr heilsame Erfahrung für John. Sein Vater gab uns einen Ort, wo wir wohnen konnten, versorgte uns mit Essen und allem anderen, was wir brauchten. Mit jeder Geste schien er zu sagen: „Sohn, ich liebe dich und möchte dir geben, was ich dir früher nicht habe geben können."

Auch für mich war das eine besondere Zeit, denn Johns Vater behandelte mich wie eine Tochter. In gewisser Weise fiel es ihm leichter, mir seine Zuneigung zu zeigen als seinen eigenen Töchtern, denn bei mir fing er ganz von vorne an ohne Vorgeschichte. Er zeigte mir, dass er mich liebte.

Ein paar Monate nach unserem Umzug fand ich einen Job in einer Computerfirma, die Lehrgänge für verschiedene Softwareprogramme abhielt. Ich hatte mich gegen Ende unserer Zeit in Kalifornien mit diesem Arbeitszweig vertraut gemacht und blieb in den folgenden Jahren bei dieser Firma.

Dann, Anfang 1994, bekamen wir Besuch von einer gemeinsamen Freundin, die immer wieder von ihrer Schwangerschaft und allen ihren Symptomen sprach.

Ich jedoch war mir ziemlich sicher und meinte: „Ich bin hundertprozentig davon überzeugt, dass ich nicht schwanger bin." Doch nachdem sie wieder fort war, fiel mir auf, dass ich tatsächlich einige der von ihr beschriebenen Symptome hatte. Wichtiger noch, meine Periode hatte sich verzögert.

Das war ausgerechnet am 14. Februar – dem Valentinstag – und ich sagte zu John: „Ich denke, wir sollten uns einen Schwangerschaftstest besorgen."

Also kauften wir einen Test, ich wandte ihn an und das Ergebnis war positiv. Wir waren zuerst überglücklich, doch dann bekamen wir schreckliche Angst, es könnte sich um einen Irrtum handeln. Deshalb fuhren wir los und besorgten uns einen weiteren Test. Alle zwei Sekunden sah John nach, ob der blaue Streifen noch da war. Es stimmte – beide Tests hatten dasselbe Ergebnis geliefert.

Wir konnten die Neuigkeit nicht für uns behalten und erzählten es sofort Johns Vater und seiner Frau. Ich steckte mir eine kleine Puppe unter meinen Rock und stolzierte stolz in der Gegend herum. Für uns war diese Nachricht ein Valentinsgruß von Gott, ein ganz besonderes Geschenk. Wir konnten es kaum glauben. Die ganze Nacht über überprüfte John immer wieder die Teststreifen und selbst am folgenden Tag sah er noch einmal nach, ob sie sich auch nicht verändert hatten!

Wir waren so glücklich, dass wir es am nächsten Tag jedem erzählten. Ich rief meine Familie an; John telefonierte mit seiner.

„Mama", sagte er, „ich werde Vater!"

„Und ich werde Mutter!", rief ich so laut, dass ich am anderen Ende der Leitung zu hören war.

Als John am folgenden Abend nach Hause kam, sagte ich ihm: „Weißt du, es ist ein Wunder, dass ich heil nach Hause gekommen bin. Wie im Nebel bin ich zur Arbeit gefahren und wieder zurück."

„Ich weiß", erwiderte John lachend. „Ich kann selbst kaum glauben, dass so etwas passiert. *Ich* – werde Vater! Wenn ich darüber nachdenke, verspüre ich ein ganz neues Gefühl von Männlichkeit. Ich bin wirklich geheilt."

Während der folgenden fünf Tage suchten wir uns Adressen von Babyausstattern aus den Gelben Seiten heraus und fuhren in ganz Portland herum, um uns Anregung für das Kinderzimmer, die Vorhänge und Tapeten zu holen. Am liebsten hätten wir gleich alles eingekauft.

Johns Stiefmutter sah uns beide eines Tages prüfend an und meinte: „Ihr zwei strahlt regelrecht vor Glück. Ich habe noch nie erlebt, dass sich jemand so über ein Baby freut."

„Niemand könnte glücklicher sein als wir", stimmte John zu und umarmte mich.

Doch fünf Tage später setzten Blutungen bei mir ein und wieder ein paar Tage später bekam ich Krämpfe. In der Nacht wachte ich dreimal vor Schmerzen auf. Verängstigt und hilflos rief John unseren Arzt an, der uns riet, zur Notaufnahme des Krankenhauses zu fahren.

Dort machte jemand eine Ultraschallaufnahme bei mir, sagte uns aber nicht, was los war. „Warten Sie hier", sagte er nur kurz angebunden und jeden Blickkontakt meidend, nachdem er mit der Untersuchung fertig war. „Ich werde Ihnen jemanden schicken."

So saßen wir wie ein Häufchen Elend da und hofften von ganzem Herzen, dass es unserem Baby gut ging. Mittlerweile war ich in der achten Schwangerschaftswoche. Schließlich wurden wir aufgerufen und die Dienst habende Ärztin in der Notaufnahme begleitete uns zu einem der kleinen Besprechungszimmer.

„Haben Sie bewusst versucht, schwanger zu werden?", fragte sie uns ganz sachlich.

„Nein", antwortete ich.

„Na ja, dann hätten Sie sicher ohnehin abgetrieben", fuhr sie unverblümt fort und trug etwas in ein Krankenblatt ein.

Auf diese Weise erfuhren wir, dass unser Baby gestorben war.

Wir fühlten uns wie vor den Kopf geschlagen und hatten das Gefühl, als wäre uns aller emotionaler Wind aus den Segeln genommen worden.

Als wir der Ärztin schließlich aus dem Raum folgten, blieb mein Herz zurück. Es fiel mir sehr schwer zu begreifen, was sie uns gerade mitgeteilt hatte. Ich hatte das Gefühl, als würde alles in Zeitlupe ablaufen. Während sie uns weitere Informationen gab, konnte ich nicht einmal zuhören. Sie redete weiter, doch ein Satz ging mir immer wieder durch den Kopf.

„Das Baby ist tot. Das Baby ist tot. *Das Baby ist tot.*"

Ich zitterte vor Schock und Ungläubigkeit.

„Oh Gott! Das kann nicht sein!"

John und ich sahen uns an. Wir konnten diesen Gedanken kaum verkraften.

„Was genau wollen Sie uns sagen?", fragte John schließlich die Ärztin.

„Oh, wurden Sie denn noch nicht informiert?", erwiderte sie noch immer desinteressiert. Sie maß meinen Blutdruck und fragte mich, ob ich gleich eine Ausschabung wünschte. John und ich sahen uns erneut an. Mittlerweile traten Tränen in unsere Augen und wir fielen uns in die Arme und begannen zu schluchzen.

Die Frau hatte jedoch keinerlei Mitgefühl mit uns. Irgendwann sagte sie dann doch: „Ich schätze, Sie wollen allein sein."

Nachdem sie verschwunden war, drückte John mich an sich. „Anne, es tut mir so Leid, dass das passiert ist", tröstete er mich.

„Mir tut es auch Leid", brachte ich mühsam heraus.

Unser Schmerz war unglaublich groß. In unserer Aufregung hatten wir uns schon alle möglichen Stofftiere, Babysachen, Kinderzimmerausstattungen und sogar Windeln angesehen. Jetzt erfuhren wir, dass das Baby bereits mehrere Wochen tot war. Die Fehlgeburt hatte sich nur etwas verzögert. Damals empfand ich das alles als einen grausamen kosmischen Scherz.

Trotzdem war ich noch nicht bereit, mich damit abzufinden. Ich konnte es nicht ertragen, eine Ausschabung vornehmen zu lassen, weil ich im Stillen noch immer hoffte, dass das Baby vielleicht doch nicht tot war. Immerhin glaubten wir doch an Wunder, nicht? Da keiner von uns in diesem Bereich Erfahrung hatte, hatten wir keinen größeren Wunsch, als diesen schrecklichen Ort zu verlassen und aus der eiskalten Gegenwart dieser Ärztin zu verschwinden. Nachdem sie meinen Blutdruck gemessen hatte, sagte ich zu ihr: „Nein, ich möchte keine Ausschabung. Wir fahren nach Hause."

„Nun", meinte sie in ihrer frostigen, distanzierten Art, „wenn die Blutung wieder einsetzt, kommen Sie sofort in die Notaufnahme zuruck und lassen Sie sich einweisen. Und falls Sie Teile des Fötus finden, bringen Sie sie bitte mit."

Schockiert und am Boden zerstört fuhren wir nach Hause. Als dann die Blutung doch noch stärker wurde, bekam ich Angst, ich würde etwas sehen. Ich konnte mir einfach nicht vorstellen, Teile dieses Babys, das wir bereits so sehr geliebt hatten, zu finden. Schließlich wurde die Blutung nach eineinhalb Tagen noch stärker und ich sagte zu John: „Jetzt wird es ernst. Die Krämpfe nehmen zu. Lass uns fahren. Ich bin bereit."

Die Ausschabung war schrecklich schmerzhaft. Ich erinnere mich, mich mit beiden Händen an den OP-Tisch geklammert und versucht zu haben, meine Schreie zu unterdrücken. John wartete draußen vor dem Behandlungsraum, man ließ ihn nicht herein. Doch er konnte mich durch die Tür hören, weil meine Schmerzensschreie zu laut waren. Nachdem ich die Tortur überstanden hatte, fuhren wir nach Hause und brachen zusammen. Die Quälerei war vorbei, aber wir hatten dabei einen Teil von uns selbst verloren.

John

Mir fiel es sehr schwer, nicht Gott für die Fehlgeburt verantwortlich zu machen. Ich war derart niedergeschlagen, dass ich beinahe meinen Glauben aufgeben wollte. Anne stand damals fester im Glauben als ich.

Monatelang trauerten wir. Wir hatten jemanden verloren, der uns sehr lieb war, und unsere Hoffnungen schienen mit ihm gestorben zu sein. Um alles nur noch zu verschlimmern, versuchten wir immer wieder, erneut schwanger zu werden, aber es klappte einfach nicht. Schließlich gingen wir zu einem Spezialisten, der uns riet, Annes Zyklus zu beobachten. Haargenau folgten wir den Anweisungen des Arztes, doch immer noch kein Baby.

Die Zeit heilte langsam unsere Wunden, unsere Stimmung besserte sich und wir wurden von einem neuen Projekt abgelenkt – wir machten uns auf die Suche nach einem eigenen Heim. Phil, der Leiter einer ähnlichen Organisation wie *Exodus*, erzählte uns von einem achtzig Jahre alten Farmhaus, an dem wir vielleicht interessiert sein könnten.

Als wir das Haus besichtigten, wussten wir sofort, dass wir es kaufen wollten. Es hatte den Charme und Charakter eines Landhauses und genügend Platz für die vielen Gäste, die wir zu bewirten hofften. Die finanziellen Fragen konnten wir mit Phil regeln und im Oktober 1994 zogen Anne und ich in unser Traumhaus ein. Es gab viel zu tun und wir brauchten Monate, bis wir das Haus richtig ausgestattet und renoviert hatten. Doch es hielt uns beschäftigt und wir freuten uns an dem Ergebnis unserer harten Arbeit. Wir fühlten uns zu Hause.

Ich arbeitete für eine christlich-medizinische Organisation und mittlerweile hatte ich eine zweieinhalbjährige Pause von der Arbeit unter Homosexuellen. Doch im März 1995 rief John Smid an und fragte mich, ob ich mich nicht zur Vorstandswahl von *Exodus* aufstellen lassen wollte. Anne und ich sprachen darüber und ich beschloss, an der *Exodus*-Konferenz in San Diego teilzunehmen. Dort wurde mir die große Ehre zuteil, für die folgenden drei Jahre zum Vorstand der Organisation gewählt zu werden.

Wieder ein paar Monate später meldeten sich zwei Geschäftsleute aus der Gegend bei Anne und mir, die schon seit vielen Jahren *Portland Fellowship* unterstützten, eine Außenstelle von *Exodus*. Sie waren durch die Interviews im Fernsehen und in der Presse auf uns aufmerksam geworden und beeindruckt von der Art und Weise, wie wir über unsere homosexuelle Vergangenheit sprachen. Jetzt wollten sie bei *Portland Fellowship* eine Stelle für mich sponsern, damit ich vollzeitlich in den Medien diese Arbeit vertreten konnte.

Das Timing war perfekt, denn ich hatte das Gefühl, dass Gott mich wieder in die aktive Arbeit mit ehemaligen Homosexuellen führen wollte. So richtete ich mit ihrer Hilfe eine neue Stelle als Leiter der Werbeabteilung von *Portland Fellowship* ein und es gab wirklich eine Menge Gelegenheiten, in den Medien präsent zu sein.

All dies war die Bestätigung, dass Gott uns tatsächlich in die Arbeit unter Homosexuellen zurückrief. Er hatte einen Plan für uns trotz des Todes unseres Kindes.

Anne

Im August 1995 half ich einer meiner Freundinnen bei ihrem Umzug. Als wir an der Straße anhielten, sah ich hinauf in den Himmel und entdeckte eine ungewöhnliche Wolkenformation. Sie sah aus wie ein Baby. *Wie seltsam*, dachte ich, *noch nie zuvor habe ich eine solche Wolke gesehen. Ich frage mich ...*

John betete zu eben dieser Zeit zu Hause und flehte Gott an. Unter Tränen rief er: „Gott, bitte gib uns ein Baby! Warum willst du uns kein Baby schenken?"

Wir wünschten uns so sehr ein Kind, dass es schon wehtat. Wir waren beinahe verzweifelt, weil wir uns als Mann und Frau so gut verstanden und alles haben wollten, was Gott uns als Ehepaar geben konnte. Die Elternschaft erschien uns deshalb der nächste Schritt in unserer vollkommenen Heilung von unserer Vergangenheit zu sein.

Bei meiner ersten Schwangerschaft hatten wir eine unglaubliche und unerwartete Freude empfunden. Nun, da die Enttäuschung ein wenig abgeklungen war, sehnten wir uns nach der Erfüllung unseres tiefen, von Gott gegebenen Wunsches, unsere Familie zu vergrößern. Wir wussten, es war ein guter Wunsch, Kinder zu haben, sie zu erziehen und ihnen beim Heranwachsen zu helfen. Doch unser Traum ging nicht in Erfüllung, stattdessen erlebten wir Frustration, Enttäuschung und ein so großes Verlustgefühl, wie keiner von uns es je verspürt hatte.

Doch schon kurz nach meinem Erlebnis mit der Wolke erfuhr ich, dass ich wieder schwanger war. Unsere Hoffnungen stiegen, vor allem nach der neunten Schwangerschaftswoche. Doch dann setzten erneut Blutungen ein. Und obwohl wir mittlerweile einen sehr fähigen und gläubigen Arzt gefunden hatten, hatte ich im September 1995 eine weitere Fehlgeburt.

Weder John noch ich verkrafteten diese Tragödie besonders gut. John hatte sehr stark damit zu kämpfen, vermutlich noch mehr als ich. Ich erinnere mich, gebetet zu haben: „Gott, John hat das Gefühl, als würdest du uns wie einem Kaninchen eine Möhre vorhalten und sie dann wieder wegziehen. Das ist so grausam. Herr, ich weiß, dass du so etwas nicht machst, aber so wirkt es auf uns. Du musst John trösten und ihm deine Liebe zeigen."

Kurze Zeit nach dieser zweiten Fehlgeburt besuchte ich eine Frauenkonferenz, bei der wir Kay Arthurs Bibelstudienmaterial über die verschiedenen Namen Gottes durcharbeiteten. Einer der Namen ist *El-Elyon* – der Gott, der sieht. Irgendwie rührte mich dieser Name in meiner besonderen Situation zu Tränen und ich verließ die Veranstaltung.

Ich litt sehr und musste Gott unbedingt mein Herz ausschütten. Um dies ungestört tun zu können, machte ich einen Spaziergang, bei dem ich weinte und betete: „Herr, ich wäre so gerne Mutter, doch ich habe keine Zusagen von dir, dass ich jemals ein Kind haben werde. John und ich möchten so gerne Eltern werden. Wir möchten ein Kind lieben und unsere eigene Familie gründen."

Ich würde nicht sagen, dass ich zu diesem Zeitpunkt zornig war, aber ich war tief verletzt und trauerte noch sehr stark. Und immer wieder legte ich Gott meine unerfüllte Sehnsucht, Mutter zu werden, vor.

Doch dann ging mir auf, dass Gott mir nichts schuldete; schließlich war ich sein Kind, sein Diener, und er war souverän. Ich versuchte meine Sehnsüchte an ihn abzugeben, aber ich konnte mich nicht dazu überwinden, konkret um das Geschenk eines Kindes zu beten.

Nachdem ich draußen eine Weile herumgelaufen war, fand ich einen stillen Ort, wo ich allein mit Gott sprechen konnte.

„Herr", betete ich laut, „du bist Gott. Du hast John und mich in so vieler Hinsicht gesegnet. Wir haben in der Vergangenheit gelernt, dir in schwierigen Zeiten zu vertrauen – bei der Stellensuche, beim Umzug, in Bezug auf unsere Sexualität, Freundschaften und Finanzen. Und du hast dich als vertrauenswürdig erwiesen. Ich weiß, die Kinderfrage liegt in deiner Hand. In deinem Wort heißt es: ‚Habe deine Lust am Herrn; der wird dir geben, was dein Herz wünscht. Befiehl dem Herrn deine Wege und hoffe auf ihn, er wird's wohl machen‘ (Psalm 37,4–5). Irgendwie schaffe ich es nicht, meinen Wunsch, Mutter zu werden, an dich abzugeben, obwohl ich es versuche. Hilf mir, Herr, dir meine Wünsche als Opfer zu bringen und nicht als eine Forderung an dich.“

Mit diesen Worten hörte ich auf zu beten und wartete auf eine Antwort von dem Einen, der mein tiefstes Inneres anrühren konnte.

In dieser Zeit der Stille sagte Gott nicht zu mir: *Du wirst Mutter sein.* Aber er sagte zu mir: *Ich bin der Gott, der sieht.* Und ich wusste, dass er meinen Schmerz sah, dass er seinen Blick nicht von mir abgewandt hatte. Er durchlebte den Verlust mit mir gemeinsam. Dies war eine lebensverändernde Erkenntnis und als ich von der Konferenz nach Hause fuhr, ging es mir sehr viel besser. Er hatte mir geholfen zu verstehen, dass er bei mir war, dass er mit mir litt, egal was mir fehlte. Und mit ihm an meiner Seite konnte ich weitermachen.

John

Zu Beginn des Jahres 1996 wurde mir klar, dass es mir schwer fiel, in der Bibel zu lesen und zu beten. Ich war wegen des Verlustes unserer beiden Babys auf Gott zornig und fühlte mich von ihm zurückgewiesen. Ich hatte sogar das Gefühl, eine Marionette zu sein, mit der Gott ein grausames Spiel spielte. Dieser überwältigende, beinahe schmerzhafte Wunsch in mir, Vater zu werden, ließ sich nicht leugnen und die Trauer über den Verlust unserer beiden Kinder war unglaublich groß. Seitdem war es eine Qual, die Segnung anderer Leute Kinder im Gottesdienst zu ertragen; Anne musste regelmäßig aufstehen und nach draußen gehen. Und ich rief oft verzweifelt zu Gott: *Wirst du uns jemals ein Kind schenken?*

Nach Monaten des Kampfes und der Verzweiflung, nach unzähligen Tränen und Gebeten war es, als würde sich der dichte Nebel, der mich von Gott trennte, endlich heben. Von einem Augenblick zum andern gab Gott mir das Bewusstsein für etwas, über das ich bis dahin noch nie nachgedacht hatte. Er zeigte mir im Geist eine Zeit, in der ich mit unseren beiden kleinen Babys wieder vereint sein würde.

Gott sprach zu meinem Herzen: *Ich weiß, wie sehr du leidest, John. Aber bitte denke daran, dass du, wenn du in den Himmel kommst, als Erstes deine beiden Babys sehen wirst. Sie sind jetzt bei mir und sie werden niemals Sünde oder Tod erleben. Ich ziehe sie auf und ich bin der vollkommene Vater. Darum sorge dich nicht – deine Kinder, die du glaubst verloren zu haben, sind bei mir in guten Händen.*

Es war mir ein enormer Trost zu wissen, dass ich unsere ungeborenen Kinder wieder sehen würde. Zumindest war ich jetzt in der Lage, diese beiden Kinder seiner Fürsorge anzuvertrauen, und zum ersten Mal seit Monaten erlebte ich wieder inneren Frieden. Endlich konnte ich weitermachen und war Gott nicht mehr so unerträglich fern.

Dies war auch in anderer Hinsicht gut, denn Gott hatte Wichtiges mit uns vor. Mittlerweile hatte sich nämlich das Interesse der Medien an unserer Geschichte verstärkt. Nachdem ein offener Brief von mir im *Wall Street Journal* veröffentlicht worden war, traten Anne und ich in den *ABC Evening News* mit Peter Jennings auf, außerdem waren wir in der Magazinsendung *60 Minutes* zu sehen und wurden für mehrere auflagenstarke Magazine und Zeitungen interviewt.

Ab und zu fragte auch jemand, ob wir uns bemühten, ein Baby zu bekommen, doch wir lächelten darauf nur und sagten den Betreffenden, uns ginge es gut, ob mit oder ohne Baby. Mittlerweile hatten wir aufgehört, Annes Temperatur zu messen, und waren zu dem Entschluss gekommen, unseren Traum von einem Kind zurückzustellen. Wir wollten nicht mehr, dass sich all unser Denken um die Empfängnis eines Kindes drehte. Außerdem hatte bisher eine Schwangerschaft für uns vorrangig großen Schmerz bedeutet, wovon wir zunächst einmal genug hatten.

Anne

John und ich gaben unseren Kinderwunsch erst mal auf, legten die Temperaturkurven beiseite und hörten auf, an meinen Zyklus zu denken. Durch die Überprüfung unserer beider Zeugungs- und Empfängnisfähigkeiten wussten wir, dass keine körperlichen Probleme vorlagen, weshalb wir auch gelassener werden konnten. Doch wir mussten lernen, dieses Thema loszulassen, deshalb beteten wir: „Herr, es liegt in deinen Händen und wir werden nicht mehr versuchen, die Kontrolle über dieses Thema zu übernehmen." Nun konnten wir wieder zufriedener leben und tun, was Gott uns vor die Füße legte.

Doch im März 1996 merkte ich, dass ich wieder schwanger war. Leider konnte ich mich zunächst nicht daran freuen, denn ich hatte jedes Mal, wenn ich zur Toilette ging, Angst vor neuen Blutungen. Deshalb betete ich Tag für Tag: „Herr, ich habe schreckliche Angst. Aber ich möchte dir einfach für jeden Tag danken, den dieses Baby in meinem Schoß ist."

Irgendwie überstanden wir die Zwölf-Wochen-Marke. Ich wurde immer dicker und unsere Ängste nahmen immer mehr ab. Dr. Timothy Stewart, mein Gynäkologe, war ein wahres Gottesgeschenk, denn ich konnte immer zu ihm kommen, wenn ich mich unsicher fühlte. Meist nahm er sofort eine Ultraschalluntersuchung vor, um mich zu beruhigen, und er berechnete uns nicht einmal etwas dafür. Dies war eine Zeit der großen Hoffnungen und des geistlichen Wachstums. John und ich fingen langsam an, uns auf unser Kind zu freuen.

John

Nach zweiundzwanzig Wochen sah ich mir auf dem Ultraschall-bildschirm unser Baby an und meinte froh: „Das Baby ist ja schon richtig groß."

„Ja, und alles ist genau, wie es sein sollte", versicherte uns Dr. Stewart. „Alle Finger und Zehen sind da. Man kann sogar sehen, wie sich der kleine Mund bewegt."

Während wir zusahen, bewegte sich das Baby. Jetzt gab es kein Leugnen mehr – ich sah selbst, dass unser Baby gesund war.

„Können Sie erkennen, ob es ein Junge oder ein Mädchen ist?", fragte ich, denn ich war plötzlich neugierig geworden.

Leise erwiderte Dr. Stewart: „Sie haben einen kleinen Jungen." Daraufhin war ich wie vor den Kopf geschlagen, denn nun wurde mir zum ersten Mal meine zukünftige Rolle als Vater so richtig bewusst.

„Ich habe einen Sohn", sagte ich mir in den folgenden Tagen immer wieder vor.

Durch diese Nachricht hervorgerufen, kamen aber auch wieder alle meine Probleme in mir hoch, die ich als kleiner Junge gehabt hatte: den Spott und Hohn auf dem Spielplatz; das unangemessene Benehmen des Babysitters; die Konfrontation mit der Pornografie. Würde ich meinen Sohn vor all dem schützen können? Und vor allem, würde ich ihm helfen können, dass er sich von Anfang an als Mann annahm, damit er niemals unter der Geschlechtsverwirrung zu leiden hatte, die ich so viele Jahre erlebt hatte? Die vor mir liegende Verantwortung erschien mir enorm groß. Aber meine Freude war noch größer und ich war sicher, dass Gott, der ein gutes Werk in mir begonnen hatte, es bei der Erziehung meines Sohnes auch vollenden würde.

Eines Abends erzählten wir meinem Vater, dass unser Baby ein Junge war.

Mein Vater lächelte und nickte. „John, einen Sohn zu haben, ist das Beste, was dir passieren kann", sagte er. „Und weißt du, dieses Baby wird als Erstes meiner Enkelkinder unseren Familiennamen weitertragen."

Alle freuten sich sehr über unser Baby und nach und nach wuchs meine Zuversicht. Ich dachte an meine Neffen und wie gern ich mit ihnen zusammen war, denn sie liebten mich und hatten keine Probleme im Umgang mit mir. Und als ich die Neuigkeit schließlich unserem Pastor erzählte, sagte er einfach: „Das ist ja fantastisch! Ich habe Sie schon oft mit Kindern beobachtet; Sie können wirklich gut mit ihnen umgehen. Ich kann mir nicht vorstellen, dass es einen besseren Vater als Sie geben wird. Ihr Sohn kann sich freuen, Sie zum Vater zu bekommen."

Nachdem wir nun davon überzeugt waren, dass es endlich ein Baby in unserem Heim geben würde, hatten Anne und ich viele Einkäufe zu erledigen, auch weil Anne allmählich alle Kleider zu eng wurden. In diesem Sommer, als Anne bereits im siebten Monat war, besuchten uns meine Mutter und ihr Mann Tom aus Ohio. Sie fuhren mit uns übers Wochenende nach Seattle, wo sie schnurstracks mit uns in einen sehr teuren Laden mit Umstandsmoden gingen.

„Ich möchte dir gerne ein neues Kleid kaufen, Anne", sagte Tom. „Ich kann mir nur eins leisten, also probiere verschiedene Sachen an, bis du etwas findest, das dir gefällt."

Anne zog ein Kleid nach dem anderen an und wir applaudierten jedes Mal, wenn sie aus der Ankleidekabine kam. Die Auswahl in dem Geschäft war erste Klasse und alle Sachen standen ihr ausgezeichnet.

„Ich kann mich nicht entscheiden", sagte Anne nach einer Stunde des Anprobierens.

„Es liegt an dir", erwiderte ich. „Ich finde sie alle toll."

Nach weiterer Überlegung verwarf Anne schließlich fünfzehn Kleider.

Tom nickte und sagte: „Okay, und jetzt such dir zehn Kombinationen aus, die du am besten findest."

Anne tat es und suchte zehn Kombinationen heraus, die ihr am besten gefielen, dann verließen wir drei den Laden und nur er blieb zurück, um das zu kaufen, das ganz oben auf ihrer Prioritätenliste stand. Anne und ich waren unendlich dankbar, dass Tom so großzügig war und ihr ein so schönes Geschenk machen wollte. Als wir jedoch später in den Kofferraum sahen, fanden wir nicht nur eine Kombination, sondern Tüten über Tüten mit Schwangerschaftskleidung. Tom hatte Anne alle zehn Kombinationen gekauft!

Wir waren zugleich geschockt und fühlten uns unglaublich beschenkt.

„Ich fühle mich wie eine Prinzessin!", sagte Anne und umarmte ihn herzlich.

Tom grinste jedoch nur und freute sich über unsere große Freude.

Was mich betraf, hatte ich das Gefühl, ich sollte ein paar „Jungensachen" für das Baby kaufen. Ich wählte einen Fußball und einen Basketball – genau die Dinge, die bei mir damals für Versagen, Furcht und Ablehnung gestanden hatten. Doch tief in meinem Inneren erlebte ich durch diesen Kauf ein gewisses Maß an Heilung. Jetzt standen sie für etwas Erstaunliches und Aufregendes: Eine fröhliche Zukunft mit einem kleinen Sohn. Irgendwann während jener Monate dachte ich: *Ich bin so dankbar, dass Gott uns neun Monate der Schwangerschaft gewährt, damit wir uns der großen Verantwortung bewusst werden können, die die Kindererziehung mit sich bringt.*

Zuerst hatten wir keine Ahnung, wie wir unseren Jungen nennen sollten. Doch dann dachten wir darüber nach, wie überaus dankbar wir Dr. Stewart für seine Begleitung während dieser Schwangerschaft waren, weshalb wir unseren Sohn gerne nach ihm nennen wollten. Sein Vorname war Timothy, den wir gut mit Tim oder Timmy abkürzen konnten, und er bedeutete „einer, der den Herrn ehrt". Das gefiel uns so sehr, dass wir Dr. Stewart fragten, ob er etwas dagegen hätte, wenn unser Sohn seinen Namen bekäme.

„Das würde mich wirklich sehr freuen!", erwiderte er begeistert.

Außerdem gefiel uns noch der Name Edward besonders gut, sodass dies Timmys zweiter Vorname wurde.

In dieser Zeit des Wartens auf unser Kind wurde das Gebet für ihn und unsere Zukunft als Familie ein fester Bestandteil unseres

Lebens. Anne betete natürlich besonders um einen gesunden und glücklichen Jungen und dass er die Geburt gut überstehen möge.

Bei mir lag der Schwerpunkt etwas anders, denn ich betete immer öfter: „Gott, bitte hilf mir, unserem Sohn ein guter Vater und ein gutes Vorbild zu sein." Aus meiner eigenen Erfahrung heraus hatte ich nämlich große Angst, Timmy könnte mich spätestens als Teenager ablehnen. Aber je länger ich darüber nachdachte, desto mehr wurde mir klar, dass Timmy mich nicht ablehnen würde, wenn ich ihm meine Liebe zeigte. Deshalb beteten wir von da an ängstlich, aber vertrauensvoll darum, dass Gott uns half, gute Eltern zu werden.

Anne

Es dauerte nicht lange, bis ich aussah wie eine Tonne. Mein Bauch stand so weit vor, dass ich, wenn ich meine Computerlehrgänge hielt, regelmäßig aufgefordert wurde, mich hinzusetzen.

„Wir fürchten, Sie werden noch hier im Raum entbinden", sagten meine Kunden immer wieder.

Aber nichts desto trotz waren diese letzten Monate der Schwangerschaft für mich sehr erfüllend. Als zukünftige Mutter schloss ich mich einer Gruppe von Frauen an, die bereits Babys hatten und ihre Freude mit mir teilen wollten. Diesen Aspekt des Frauseins hätte ich mir in der Vergangenheit nicht einmal im Traum vorstellen können. Es war so gut, richtig und rein und ich fühlte mich in der Welt so wohl wie nie zuvor.

Zu diesem Programm gehörten auch Baby-Willkommens-Partys, die von meinen Freunden, Angehörigen und Kollegen für mich und das Kind ausgerichtet wurden. Während dieser kleinen Feiern hatten wir viel Spaß und ich wurde mit Geschenken geradezu überhäuft.

Neben all diesen angenehmen Dingen waren wir uns noch nicht ganz sicher, wie wir nach der Geburt des Kindes mit nur einem Einkommen finanziell zurechtkommen sollten, aber eins stand fest: Ich würde zu Hause bleiben und ganz für unseren

Sohn da sein. Und da Gott sich bisher aller unserer Bedürfnisse so großzügig angenommen hatte, waren wir zuversichtlich, dass er in seiner Treue auch weiterhin für uns sorgen würde.

Leider kam gegen Ende meiner Schwangerschaft doch noch eine Sorge dazu, denn Timmy lag in der Steißlage und würde sich nicht von selbst drehen. Dr. Stewart machte zwar noch eine letzte Ultraschallaufnahme, um zu sehen ob es irgendeinen Weg gab das Baby zu drehen.

„Nein", sagte er mir schließlich, „die Plazenta liegt falsch. Ich glaube, wir machen besser einen Kaiserschnitt."

An diesem Abend suchten John und ich das Datum für Timmys Geburt aus und entschieden uns für den 17. Dezember.

John

Als Anne am 17. Dezember 1996 aufstand, war sie sehr aufgeregt. Am Abend zuvor hatten wir bereits unsere Taschen gepackt und jetzt sprangen wir aus dem Bett, zogen uns an und fuhren ins St. Vincent-Hospital.

„John, passiert das jetzt gerade wirklich?", fragte Anne unterwegs.

„Es passiert wirklich", versicherte ich ihr. „Die Wartezeit ist zu Ende. Dies ist der Geburtstag unseres Babys."

„Ich kann es kaum glauben", sagte sie, legte ihre Hand auf ihren gewölbten Leib und schloss die Augen.

Das Zimmer war elegant und gut ausgestattet und die Einrichtung vermittelte ein Gefühl des Wohlbefindens. Wir packten aus und versuchten, so entspannt wie möglich zu sein. Wir beteten miteinander, sprachen mit den verschiedenen Schwestern und Ärzten, die kamen und gingen, und warteten. Bevor es losging, bekam Anne eine Epiduralbetäubung (Rückenmarkbetäubung) und bevor sie kurz darauf in den Kreißsaal geschoben wurde, beteten wir noch einmal miteinander.

Würde alles gut gehen? Keiner von uns sprach die Frage aus, die uns beide beschäftigte. Nach zwei Fehlgeburten wappneten wir uns für das Schlimmste, während wir gleichzeitig auf das Schönste hofften.

Der Kaiserschnitt wurde gegen halb acht Uhr morgens vorgenommen und ich konnte währenddessen sogar an Annes Seite sein. Weniger als eine halbe Stunde später war unser Baby bereits auf der Welt und zu unserer großen Freude verlief der Eingriff ohne Komplikationen. Timmy war noch nicht einmal aus Anne Körper herausgehoben worden, als wir ihn zum ersten Mal schreien hörten.

Was für ein Wunder! Das geheimnisvolle kleine Menschlein, das sich so lange in Annes Körper versteckt hatte, kam plötzlich zum Vorschein. Nach all den Aufregungen war Timmy Paulk lebendig und wohlauf. Wir konnten zehn Finger und zehn Zehen zählen. Gemeinsam betrachteten wir eingehend sein Gesicht und konnten eine leichte Ähnlichkeit zu seinem Papa und seiner Großmutter feststellen.

Tränen der Dankbarkeit und Erleichterung traten uns in die Augen. Timothy Edward Paulk schrie zornig, während sein kleiner Körper gewaschen, gewogen und gewickelt wurde. Die Kinderschwester lächelte über seine kräftige Stimme.

„Acht Pfund und dreißig Gramm", verkündete sie, „einundfünfzig Zentimeter. Sie haben einen kerngesunden Sohn."

Endlich war unser erstes Kind auf die Welt gekommen. Unser Traum von einer Elternschaft war in Erfüllung gegangen. Unsere Gebete waren endlich erhört worden.

Anne

Mein Körper war mit sterilen Tüchern abgedeckt und ich war an alle möglichen Infusionsschläuche angeschlossen worden. Außerdem konnte ich wegen der Betäubung außer meinem Kopf kaum etwas bewegen, doch als ich Timmys Schrei hörte, sah ich zu John hinüber, der neben mir saß. Ich begann zu schluchzen und sagte nur: „Liebling, wir haben ein Baby!" Wir beide vergossen Tränen der überschwänglichen Freude.

Es war mir egal, dass sie mich nun wieder zunähten und glücklicherweise spürte ich auch nichts davon. Unser Glück war überwältigend. Nach dem Vernähen der Wunde nahmen John und ich Timmy zum ersten Mal in die Arme und wir wollten unseren Augen kaum trauen. Immer noch kann ich meine Gefühle kaum in Worte fassen. Ich war nun Mutter und hatte die Gelegenheit, ein eigenes Kind aufzuziehen. Timmys Geburt machte mir die Souveränität Gottes wieder einmal auf einer ganz neuen Ebene bewusst. Wenn Gott möchte, dass jemand eine Schwangerschaft übersteht und geboren wird, dann wird das auch geschehen. Er wollte, dass wir alle am Leben waren, auch John, Anne und Timmy Paulk.

John

An die ersten Wochen nach Timmys Geburt erinnere ich mich nur noch bruchstückhaft. Wir hatten so viele Besucher – sowohl Freunde als auch Familienmitglieder –, die sich mit uns über die Geburt unseres Sohnes freuten. Wir wechselten uns darin ab, ihn zu versorgen, ihn zu füttern, die Windeln zu wechseln und nachts nach ihm zu sehen. Und während dieser Zeit gab Gott mir eine neue Vision für mein Leben – für unser aller Leben.

Eines Nachts saß ich mit Timmy auf meiner Brust in meinem Schaukelstuhl, als ich spürte, wie ich eindämmerte. Plötzlich sah ich Anne und mich – wir waren bereits alt geworden, denn wir hatten Altersflecken und faltige Hände und befanden uns hinter der Bühne eines Theaters. Die Holzplanken der Bühne waren abgetreten und verschlissen. Von hinten sahen wir einen Mann auf einem Podest stehen; aus diesem Blickwinkel erinnerte er mich an den jungen Franklin Graham. Außerdem sah ich, dass jeder Platz im Zuschauerraum besetzt war.

Der Mann begann zu sprechen. „Meine Damen und Herren", sagte er, „ich stehe heute Abend vor Ihnen, um zu bezeugen, dass Homosexualität überwunden werden kann. Meine Eltern waren früher homosexuell, doch sie sind von Gott umgestaltet worden.

Und nicht nur meine Eltern haben sich von der Homosexualität abgewandt, auch Tausende andere. Ich bin der lebende Beweis dafür, dass das möglich ist!"

Nach dieser Vision versuchte ich zu verstehen, was sie zu bedeuten hätte. Ich fragte mich, ob ich mir das alles nur eingebildet hatte, doch die Tränen auf meinem Gesicht bestätigten mir die Gegenwart des Geistes Gottes. Ich glaubte, dass er mir ein Stück Zukunft offenbart hatte und dass Timmy Teil von Gottes großem Plan war, Menschen aus dem Lebensstil zu befreien, den Anne und ich hinter uns gelassen hatten.

Dieses neue Leben, das Anne und ich mit Timmy teilten, war heilig, ein Geschenk von Gott. Und in diesem Augenblick konnte ich mir keinen besseren Platz auf der ganzen Welt vorstellen, als diesen Schaukelstuhl, in dem ich mit meinem erstgeborenen Sohn saß und wusste, dass meine liebe Frau im Nebenzimmer auf mich wartete.

Anne

Mitte 1998 beschlossen John und ich, ein zweites Kind zu bekommen. Dieses Mal wurde ich bereits schwanger, nachdem ich nur ein paar Monate lang meine Temperatur gemessen hatte. Dennoch waren wir erstaunt, als meine Periode ausblieb und der Schwangerschaftstest positiv ausfiel.

Ich ging sofort zu meinem Gynäkologen und hörte erneut diese wunderbare Bestätigung: „Anne, Sie sind schwanger."

Wir wurden an einen anerkannten Geburtshelfer verwiesen und nach einem ausführlichen Gespräch mit ihm setzte ich meine früheren Erfahrungen sofort in die Praxis um. Ich dankte Gott für jeden Tag, den das Baby in meinem Leib war. John und ich beteten für das junge Leben in mir und dieses Mal erzählten wir erst nach mehreren Wochen, dass ich wieder schwanger war.

Zum Glück verlief diese Schwangerschaft ohne größere Zwischenfälle. Und nachdem wir wirklich sicher waren, dass alles gut lief, begannen wir, den erst zweijährigen Timmy auf das bevorstehende Ereignis vorzubereiten.

„Du wirst bald ein großer Bruder sein, denn in Mamis Bauch ist ein Baby!", erklärten wir ihm.

Eines Tages, mehrere Monate später, fragte John seinen Sohn: „Wie würdest du denn deinen kleinen Bruder gern nennen?"

Ohne auch nur einen Augenblick zu zögern, erwiderte Timmy: „Alex." Das war der Name seines Lieblingsbären und dieser Name gefiel auch uns auf Anhieb.

Rückblickend kann ich sagen, dass ich nie gedacht hatte, jemals zu heiraten, jemals einen Mann lieben und solche Freude in einer Ehe finden zu können. Und ganz bestimmt hätte ich nie gedacht, einen solchen Sinn und solches Glück in der Erziehung von zwei Söhnen zu finden.

John hat mittlerweile nicht mehr mit der Furcht zu kämpfen, von seinen Söhnen zurückgewiesen zu werden, denn Timmy betet seinen Papa regelrecht an, er sieht zu ihm auf, wartet ungeduldig darauf, dass er abends nach Hause kommt, um mit ihm Ringkämpfe zu veranstalten. Sie haben wirklich eine ganz gesunde Beziehung miteinander. Und so klein, wie er ist, ich sehe bereits, dass auch Alex dieselbe Nähe zu seinem Vater haben wird.

Eines Tages, nachdem Timmy gerade zwei Jahre alt geworden war, spielte er im Wohnzimmer. Erst kurz zuvor war John zur Arbeit gegangen, mit Krawatte und Aktentasche, als Timmy seine kleine Butterbrotdose hervorholte und sagte: „Das ist meine Aktentasche."

Dann setzte er seinen Hut auf und fragte: „Wo ist meine Krawatte?"

Ich ging nach oben, holte ihm eine von seinem Papa und band sie ihm um. Dann stieg er in sein Spielzeugauto, das nur wenig größer war als er, und sagte: „Tschüss, Mami! Bis später."

„Wo fährst du denn hin, Liebling?", fragte ich.

„Ins Büro", informierte er mich und fuhr ins Wohnzimmer. Er tat so, als wäre er wie sein Vater zur Arbeit gegangen. Es ist für uns beide immer eine riesige Freude, wenn wir sehen, dass Timmy sich John zum Vorbild nimmt!

Manchmal fragen uns die Leute, ob wir keine Angst haben, einer unserer kleinen Jungen könnte auch homosexuelle Neigungen entwickeln. Aber wir sind vollkommen davon überzeugt, dass unsere Söhne solche Neigungen nicht entwickeln werden. Timmy ruht so sehr in seiner Identität als „Junge", dass er sich bereits als „Mann" akzeptiert hat. Und obwohl Alex noch ein Baby ist, wird auch er als kleiner Junge geschätzt.

Was mich betrifft, mein Leben ist schöner, als ich es mir jemals vorgestellt hätte. Trotz des normalen Alltagsstresses, den zwei kleine Kinder mit sich bringen, und trotz der alltäglichen Routine und den gelegentlich vorkommenden Auseinandersetzungen in der Ehe ist es meine größte Freude, Ehefrau zu sein und mich von Gott gebrauchen zu lassen. Ich fühle mich vollkommen erfüllt, ich habe ein Ziel und erlebe große Freude.

Sie werden sich sicher fragen, wie schwer es denn nun wirklich für uns war, das Steuer herumzureißen, unsere Homosexualität hinter uns zu lassen und ein neues Leben zu beginnen. Für mich war der Schmerz der Fehlgeburten unendlich viel schwerer als der Prozess, die Homosexualität zu überwinden. Das ist in keiner Weise miteinander zu vergleichen.

Meine Orientierung zu ändern war einfach das Richtige. Damit folgte ich Gott und seinem Plan für mein Leben und die Kosten dafür waren im Grunde genommen gering. Als ich eines Tages vor einer Gruppe zu diesem Thema sprach, sagte ich: „Wenn wir mit dem Problem der Homosexualität zu kämpfen haben, sehen wir nichts anderes als unseren Kampf. Wir sehen nur, dass wir uns von Menschen unseres Geschlechts angezogen fühlen, und können nicht über unseren eigenen ‚Zaun' auf die Kämpfe und Schwierigkeiten sehen, die andere Leute durchmachen, und ihnen Mitgefühl entgegenbringen. Allein unsere eigene kleine Welt ist für uns real, eine Welt, die sich nur um uns dreht."

Da ich nun außerhalb dieser Welt stehe, die sich nur um mich dreht, und mich für die Freuden und Verluste der Leute in meiner Umgebung interessiere, erkenne ich, dass es viele Probleme gibt, die genauso groß sind wie das, was ich durchgemacht habe. Manche mögen vielleicht behaupten, die Homosexualität lasse sich nicht überwinden – ich dagegen sage, sie lässt sich nicht nur überwinden, es gibt auch noch viel schwerwiegendere Probleme im Leben als das.

Nicht um alles in der Welt würde ich auch nur einen Teil meines jetzigen Lebens gegen das eintauschen, was ich früher hatte. Im Vergleich zu dem Leben, das ich jetzt führe, hat die Homosexualität nichts zu bieten. Und doch bin ich Gott dankbar, dass ich eine solche Vergangenheit hatte, weil ich mich dadurch mehr an den einfachen Dingen des Lebens freuen kann. Der Kontrast zwischen dem „Vorher" und „Nachher" ist enorm. Ich freue mich umso mehr über John, Timmy, Alex und unser gemeinsames Leben.

Nachwort

Im Mai 1998 wurde John eine Stelle als Spezialist für Probleme im Bereich der Homosexualität bei der amerikanischen Familienarbeit *Focus on the Family* angeboten. Er, Anne und Timmy packten ihre Sachen und zogen nach Colorado Springs.

Im Sommer dieses Jahres erschien Annes Lebensbericht in einem ausführlichen Artikel der *New York Times*. Dieser Bericht löste im ganzen Land eine heftige Kontroverse aus und in den folgenden sechs Monaten gaben sich die Vertreter der Medien bei den Paulks praktisch die Klinke in die Hand. Auf diese Weise gaben sie mehr als 200 Interviews. Im August 1998 waren sie sogar als Titelbild auf der Zeitschrift *Newsweek* abgebildet.

Im November dieses Jahres wurde bei Johns Mutter Lungenkrebs festgestellt. Nach einem kurzen Kampf von nur ein paar Wochen starb sie umgeben von ihrer Familie am Weihnachtstag und bei ihrer Beerdigung bekehrten sich fünf Menschen zum Glauben an Gott. In den sechs kurzen Jahren, die sie als Christ gelebt hat, hat sie die Liebe weitergegeben, die Gott ihr erwiesen hatte.

Am 29. Juni 1999 wurde Alexander Gillett Paulk als jüngstes Familienmitglied geboren. Timmy findet sich in seiner neuen Rolle als großer Bruder sehr gut zurecht und bestaunt dieses kleine Wesen, das schon bald hinter ihm herlaufen wird.

Während ihre Familie wächst, gibt Gott John und Anne zahlreiche Gelegenheiten, die gute Nachricht weiterzugeben: Eine Abkehr von der Homosexualität ist durch eine persönliche Beziehung zu Jesus Christus möglich.

Adressen für Hilfesuchende
im deutschsprachigen Raum

Sollten Sie nach weiteren Informationen zum Thema „Homosexualität" oder einer Beratungsstelle suchen, die sich auf dieses Thema spezialisiert hat, dann können Sie sich an folgende Adressen wenden:

In Deutschland:
Christen in der Offensive
Deutsches Institut für Jugend und Gesellschaft
Postfach 1220
64382 Reichelsheim
Tel: 06164/9309-0
E-Mail: institute@ojc.de

Wüstenstrom
Hauptstrasse 72
71732 Tamm
Tel: 07141-69 78 73
Fax: 07141-69 78 75
E-Mail: WueStrom@aol.com

Die Arbeit von Wüstenstrom wendet sich an Menschen, die den Bereich ihres Mann- und Frauseins konflikthaft erleben, die unter Missbrauchserfahrungen, Homosexualität, Transsexualität, Sexsucht (u.a.m.) leiden und sich eine Veränderung wünschen.

Wüstenstrom hat drei Arbeitsbereiche: Die „Living Waters"-Gruppen, die in über 20 Gemeinden in Deutschland beheimatet oder noch in Vorbereitung sind; die therapeutische Beratung, die das Ziel hat, in Deutschland ein Netz von Beratern für den Bereich Geschlechtliche Konflikte aufzubauen und die Seminararbeit, bei der in Gemeinden Schulungen und Seelsorgeseminare durchgeführt werden.

In der Schweiz:
Living Waters
Postfach 383
CH-3075 Rüfenacht

In Österreich:
Isodos
Christliches Zentrum für Gesundheit und Lebensfragen
Mitte 327
A-6300 Angersberg
E-Mail: renate@kramsach.netwing.at